눈을 두 번 감았다 뜨세요

눈을 두 번
감았다
뜨세요

2019년 5월 24일 인쇄
2019년 5월 31일 발행

지은이 | 김세환
펴낸이 | 김영호
펴낸곳 | 도서출판 동연
등 록 | 제1-1383호(1992년 6월 12일)
주 소 | 서울시 마포구 월드컵로 163-3
전 화 | (02) 335-2630
팩 스 | (02) 335-2640
이메일 | yh4321@gmail.com

ISBN 978-89-6447-505-8 03040
ISBN 978-89-6447-504-1 03040(세트)

눈을 두 번 감았다 뜨세요

김세환 지음

동연

추천의 글

유비적인 하나님의 음성

　김세환 목사의 수필은 하나님의 말씀을 비춰주는 거울 같습니다. 김 목사는 제가 존경하는 서울 감리교신학대학교의 선배 선한용 교수님으로부터 직접 추천을 받은 학생입니다. 학문적으로 잘 훈련시키셔서 저에게 소개하시면서 "내가 감신에서 20년 가까이 본 학생 중에 제일 우수한 제자이니 자네 학교에 데려가서 훌륭하게 잘 키우시게" 말씀하시면서 보내 주신 목회자입니다. 김 목사는 성바울신학대학원Saint Paul School of Theology을 졸업한 후 캔자스 주의 동남부에 위치한 위치타Wichita에서 제일 어렵고 힘든 교회를 맡아 그곳에서 제일 크고 활성화된 한인 연합 감리교회로 성장시켰습니다.

　김 목사는 각종 회의나 모임 같은 곳에 다니지도 않고, 목양지에 머물면서 회중들의 마음을 어루만지고 달랜 영적인 지도자입

눈을 두 번 감았다 뜨세요

니다. 잔재주를 부리지 않고 배운 그대로 고지식하게 정도를 밟는 성실한 목회자입니다. 두 번째 사역지였던 북미에서 제일 오래된 L.A.연합감리교회에서도 침체된 교회를 성장시키며 성도들과 재미있게 사역을 하다가 4년 전에 지금의 애틀랜타한인교회로 자리를 옮겨 최선을 다해 사역하고 있습니다. 김세환 목사는 제가 참으로 자부심을 갖는 제자이며, 우리 '성바울신학대학원'의 자랑스러운 졸업생입니다.

이 책에 실린 김 목사의 주옥같은 이야기들은 그의 담백한 삶을 담고 있습니다. 현실과 연결되어 있습니다. 그 글들을 통해서 유비적으로 독자들에게 다가오시는 하나님의 음성을 듣기에 충분합니다. 모든 '글$_{text}$'에는 계시적인 뜻이 담겨 있습니다. 신실하고 진실된 마음으로 그 글을 읽는다면, 독자는 그 속에 있는 계시를 발견하게 될 것이고, 영혼의 갈증을 해갈하게 될 것입니다. 좋은 글은 우리의 잘못된 삶의 여정을 바로 잡아 깊은 내면의 세계로 인도합니다. 그 속에서 우리는 좀 더 건설적인 비판의 눈으로 자신과 세상을 통찰할 수 있는 능력을 얻게 될 것입니다. 김 목사의 글은 그 세계를 보게 할 것입니다. 기쁨으로 일독을 권합니다.

전영호 성바울신학대학원 조직신학 명예교수

위로와 깨우침을 주는 글

저는 김세환 목사님과 함께 긴 시간 동안 그의 설교 말씀과 글을 나누며 많은 위로와 평안을 누렸습니다. 목사님이 갑자기 애틀랜타로 3년 전에 훌쩍 떠나신 뒤로 큰 아쉬움이 있었습니다.

얼마 전 목사님이 그곳에서 쓰신 글들을 모아 책을 발간하신다는 소식을 듣고 크게 반가웠습니다. 김 목사님은 젊은 시절에 건강이 좋지 않아서 많이 고생을 했는데, 그때 많은 고전과 양서良書를 통해 철학적, 문학적 소양을 쌓으셨음이 틀림없습니다.

김 목사님의 말씀과 글은 성경에 뿌리를 두면서도 쉬운 말로 누구나 늘 겪는 소소한 일상의 이야기를 소재로 잔잔하고 재미있게 전달하고는 우리도 모르게 어떤 가르침을 꼭 남기곤 합니다.

우리가 세상을 살다보면 어려운 일에 부딪칠 때가 많이 있는데 목사님의 글과 말씀은 그때마다 큰 위로와 깨우침을 줄 수 있다고 생각합니다.

마틴 루터 킹Martin Luther King Jr. 목사님은 "인생은 깨어진 꿈들의 연속적인 이야기"라고 말씀하셨는데, 김 목사님의 글들을 통하여 독자들은 뜻대로 되지 않고 어려움에 부딪칠 때마다 많은 도움을 받을 수 있으리라 믿습니다.

앞으로 김 목사님의 인생 후반기에는 건강의 축복이 임하기를 바라고, 많은 글들을 통하여 이 어두운 세상에서 한줄기 밝은 불빛을 비춰주는 등대의 역할을 오래오래 감당하여 주시기를 간절히 기도합니다.

이병준李丙俊 회장 미주 세아 그룹 대표

글을 쓰고 생각을 정리하는 일

글을 쓴다는 것은 큰 기쁨입니다. 아직 살아있다는 것을 확인하는 시간입니다. 매일 반복되는 똑같은 일상 속에 노출되다 보면 어느 덧 자신도 모르는 사이에 머리의 화석화fossilization가 진행됩니다. 더 이상 사고하는 것을 멈추고 이미 만들어진 삶의 껍질 속에서 익숙한 대로 생각하고 말하며 살아가게 됩니다. 생각 없이 살아도 전혀 불편하지 않게 됩니다. 글은 그렇게 멈추었던 생각을 다시 시작하게 만드는 자기 성찰의 작업입니다.

다시 창조적인 글쓰기를 통해 익숙하지 않은 표현들을 만들어냅니다. 글로 형상화하는 작업을 통해 내가 알고 있던 것이 바른 것인지 책을 통해 확인하는 작업도 하게 됩니다. 글을 쓰면서 이미 알고 있던 명제에 대해서 매몰차게 질문을 던지기도 하고, 자연과학과 인문학을 연결시켜 보기도 합니다. 전혀 몰랐던 음악과 미술의 세계에도 발을 들여 놓습니다. 자연스럽게 분석과 비판 작업을 하기도 하고, 쓴 글을 보면서 자기반성과 다짐의 시간을 갖기도 합니다.

잘 표현된 글을 보면서 회심의 미소를 짓기도 하고, 스스로 감동해서 눈물을 흘리기도 합니다. 글을 써내려가면서 열에 받치고 독이 올라 혁명가처럼 과격하게 글을 쓰기도 하고, 남사스러운 표현 앞에 누가 볼까 빨리 지우면서 부끄러워하기도 합니다. 박장대소하며 웃기도 하고, 잊어버렸던 옛일을 생각하고 전화번호부를 찾아보거나 수첩을 뒤적이게 됩니다. 글은 언제나 총체적인 사고 체계의 노동을 요구합니다. 글을 쓰면서 엇나가고 삐뚤어진 삶의 모습을 되잡게 됩니다.

많은 사람들은 목회자가 설교에 익숙하고 말을 잘해야 한다고 생각합니다. 그러나 말보다 더 중요한 것은 글입니다. 좋은 말을 하려면 좋은 글이 전제되어야 하기 때문입니다. 말은 생각을 전하는 도구인데 글을 통해 정리되고 준비되지 않으면 많은 실수와 오류를 범하게 됩니다. 말은 소리와 함께 재빠르게 입 밖으로 배출됩니다. 한 번 입에서 빠져나간 말은 다시 물리거나 주워 담을 수 없습니다.

그래서 말은 항상 조심해야 합니다. 그렇지만, 그럼에도 불구하고, 조절이 되지 않아 항상 후회가 많은 것이 말입니다.

　말을 효과적으로 잘하기 위해서는 몇 년 동안의 집중적인 훈련이 필요합니다. 그러나 불필요한 말들을 걸러내고 절제하는 데는 평생의 시간이 필요합니다. 말을 잘하는 것보다 말을 참는 것이 더 어렵다는 소리입니다. '다변무능多辯無能' 즉, '말이 많으면 쓸 말이 없다'는 말도 있고, '다언수궁多言數窮', '말이 많으면 수가 막힌다'는 뜻으로 "말을 많이 하면 할수록 어려움을 당하게 된다"라는 옛말도 있습니다. 말은 생각을 여과 없이 밖으로 빨리 내보내는 단점이 있기 때문에 항상 조심해야 합니다.

　반면에 글은 조금만 신경을 쓰면, 자신의 생각을 충분히 담을 수 있습니다. 심사숙고하며 자신의 생각을 정리할 수 있는 여유가 있습니다. 되씹어 보고, 곱씹어 보면서 잘못되고 개인적인 편견으로 인해 실수한 부분들을 언제든지 바로잡을 수 있습니다. 양심에 꺼림칙한 것이 있으면 다시 수정할 수도 있습니다. 표현이 공격적이어서 다른 사람들에게 상처를 줄 수 있으면 미사여구를 써서 완곡하고 달리 표현할 수도 있습니다. 제가 글을 말보다 더 좋아하는 이유입니다. 말은 많이 할수록 뜨거워지지만, 글은 쓰면 쓸수록 생각이 깊어집니다.

　여기에 실린 글들은 제가 생각 없이 살지 않았다는 것을 보여주는 산물들입니다. 세련되고 멋진 글들도 아니고, 남들에게 보여주려고 과장해서 쓴 글도 아닙니다. 제가 어떤 생각을 하고, 어

눈을 두 번
감았다
뜨세요

떻게 삶을 바라보는지를 진솔하게 적어 본 것들입니다. 그래서 조금 투박하고 부족한 것이 많이 있습니다. 부끄럽기까지 합니다. 그러나 그럼에도 불구하고 책으로 엮는 이유는 글을 쓰고 생각을 정리하는 작업이 얼마나 근사하고 유익한 일인지를 알려주고 싶어서입니다. 부족한 글을 책으로 묶느라고 애써 주신 분들께 깊은 감사를 드립니다.

애틀랜타한인교회 담임 김세환 목사

차례

3장 마음의 돌 내려놓기

4장 하나님을 품은 바가지

1장

하나님의 손에 잡히기만 하면

하나님의 손에 잡히는 것이
인생의 가장 중요한 관건입니다.
- 하나님의 손에 잡히기만 하면 중에서

섬김이 축복입니다

목이 마르면 탈진해서 아무것도 할 수 없는 것처럼, 복이 마르면 인생이 메말라지고 망가집니다. '복 마름'이 있는 인생은 결코 성공적인 삶을 살 수 없습니다. 역겨운 기복신앙에 찌든 한국 사람들은 많이 배운 지식인들일수록 '복'이라는 단어에 알러지 반응을 보이지만, 그럼에도 불구하고 복은 인생의 윤활유와 같아서 다복多福하고, 유복裕福해야 아름다운 인생을 살 수 있습니다. '복'이라는 말은 신앙의 용어로 바꾸면 '은혜'가 될 것입니다. 세상 물정을 잘 모르는 철부지 어린아이들이 아니라면, 인생을 순탄하게 살아내는 것만 해도 얼마나 두렵고 대단한 일인지를 절감할 것입니다. 예전에 백 번째 생신을 맞이하시는 한 여자 권사님에게 사람들이 감회를 묻자, 권사님은 눈을 지그시 감고 "다 하나님의 은혜이다"라고 짧게 한마디 하시는 것을 본 적이 있습니다. 그 말씀 속에 인생의 진리가 다 들어 있는 것 같았습니다. 사람은 하나님의 은혜가 있어야만 잘 살 수 있습니다.

사람들은 복을 여러 가지 의미로 정의합니다. 물질을 많이 벌어 재산을 늘리거나, 입신양명하여 이름을 세상에 드러내는 것을 복이라고 생각합니다. 또 몸이 건강하여 많은 자녀들을 낳으며 오래 장수하거나, 자신이 원하는 것을 이루어 행복하게 사는 것을 복이라고 생각합니다. 복에 대한 정의를 어떻게 내리느냐 하는 것은 각 사람의 처한 상황이나 형편에 따라서 다를 수 있을 것입니다. 하지만 우리 기독교인에게 있어서 복은 '하나님이 우리와 함께하시는 것임마누엘'입니다. 하나님이 복의 근원이심을 믿기 때문입니다. 이 하나님이 인간의 모습을 입으시고 이 땅에 오신 분이 '예수 그리스도'이십니다. 그러므로 예수님의 임재를 매일 느끼며, 그분과 함께 살아갈 수 있는 사람들은 최고의 복을 받은 사람들일 것입니다. 물론, 물질이 많고, 자녀들이 형통하고, 남다른 건강을 가진 것도 복이라고 말할 수 있을 것입니다. 그러나 이것은 세상에 속한 복입니다. 주님이 우리와 함께하시는 것에 비하면 그것은 한낱 허접쓰레기에 불과할 것입니다. 주님이 함께하시는 복을 맛본 사람들은 그 행복을 알기에 일찌감치 하늘나라를 위하여 스스로 고자가 되기도 하고, 자신의 목숨을 초개와 같이 버리는 순교의 길도 마다하지 않았던 것입니다.

세상적으로 얻는 복은 어쩌면 신앙과는 상관없이 누릴 수도 있습니다. 악착같이 돈에 집착하고 욕심으로 일하는 사람들이 부자가 되는 경우가 많이 있습니다. 돈으로 아부하고 매수해서 권력

눈을 두 번
감았다
뜨세요

의 한 자리를 꿰찰 수도 있습니다. 남의 자녀들은 거들떠보지도 않고 오직 "내 새끼, 내 새끼" 하면서 자녀들을 좋은 대학에 보내고 화려한 출세 가도를 달리게 할 수 있습니다. 어떤 때는 그들이 누리는 복들이 기독교 신앙과는 전혀 상관이 없는 것들임에도 불구하고, 마치 하나님이 주신 은혜인 양 간증을 하고, 내숭을 떠는 것을 볼 때가 있습니다. 솔직히 어떻게 해야 할지 난감할 때가 많이 있습니다. 바르게 정문일침을 가해야 할지? 아니면 주님의 인도하심을 믿고 웃음으로 긍정해 주어야 할지? 물론, 이런 복들이 하나님의 은혜로 주어질 수도 있다는 것을 부인할 수는 없습니다. 구약성경 여러 곳에 분명히 기록되어 있기 때문입니다. 그러나 근본적으로 알아야 할 것이 있습니다. 신앙인들은 복의 이유와 내용을 세상의 부와 성공에서 찾는 것이 아니라, 예수 그리스도에게서 찾는 사람들이어야 합니다. 그들이 바로 진정한 '예수쟁이들'입니다.

예수쟁이들은 한마디로 예수에 미친 사람들입니다. 우리의 옛 선조들은 '장이'라는 접미사를 단어 뒤에 붙여서 그 일을 업으로 삼고 몰두하며 살아가는 수공업자들을 표현했습니다. 미장이, 대장장이, 땜장이. 그리고 어떤 사람의 성격이나 형편을 비아냥거릴 때도 '쟁이'라는 말을 붙여 사용했습니다. 환쟁이, 깍쟁이, 빚쟁이, 수다쟁이. 그러나 두 접미사 간에 분명한 차이를 드러내기가 쉽지 않아서 모두 '쟁이'라는 말로 통일하려고 하는 것이 요즘 맞춤법의 추세입니다. 이들은 요즘 말로 이야기하면 '전문가들'입니다. '예수쟁이'는 예수에게 몰두하는 예수 전문가들입니다. 그들은 예수님을 본받아 예수처럼 살아가는 것이 최고의 축복이라고 믿고 사는 사람들입니다. "예수 닮기 원합니다. 진심으로 진심으로!"라는 찬송가를 늘 생활 속에서 되뇌며 살아갑니다. 그렇다면 어떻게 하는 것이 예수님을 닮는 일일까요? 예수님은 말씀하셨습니다. "나는 섬기는 자로 너희 중에 있느니라"(눅 22:27). 말씀 그대로 예수님은 항상 자신을 낮추어 종의 모습으로 병자들과 버림받은 자들 그리고 낮은 자들을 위해서 사셨습니다. 심지어는 제자들의 발도 씻어 주시고, "너희들도 나처럼 서로의 발을 씻어주는 자들이 돼라"고 당부하셨습니다.

그러므로 기독교인의 최고의 복은 '섬김의 복'입니다. 섬기는 것이 곧 예수님을 닮는 삶입니다. 문제는 이 섬김의 복은 아무나 받을 수 있는 것이 아닙니다. 이기적이고 자기중심적인 사람들은 절대로 받을 수 없습니다. 피곤하고, 짜증 나고, 자존심 상하는 일일 수 있기 때문입니다. 어떤 때는 손해도 보고, 억울한 감정에 사로잡히기도 합니다. 말 그대로 '좁은 길'입니다. 그래서 신앙인이 되는 것은 결코 쉬운 일이 아닙니다. 그러나 그럼에도 불구하고 그 길을 갈 수 있는 사람은 가장 축복받은 사람입니다. 주님이 기뻐하시기 때문입니다.

한 해를 사랑과 헌신으로 섬겨주신 우리 한인교회 일꾼들에게 머리 숙여 깊은 감사를 올립니다. 셀 리더, 주방 사역, 주차 사역

눈을 두 번
깜았다
뜨세요

그리고 여러 가지 봉사와 섬김의 사역으로 헌신해주신 분들께 깊은 감사를 드립니다. 저는 왜 우리 한인교회가 자랑스러운 교회인지를 묵묵히 섬기시는 분들을 통해서 배우고 깨달았습니다. 큰 건물이나 50년의 긴 전통 그리고 많은 교인들의 수가 우리가 축복받은 교회임을 증명하는 것이 아니라, 귀한 섬김과 헌신으로 주님의 길을 걷는 사명자들이 많다는 사실이 우리 교회의 자랑임을 함께 살며 알았습니다. 다시 한번 깊은 감사의 마음을 전합니다.

새해에는 하나님이 주시는 축복이 우리 성도님 모두의 가정과 삶의 현장 위에 충만하시기를 간절히 기도합니다.

은혜가 넘치시기를 바랍니다!

한참 철부지 어린아이 시절에 교회에 가면 늘 듣던 이야기 중의 하나가 '다윗' 이야기입니다. 따지고 보면 우리 한국 사람들과는 별로 연관이 없는 유대인인데 마치 그가 우리 민족의 대단한 조상 중의 한 명인 것처럼 그의 이야기를 들을 때면 신명이 나고 좋았습니다. 다윗 이야기를 하면 항상 약방의 감초처럼 등장하는 인물이 '골리앗Goliath'입니다. 그는 사람인지 짐승인지 구분하기 어려울 정도로 크고 거대한 괴물 거인 장수였습니다. 그런 골리앗을 아무런 무장도 하지 않은 소년 목동 다윗이 물맷돌 한 개로 멋지게 무찌르는 이야기는 그때도 신나는 이야기였지만, 지금도 여전히 가슴 뛰는 무용담 중의 하나입니다. 험상궂은 얼굴로 걸쭉한 욕을 쉴 새 없이 쏟아 붓는 골리앗은 이미 반드시 제거해야 할 '공공의 적'입니다. 이 골리앗의 나라가 '블레셋Philistines'입니다. 골리앗의 나쁜 이미지 덕분에 블레셋도 덩달아 '나쁜 놈들'의 소굴로 자리 잡고 말았습니다. 우리 한국 사람들에게는 일본

22

의 왜구와 같은 느낌으로 와닿는 나라입니다. 블레셋은 구약성경에 약 250번 정도 언급되는데 한 번도 좋은 의도로 기록된 적이 없습니다.

사사 시대에도 이스라엘을 끊임없이 쳐들어왔다가 헤브라이즘 문화를 대표하는 장사 '삼손'에게 매번 혼쭐이 나서 도망쳤습니다. 선지자 사무엘의 시대에는 막강한 군사력으로 이스라엘을 격퇴하고 하나님의 법궤도 빼앗아가면서 영원히 이스라엘을 멸망시키는 듯했지만, 이번에도 역시 사무엘의 기도로 역전패를 당하고 물러갔습니다. 언제나 결과는 마찬가지였습니다. 그래서 그랬을까요? 저는 블레셋 민족이 아주 조그맣고 별 볼 일 없는 똘마니 나라인 줄 알았습니다. 그런데 나중에 알고 보니 큰 착각이었습니다. 그들은 비록 느슨하기는 했지만, 5개의 도시로 구성된 연합국가였습니다. 그리고 무엇보다도 거대한 바다 지중해를 중심으로 형성된 비옥한 나라였습니다. 지중해 덕분에 이스라엘 민족보다 훨씬 이전에 철기 문명을 받아들인 나라입니다. 우리나라의 역사에도 보면, '한강'을 옆구리에 끼고 있던 '신라'가 삼국통일의 대업을 이루었던 것처럼, 블레셋은 여러모로 만만한 나라가 아닙니다. 그런 나라가 끊임없이 이스라엘을 침략하면서도 점령하지 못한 이유를 설명해 보라고 한다면 할 수 있는 말이 없습니다. 딱 하나 말할 것이 있다면 '은혜'입니다. 하나님의 은혜라고 밖에는 설명할 수 있는 다른 방법이 없습니다.

당시에는 몰랐는데 시간이 지나서 보면, 하나님의 은혜였다고 고백할 수밖에 없는 것들이 너무도 많이 있습니다. 어떤 때는 내가 똑똑하고 운이 좋아서 쉽게 피해갔다고 생각을 했는데 시간이 지나서 되돌아보니 사실은 하나님의 은혜였습니다. 건강이 시원찮아서 공부도 제대로 못 한 사람이 목사가 되어 사람들 앞에 선 것도 하나님의 은혜이고, 그 많은 수술을 받으면서도 죽지 않고 목숨을 부지한 것도 하나님의 은혜입니다. 그런 몸뚱이를 가지고 군 복무를 한 것도 은혜이고 미국으로 건너와서 다시 공부를 할 수 있었던 것도 하나님의 은혜입니다. 그런 은혜를 누리면서도 은혜인 줄 모르고 산 것은 거의 기적에 가까운 배은망덕입니다. 저는 어렸을 때부터 교회가 좋았습니다. 몸이 아파서 학교에 다닐 수 없었을 때는 매일 교회로 출퇴근을 했습니다. 따지고 보면, 저는 일찌감치 교회에 삶의 둥지를 틀었던 것 같습니다. 교회는 언제나 깨끗했습니다. 원래 하나님의 집이라 때가 타지 않는 줄 알았습니다. 그런데 군대에 입대해서 군인교회를 청소하던 날 왜 교회가 항상 깨끗했는지를 알 수 있었습니다. 살을 에는 듯한 추운 겨울과 푹푹 찌는 무더운 여름에도 쉬지 않고 청소를 하시던 '탁사 권사님'의 아름다운 섬김이 있었기 때문이었습니다.

부모님께는 죄송했지만, 저의 군대 첫 휴가 선물은 그 권사님께 두꺼운 내복을 사드리는 것이었습니다. 그분의 헌신이 있었기에 저는 제 유년 시절을 아름다운 기억으로 모자이크할 수 있었

눈을 두 번
감았다
또 세요

습니다. 우리는 늘 엄청난 은혜 가운데 살아가면서도 그 은혜를 깨닫지 못합니다. 거의 질병 수준입니다. 미국에 살면서 소위 '자수성가自手成家'했다는 많은 분들을 만나게 됩니다. 성공한 사람답게 그 기세가 하늘을 찌를 만큼 높고 당당합니다. 자신은 부모나 친지들의 도움 없이 홀로 미국 땅에 와서 피땀 흘려 고생하며 오늘을 일구었다고 성공신화를 풀어놓습니다. 처음에는 "대단하다"고 맞장구를 쳐주었는데, 요즘에는 그런 분들을 보면 가슴이 먹먹합니다. 세상에 자기 혼자 일어서는 사람이 어디 있습니까? 하나님의 은혜의 손길이 있었기 때문이지요. 어떤 때는 낯선 사람들을 통해서 도움이 오기도 했고, 또 어떤 때는 전혀 예상하지 못했던 고마운 상황이 전개되었기 때문이지요. 저에게 이런 말씀을 해주시는 분들이 많이 있습니다. "김 목사님, 그동안 목사님을 위해서 매일 기도했어요!" 제 주변에 저를 위해서 기도해 주시는 분들이 상당히 많았다는 것을 새삼 깨닫게 됩니다. 그리고 비로소 알게 됩니다. "세상은 은혜로 사는 것이로구나!" 사람은 누구나 다 마찬가지입니다. 반드시 은혜가 있어야 성공적인 인생을 살 수 있습니다.

올해에는 하나님의 큰 은혜가 우리 한인교회 가족들의 삶 위에 차고 넘치시기를 간절히 기도합니다.

멈추는 것도 축복입니다

운전을 하다 보면 자기 앞에 어떤 차가 있는 것도 용납하지 못하는 사람이 있습니다. 제치고 제치고 또 제치면서 앞으로 나아갑니다. 마치 카 레이서를 방불케 합니다. 그러다가 붉은색 신호등을 만나게 됩니다. 그러면 핸들을 꽉 쥐고 마른침을 삼키면서 앞만 주시하다가 녹색 불로 바뀌기가 무섭게 쏜살같이 튀어나갑니다. 그리고 다시 광란의 질주를 시작합니다. 성격입니다. 그러다가 자기처럼 운전하던 누군가가 대형 교통사고를 내서 도로가 완전히 마비되고 모든 차들이 제자리에 묶이게 되자, 비로소 자신도 차를 멈추고 살벌한 주변을 살피면서 운전에 대한 경각심을 갖게 됩니다. 꽉 쥐었던 핸들을 놓고 넥타이도 풀고 바짝 긴장했던 몸을 의자를 뒤로 눕히면서 쉼을 갖습니다. 담배를 피우는 사람은 한 개비 꺼내서 입에 물기도 하고, 안경을 쓰고 있던 사람은 안경을 벗고 피곤한 눈을 비비며 새어나오는 하품을 깨물기도 합니다.

눈을 두 번
감았다
뜨세요

액셀만 밟던 발을 브레이크 페달로 옮기고 차를 정지시키자, 예전에 보지 못했던 것들이 시야에 들어옵니다. 어느새 나뭇잎들이 다 떨어지고 나무가 앙상한 가지만 남았다는 사실을 알게 됩니다. 웬 새들이 그렇게도 많이 전깃줄에 앉아 있는지 이제서야 눈에 들어옵니다. 길가 주변의 상점들이 보이고 묘한 궁금증을 갖게 됩니다. '이번 주말에는 가족들과 함께 저 인도 식당에 가서 저녁을 먹어볼까?' 하는 생각을 해봅니다. 큰 실내 골프장이 새롭게 생겼다는 사실도 알게 됩니다. 정확하게 이야기하면 예전부터 있었던 것인데 이제서야 알아챈 것입니다. 자기 차 안을 이리저리 둘러봅니다. 별의별 오물들과 쓰레기들이 널브러져 있는 것을 보면서 오랜만에 '반성'이라는 것도 해봅니다. 고개를 좌우로 돌려 옆에 있는 다른 차 안의 사람들도 살펴봅니다. 피곤하고 지친 기색이 역력합니다. 거울에 비친 자신의 모습도 한번 들여다봅니다. 짧지만 인생이라는 것을 다시 한번 생각해봅니다. 지금 새롭게 보고 있는 것들이 처음 연출되는 것이 아닙니다. 늘 일상생활 속에서 반복되던 것들인데 차를 멈추자 비로소 눈에 들어온 것입니다.

우리 인생이 다 그렇습니다. 앞만 보고 무조건 질주하는 운전자처럼 살아갑니다. 매일 똑같은 일상의 반복 속에서 눈뜬장님처럼 인생의 가치와 의미를 음미하지 못하고 습관처럼 살아갑니다. 그러다가 본의 아니게 브레이크를 밟게 되자 인생이 달리 보이게 됩니다. 삶에는 이따금 브레이크가 필요합니다.

저는 요즘 본의 아니게 인생의 차가 멈추어 섰습니다. 눈알 옆에 생긴 골수염이 바쁘게 달리던 차의 브레이크를 밟은 것입니다. 인생이 항상 젊은 것이 아니기 때문에 달릴 수 있을 때 빨리, 많이 그리고 멀리 달려야 한다는 생각을 가지고 살았는데, 뜻밖의 복병을 만난 것입니다. 아무리 생각해 보아도 지금은 분명히 브레이크를 밟을 타이밍이 아닙니다. 벌써 석 달 가까이 치료를 받느라고 발이 꽁꽁 묶였지만, 다시 액셀을 밟을 수 있는 조짐이 보이지 않습니다. 답답한 마음으로 뒤뜰에 나가서 애꿎은 먼 산만 하염없이 바라봅니다. 꽉 다문 입술 사이로 푸념이 새어 나옵니다. "도대체 어떻게 하란 말인가!"

한참을 허공을 바라보다가 알았습니다. 녹음으로 짙게 우거졌던 푸른 나무들이 다 발가벗겨져 있었습니다. 아프리카의 선교사님 한 분이 씨앗을 가져다주셔서 뒷마당에 심었던 모링가Moringa 나무가 추위에 살려달라고 애원하는 목소리도 들려 왔습니다. 옆집 개가 대변을 볼 때마다 항상 우리 마당으로 넘어와서 똥을 싸고 가는 것도 알았습니다. 주변이 얼마나 많은 사연과 말거리, 볼거리로 둘러싸여 있는지를 알았습니다. '내가 인생을 말짱 허당으로 살고 있었다'라는 생각이 들었습니다. 주일에 젊은 부부들이 사택을 방문해서 함께 담소를 나누었습니다. 제가 '쓰벅이Starbucks Coffee' 광팬인 것을 어떻게 알았는지, 스타벅스 커피를 잔뜩 사가

지고 왔습니다. 먹기 전에 함께 기도하려는데 갑자기 목이 메서 아무 말도 할 수가 없었습니다. 그들의 '사랑'이 눈에 보였기 때문입니다. 성도님들이 빨리 먹고 일어나라고 가져다주시는 맛있는 음식들이 이상하게도 목구멍을 통과하지 못했습니다. 그분들의 따뜻한 정성이 입안에 있는 모든 신경을 마비시켰기 때문입니다.

병원을 갔다 오다가 슈퍼마켓 앞에서 우연히 성도님들을 몇 분 만났습니다. 저를 보고 너무 반가워서 눈물을 훔치시는 순박한 분들을 보면서 분명하게 알 수 있는 사실이 있었습니다. "나, 목회 헛했다!", "여태껏 목회를 한 것이 아니라 비즈니스를 했구나!" 나는 여전히 초심으로 잘 달리고 있고, 열심히 살고 있다고 생각을 했는데, 언제부터인지 가장 중요한 것을 놓치고 있었던 것입니다. 부지런히 잘 달리고 있었는데, 알고 보니 가장 중요한 것을 놓치고 있었습니다. '내가 광란의 질주자였구나!' 목적에 집착하고, 책임감에 짓눌리고, 인생 세파에 시달리다 보니, 나도 모르는 사이에 목회의 가장 중요한 것들을 시나브로 하나씩 둘씩 잃어버리고 있었던 것입니다. '왜 달리는지'를 모르는 질주가 잘하면 얼마나 잘하겠습니까? 사람의 가치와 소중함을 모르는 목회가 무슨 목회이겠습니까? 멈추는 것이 축복일 수도 있음을 알았습니다. 인생을 다시 반추해 볼 수 있도록 브레이크를 밟아 주신 주님께 감사했습니다.

지라도 이야기

한국은 섬이 많은 나라입니다. 특히 남해에도 3,500개가 넘
는 많은 조각 섬들이 있다고 합니다. 그중에 '희망의 섬'이라고 불
리는 깡마른 작은 섬이 있습니다. 가끔 많은 배들이 물고기 욕심
에 너무 멀리 항해를 나갔다가 예상치 못한 큰 파도를 만나 표류
하는 경우가 종종 있다고 합니다. 굵은 파도에 시달리며 고통을
받다가 희망의 줄을 놓기 바로 직전에 남쪽 바다의 맨 끝자락에
서 간신히 이 섬을 발견하고 생명을 부지한다고 합니다. 이 섬은
너무 작아서 좀처럼 발견하기가 쉽지 않습니다. 그래서 사람들은
이 섬을 단지 전설에나 등장하는 '이름뿐인 섬'이라고 해서 '전설
도傳說島'라고 부르기도 했고, '말로만 전해지는 섬'이라고 해서 '전
언도傳言島'라고 부르기도 했습니다. 비록 육안으로 이 섬의 존재
여부를 입증할 수 없었기 때문에 한국의 지도에는 새겨넣지 못했
지만, 실제로 이 섬은 분명히 존재하는 것으로 알려져 있습니다.
수많은 사람들이 이 섬을 발견하고 다시 삶에 대한 소망을 회복

했기 때문입니다. 이 섬의 원래 이름은 '지라도'입니다.

　사람들 중에는 이 섬이 영험靈驗해서 꼭 가보지 않더라도 우리 '인생의 바다'에서 목격하는 경우가 종종 있다고 합니다. 살아가다가 감당할 수 없는 인생의 짙은 안개가 낀 날이나, 갑자기 불어닥친 거센 폭풍우에 시달려 이리 치이고, 저리 치이다가 배가 산산이 난파되었을 때 운 좋게 이 섬을 발견하고 목숨을 부지하기도 합니다. 대부분의 사람들은 "그런 섬이 어디 있냐?"라고 손사래를 치며 그 존재를 부정합니다. 저도 그런 사람들 중의 하나였습니다. 그런데 지금은 그 '지라도'의 강력한 증인입니다. 저는 한국에서 중학교에 다닐 때 처음으로 이 섬에 가보았습니다. 아직 인생이 무엇인지도 모르는 나이에 멋모르고 멀리 항해를 나갔다가 망망대해에서 방향을 잃고 표류하게 되었습니다. 건강 때문에 그랬습니다. 잘 뛰던 심장이 갑자기 멈춰버린 것입니다. 단단히 붙잡고 있던 배의 운전대를 놓쳐버리고 말았습니다. 제 기억으로는 몇 년 동안 망망대해에 갇혀 있었던 것 같습니다. 아침부터 밤중까지 배 안의 침대 위에 누워서 잠만 잤습니다. 숨을 쉴 수 없는 고통 때문에 아무것도 할 수 없었습니다. 매일매일이 절망의 연속이었습니다.

　오랫동안 질병에 시달리게 되자 모든 것을 다 잃어버리고 말았습니다. 친구, 학업, 꿈, 추억, 연인 같은 달콤한 단어들은 더 이상 존재하지 않았습니다. 주변의 사랑하는 사람들에게도 불편한 존재로 전락하고 말았습니다. 이웃 아주머니들이 모이기만 하면 웅성거리던 말소리가 들렸습니다. "저 집은 저 애가 빨리 죽어야 다시 항해를 할 수 있을 텐데!" 긴 병에 장사가 없었습니다. 모든 것이 저를 떠나갔습니다. 그래서 그랬을까요? 인생을 너무 빨리 알아버리고 말았습니다. 세상이 얼마나 변덕스럽고, 일기가 쉽게 변하는지 그리고 세상에는 믿을 것이 거의 없다는 비밀을 사춘기가 지나기도 전에 간파하고 말았습니다. 오랜 기간 이부자리에서만 지내다가 어느 날 눈을 떴습니다. 주변이 평화롭고 고요했습니다. 감사하게도 어느 섬에 정박한 것입니다. 아무도 없는 무인도였습니다. 어느 정도의 어지럼증과 울렁거림을 이겨낼 수 있었습니다. 지금 생각해도 참 신기한 것 중의 하나는 그 무인도에 작은 교회가 하나 있었다는 것입니다. 잘은 모르겠지만, 아마도 제이전에 누군가가 왔다 간 것 같았습니다. 배에서 내려 비틀거리며 그 교회 안으로 들어갔습니다. 누군가가 이 힘들고 어려운 표류 생활에서 나를 건져주었으면 좋겠다는 간절함이 몰려왔습니다. 눈을 감고 기도하기 시작했습니다.

그때였을 것입니다. 따듯하고 부드러운 음성이 들려왔습니다. "모두가 너를 버릴지라도 내가 너와 함께 할 것이다", "네가 모든 것을 잃어버릴지라도, 내가 너를 붙잡아 줄 것이다", "네가 희망이 없다고 생각할지라도, 내가 너의 희망이 되어 줄 것이다." 너무 많은 '지라도'의 이야기를 듣다가 문득 깨달았습니다. 내가 지금 '지라도'라는 섬에 와 있다는 것을! 그분의 따뜻한 말씀대로 저는 그 날 이후로 시나브로 회복되었습니다. 다시 인생을 순항하는 은혜를 경험하게 되었습니다. 시간이 지나면서 많은 사람들을 통해서 저만 그 섬에 간 것이 아니라는 사실을 알게 되었습니다. 저 이전에도 그리고 이후에도 수많은 사람들이 그 섬을 다녀왔습니다. 절망스러운 사고 때문에, 사업실패 때문에 그리고 망가진 인간관계 때문에 이루 헤아릴 수 없는 많은 사람들이 그곳에 갔다 온 것을 알게 되었습니다.

그런데 참 신기한 것이 있었습니다. 이 섬을 다녀온 사람들은 이상하리만큼 겸손했습니다. 입만 열면 '은혜'라는 말을 했습니다. 작은 일에도 감동하고, 감사하는 생활을 했습니다. 어렵고 힘든 사람들을 보면 먼저 솔선해서 돕는 일에 앞장섰습니다. 손해를 보고 억울한 일을 당하는데도 분노하거나 억울해하지 않았습니다. 얼굴에 평안함이 있었습니다. 저는 그때까지만 해도 '지라도'가 주인이 없는 무인도인 줄 알았습니다. 그런데 오랫동안 그곳에 있었던 아주머니 한 분이 그 섬의 주인을 만났다고 했습니다. 그리고 그분의 이름은 '하나님'이라고 했습니다. 언제고 기회가 되면 꼭 그분을 만나서 "감사하다"라고 인사하라고 귀띔해 주었습니다. 그 이후로 몇 번 더 그 섬에 가는 기회가 있었는데 저는 그분을 만나 감사를 드렸을 뿐만 아니라 그 섬을 다른 사람들에게 알리는 섬의 홍보대사가 되었습니다. 많은 사람들이 '지라도'를 부정하지만, 저는 최선을 다해 그 섬을 알리려고 노력했습니다. 그 섬에 희망이 있는 것을 알았기 때문입니다. 아무리 힘들고 고통스러운 일을 만났을'지라도', 이 섬을 만나면 다시 일어설 수 있습니다. 세상의 좀 더 많은 사람들이 이 섬을 통해 주님을 새롭게 경험할 수 있기를 간절히 기도합니다.

밥 - 교회 밥

자기가 살아가는 삶의 현장에서 먹는 밥이 이 세상에서 가장 맛있는 밥입니다. 공장에서 일하는 사람들은 공장 밥이 제일 맛이 있고, 회사에서 일하는 사람들은 회사 식당에서 먹는 회사 밥이 이 세상에서 제일 맛이 있습니다. 어렸을 때 함께 자란 친구들 중에 스님이 몇 명 있습니다. 그 친구들이 이구동성으로 하는 말은 이 세상에서 절밥이 제일 맛있답니다. 신부님들도 성당 밥이 제일 맛있다고 합니다. 목사인 제 입장에서는 교회 밥이 최고입니다. 특히, 우리 한인교회 밥맛은 정말 꿀맛입니다. 뭘 먹어도 맛있습니다. 물론 교회 안에 특별한 음식 솜씨를 가진 분들이 많이 있습니다. 음식점을 차렸어도 결코 손색이 없는 분들입니다. 사무장인 유 권사님이 만들어 주시는 김치찌개, 오징어 볶음, 카레 덮밥, 비빔국수는 입 생기고 처음 먹어보는 절묘한 맛입니다. 부목사님들이 돌아가면서 끓이는 라면도 환상적입니다. 며칠 전에는 그냥 컵라면에 물만 부었는데도 구중궁궐의 산해진미보다 훨씬 더 맛이 있었습니다. 교회에서 먹는 것은 전부 다 맛있습니다.

예전에 교회에 염증이 나서 하던 목회를 접고, 북한산에서 지게를 진 적이 있었습니다. 북한산 백운대 중턱에 있는 매점까지 지게에 물건을 가득 싣고 나르는 노동일이었습니다. 입에서 단내가 나고 쓴 물이 올라왔습니다. 결코 장난이 아니었습니다. 컵라면, 과자, 귤, 삶은 달걀 같은 간식거리들을 산처럼 쌓아 배달하는 일이었는데, 철근 덩어리를 짊어지고 산을 오르는 기분이었습니다. 대부분의 경우 지게 밑바닥에 소주나 맥주병을 두세 박스 정도 깔고서 배달을 했는데, 몇 번 지게를 져보고 나서는 두 번 다시 힘자랑을 하지 않았습니다. 허리가 뒤틀릴 정도로 힘이 들었습니다. 다른 사람들 눈치 안 보고 내 마음대로 살 수 있어서 그나마 위로가 되었지만, 성질난다고 아무나 함부로 할 수 있는 만만한 일은 아니었습니다. 몇 달 후 당시 장로님이셨던 아버지께 혹독한 질타를 받은 후에 그 일을 정리하고 작은 변두리 교회로 돌아올 수 있었습니다. 다시 교회 밥을 먹기 시작하면서 확실하게 알았습니다. 세상에서 제일 맛있는 밥은 교회 밥입니다! 저처럼 형편없이 모자란 돌팔이 날탕 목사라도 교회에 붙어 있을 수 있다는 사실이 감사하고 기뻤습니다.

밥은 생명입니다. 지치고 피곤해서 다 죽어가다가도 밥을 먹으면 신기하게도 다시 힘이 납니다. 사람은 기운이 빠지고 힘이 들면 곧바로 밥을 찾습니다. 밥이 힘인 것을 본능적으로 알기 때문입니다. 많이 배운 사람들은 '먹는 것'과 '사는 것'을 구분해서 말합니다. "사람이 살기 위해서 먹지, 먹기 위해서 사냐?"라고 근엄하게 말합니다. 그분들은 자신들도 모르게 먹는 행위를 과소평가하거나 평가절하합니다. 먹는 것은 단지 사람이 생산적이고 가치 있는 삶을 살기 위해서 어쩔 수 없이 해야만 하는 '짐승스러운' 행위가 아닙니다. 거추장스럽거나 피할 수만 있다면 하지 않아도 되는 일이 아닙니다. 단순히 삶을 유지하기 위한 전제 조건이나 수단이 아닙니다. 먹는 것은 생각보다 값지고 소중합니다. 함께 먹는 가운데 사랑도 생기고, 함께 꿈을 꾸기도 합니다. 삶의 가장 중심에 서 있는 부분이 먹는 것이기도 합니다. 밥을 먹고 힘을 내서 일을 하기도 하지만, 반대로 밥을 위해서 목숨을 걸고 일하기도 합니다. 먹고사는 문제 때문에 투쟁하는 사람들도 있다는 말입니다. 그래서 밥은 곧 힘입니다. 밥그릇이 큰 사람 그리고 밥그릇이 많은 사람들은 언제나 세상의 주목을 받고 인정을 받습니다. 사람들은 그 사실을 너무도 잘 알기에 남보다 큰 밥그릇을 가지려고 기꺼이 싸움을 벌입니다.

밥은 곧 그 사람의 정체성을 말해 주기도 합니다. 힘이 있는 사람의 밥상은 화려하고 풍성합니다. 무력한 사람들의 밥상은 언제나 푸른 풀밭입니다. 미국에 사는 사람들의 밥상과 한국에 사는 사람들의 밥상은 다릅니다. 그들이 살아가는 현장이 다르기 때문입니다. 교회 밥이 맛있고, 절밥이 맛있다는 이야기는 우리가 먹고 살아가는 삶의 현장이 어디인지를 가르쳐 주는 말입니다. 우리가 무엇을 위해 땀 흘리고, 수고하고, 목숨을 거는지를 알려주는 말이기도 하고, 그렇게 열정적으로 자신을 던지기 때문에 자기가 살아가는 터전에서 먹는 밥은 특별한 맛이 있는 것입니다. 세상에서 가장 고귀한 것은 밥을 나누는 행위입니다. 말로만 이야기하고 시늉만 하는 사랑은 너무도 가볍습니다. 자신의 밥그릇을 열어 함께 나누는 사랑이야말로 진정한 사랑입니다. 복음서에서 가장 대표적인 기적으로 손꼽히는 '오병이어 이야기'는 한 어린아이의 '밥 나눔'에서 비롯되었습니다. 과연 그 자리에 도시락을 싸 온 사람이 그 아이 혼자뿐이었을까요? 모두가 배고파하고 힘들어할 때 자신을 비워 밥을 나누는 사랑을 배경으로 언제나 오병이어의 엄청난 기적이 일어남을 성경의 기자는 사람들에게 알려주고 싶었을 것입니다.

성만찬은 예수님이 밥이 되신 사건입니다. 예수님은 우리에게 당신의 몸을 밥으로 나누어 주셨습니다. 씹어야 할 밥으로, 마셔야 할 음료로 당신의 몸과 보혈을 허락하셨습니다. 우리는 매일 밥을 대할 때마다 밥 나눔이 진정한 사랑의 실천임을 기억하게 됩니다. 예수님은 항상 가난하고 소외된 사람들과 밥을 나누셨습니다. 사회가 "너희들은 이제 더 이상 '우리'가 아니다"라고 선을 그어버린 창기와 세리들 그리고 온갖 죄인들과 함께 밥을 나누셨습니다. 많은 율법사들과 종교지도자들의 손가락질이나 비아냥도 무시하시고 그들과 함께 먹기를 즐기셨습니다. 덕분에 예수님께 붙여진 별명은 "먹기를 탐하는 자"(마 11:19)였습니다. 그러므로 밥을 나눈다는 말은 달리 말하면 '너와 내가 하나'라는 '우리 선언'입니다. 같이 밥을 먹을 수 있다면 아직은 희망이 있다는 것입니다. 제 친구 중에 "시간 되면 밥이나 같이 먹자"라고 말하는 사람들이 많이 있습니다. 한 번도 식사를 같이한 적이 없으면서도, 무슨 주문을 외우듯이 이 말을 남발합니다. 너무도 뻔한 거짓말인 줄 알지만, 그래도 우리가 하나라는 느낌이 들어서 그 말을 듣는 것이 나쁘지 않습니다. 며칠 전에 "시간 되면 밥이나 같이 먹자"라고 늘 노래를 부르던 학창시절의 친구가 멀리서 저를 찾아왔습니다. 그날따라 급하게 하던 일이 있어서 밖으로 나가지 못하고 일단 음식을 부탁해서 함께 교회에서 먹었습니다. 생애 최고의 맛이었습니다. 제가 한마디 던졌습니다.

"야! 우리 교회 밥 맛있지?"

그 친구가 퉁명스럽게 말을 받았습니다.

"그래 맛있다, 이 썩을 놈아! 멀리서 왔는데 교회에서 때우냐!"

아무리 생각해도 교회 밥이 제일 맛있습니다.

뒤돌아 보니

누군가 시간에 날개를 달아 두었나 봅니다. 영원토록 변하지 않을 것만 같았던 것들이 금방 다른 모습이 되어버리고 맙니다. 연민 때문에 다시 보고 싶어져서 뒤돌아보면 이미 과거가 되어버린 빛바랜 현재를 쉽게 발견하게 됩니다. 많은 사람들이 인생을 조각조각으로 평가해서는 안 된다고 조언합니다. 인생은 단거리 레이스가 아니라 장거리 마라톤이기 때문에 언제 어떻게 될지 모른다는 것입니다. 순간적인 것에 집착하다 보면 큰 그림을 놓친다고 합니다. 항상 총체적인 인생을 강조합니다. 그러나 다시 생각해 보면 그 반대일 수도 있습니다. 인생은 응접실에 걸린 큰 대형 화보가 아니라, 시간의 작은 편린片鱗들이 모여서 만들어진 모자이크라는 생각이 듭니다. 어쩌면 수백만 개의 시간 조각들이 맞물려서 인생이라는 퍼즐을 만들어냅니다. 인생은 매 순간이 이미 다시는 돌아올 수 없는 독특성을 가진 완성체들입니다. 그 자체로 더하거나 뺄 것이 없는 인생 덩어리인 것입니다.

우리는 어려서부터 미래를 위해 현재를 희생시키는 법을 배워 왔습니다. 곧 도래하게 될 밝은 미래를 위해서 기꺼이 고난의 행군을 감내해야 한다는 너무도 뻔한 이데올로기에 익숙해져 있습니다. 국가적으로도 곧 열리게 될 대망의 마이카My Car 시대를 위해서 허리 줄을 졸라매는 새마을운동을 강요받았습니다. 덕분에 우리가 기억하는 60~70년대의 모습 속에는 개인의 꿈이나 낭만이란 존재하지 않습니다. 전 국민적인 부산함과 근면함만이 존재할 뿐입니다. 신기한 것은 그토록 염원하던 대망의 80년대가 되었는데, 아무도 그 대가를 주려는 사람도 없고, 받으려는 사람도 없다는 사실입니다. 마치 국가 전체가 집단 최면에 걸린 것처럼, 힘들었던 시절을 함께 견뎌낸 것으로 만족해합니다. 부의 편재 때문에 빚어진 수많은 노동자들의 눈물과 농업의 몰락 따위에는 관심이 없습니다. 단지 근면했던 시절만 아름다운 향수로 기억하고 있는 것입니다. 미래지향적인 사회의 전형적인 모순입니다.

개인적으로도 보면, 다른 아이들보다 인생의 좋은 기회를 잡기 위해서 낭만이나 추억은 일찌감치 전당포에 저당 잡힌 아이들이 많이 있었습니다. 대학에 가면 행복하게 잘 놀 수 있다는 감언이설에 속아 중고등학교 시절 내내 죽으라고 공부만 합니다. 그러다가 정작 대학에 가면, 졸업 후 누리게 될 좋은 직장과 밝은 미래를 위해서 다시 한번 현재의 즐거움을 반납해야 합니다. 그리고 염원대로 직장에 들어가게 되면 승진과 좋은 배우자감을 위해 또

한편의 희생을 치러야 합니다. 그다음에는 자녀들을 위해서, 편안한 노후 생활을 위해서 그리고 다음 세대를 위해서 언제나 치러야 할 희생들이 기다리고 있습니다. 이 습관화된 질병은 우리가 삶의 짐을 내려놓는 마지막 순간까지 끊임없이 반복됩니다. 이 기가 막힐 정도로 정형화된 삶의 양식은 교회 안에서도 그대로 반복됩니다. 내일의 천국을 위해서 오늘의 지옥 정도는 기쁨으로 감당해야 합니다. 신기하게도 천국을 위해 모인 사람들에게서 천국을 찾아보기란 쉽지 않습니다. 어디를 가나 우리네 삶의 뒤안길은 항상 고생과 연민으로 점철되어 있습니다. 허탈하고 억울한 사연들이 많아서 그럴까요? 한국 사람들은 어디를 가나 '이바구 문화'가 발달되어 있습니다. 할 말도 많고 눈물도 많습니다.

어느덧 아들이 커서 대학 졸업식을 하게 되었습니다. 한 걸음씩 걸음마를 배우며 자신이 두 발로 세상에 설 수 있다는 사실이 신기한지 놀라워하고 어리둥절해 하던 어린 아들은 이제 저보다 자동차 운전을 훨씬 더 잘하는 재미없는 젊은이가 되었습니다. 못난 제 아비를 닮아서 그랬을까요? 한참 푸릇한 꿈과 인생의 기대감으로 벅차올라야 할 이 청춘은 안쓰럽게도 미래에 대한 두려움과 염려로 찌들어져 있습니다. 몇 군데 오라는 회사가 있기는 하지만, 아직 확실하게 마음을 잡지 못했다고 푸념하는 걱정 어린 아들놈을 보면서 혹시 인생이 유전되는지도 모르겠다는 엉뚱한 상상을 해보았습니다. 졸업식장을 향해 가는 아들을 품에 안

눈을 두 번
감았다
떴 세요

으며 한마디 해주었습니다. "네가 여기까지 왔다는 사실 하나만으로도 나는 충분히 감사하고 행복하단다. 아들아, 미래는 하나님께 맡기고 그냥 하루하루 행복하고 재미있게 살아라." 아들에게 주는 말이기도 했지만, 하나님이 저와 우리 모두에게 해주셨으면 좋겠다는 간곡한 바람이기도 했습니다.

뒤돌아보니, 목적의식만 가지고 살아서 그랬는지 저에게는 달콤한 기억들이 별로 없습니다. 소박하고 청순했던 좋은 기억들이 없는 것은 아니지만, 피곤하고 지친 현실 속에서 미래를 위해 이미 엿바꿔 먹은 지 오래되었습니다. 아들의 뒷모습을 보면서 좀 더 사랑하는 사람들 곁에서 좋은 시간을 함께하지 못한 것이 미안하고 부끄러웠습니다. 아름다운 기억이 새겨진 과거를 갖고 싶다면 지금부터라도 주어진 현재를 잘 살아야 합니다. 꿈과 소망으로 가득 찬 밝은 미래를 맞이하고 싶다면 지금 누리는 현재를 잘 살아내야 합니다. 연세가 이미 90살이 되었어도 10년 후에 있을 100세 때에는 후회하지 않을 10년의 아름다운 기억을 갖기 위해 열심히 살아내는 연습을 해야 합니다. 한 땀 한 땀 수놓는 마음으로 주어지는 매 순간을 최선을 다해 살아야 합니다. 미래에 '무엇을 하고, 무엇이 될까?'에만 집중하며, 하나님이 주신 소중한 오늘을 낭비하는 어리석은 제자들에게 예수님은 그들의 관심과 생각을 바로잡아주시는 소중한 말씀을 해주셨습니다. "그러므로 내일 일을 염려하지 말아라. 내일 일은 내일이 알아서 염려할 것이다. 그날의 걱정은 그날로 끝내라." 매일매일, 순간순간을 열심히 살아야 하겠습니다.

뇌물 賂物

뇌물을 아주 좋아하던 사장님이 생일을 맞았습니다. 아니나 다를까, 회사의 임원들이 줄을 서서 사장님께 생일 선물을 가지고 왔습니다. 평소 골프를 좋아하던 김 부장은 긴 자루에 담긴 생일 선물을 가져왔습니다. 사장은 직감적으로 '명품 골프채'일 것이라고 생각했습니다. 예상이 맞았습니다. 환상적으로 멋진 골프채였습니다. 박 상무도 질세라 생일 선물을 가지고 왔습니다. 그는 원래 실용적인 사람이라 분명히 '현금 봉투'나 고가의 '상품권'을 준비할 것이라고 생각했습니다. 역시 맞았습니다. 그는 생일 선물로 흰 봉투 하나를 내밀었는데 사장이 기대했던 만큼의 액수가 정확하게 봉투 안에 들어 있었습니다. 뇌물의 달인입니다. 사장은 자신이 예측하고 기대하는 대로 뇌물이 들어오자 아주 만족스러워했습니다.

애주가愛酒家인 이 과장도 뒤늦게 사장의 집을 방문했습니다. 사과상자 반만 한 크기의 작은 상자를 생일 선물로 내놓았습니다. 사장은 단번에 상자 안에 '고급 포도주'가 들어 있을 것이라고 짐

눈을 두 번
감았다
↑뜨세요

작했습니다. 기쁜 마음으로 상자의 밑바닥을 잡았는데 흥건하게 젖어 있었습니다. 아마 포도주병의 온도가 낮아서 수분이 박스를 젖게 만들었을 것이라고 생각했습니다. 명품 술이라는 확신을 갖고 있던 사장은 젖은 손을 자신의 코에 대고 냄새를 맡아 보았습니다. 그리고 손가락에 묻은 물기를 혀로 핥으면서 맛을 보았습니다. "이 과장, 명품 포도주인 것 같은데 왜 냄새가 안 나나?" 조바심이 생긴 사장은 다시 한번 상자의 수분을 더 많이 묻혀서 혀로 핥아 보면서 맛을 보았습니다. 특별한 향이 없자 사장은 단언하면서 말했습니다. "보드카구만! 명품 보드카야, 맞지?" 그러자 당황한 이 과장이 말했습니다. "명품 강아지 새끼입니다."

얄미운 사장의 표정이 이지러졌을 것을 생각하면 통쾌한 생각이 들기도 하지만, 그렇다고 강아지 오줌까지 먹게한 것은 좀 가혹한 처벌이라는 생각이 들었습니다.

사람들은 누구나 돈의 위력을 압니다. 고래고래 소리를 지르며 울던 아이도 돈을 손에 쥐여 주면 뚝 그칩니다. 조금 전까지 얼굴을 붉히며 화를 내던 사람도 돈을 주면 머리를 90도로 굽혀 감사를 표현합니다. 노사분규도 결국 돈 때문에 투쟁하는 것이고, 국가 간의 무역 불균형 논쟁도 결국 돈을 더 갖고자 하는 목적에서 비롯된 것입니다. 크던 작던 돈 때문에 많은 문제들이 일어납니다. 어제 장로님 한 분과의 대화를 나누다가 참 재미난 이야기를 들었습니다. 미국의 수사관들은 사건이 터지면, 치정 관계나 계획된 복수 같은 특별한 상황을 제외하고는 대부분 돈에 초점을 맞춘다고 합니다. 돈줄을 따라가 보면 결국 마지막에는 칼을 든 범인이 나온다고 합니다. 돈 때문에 범죄와 사건이 끊임없이 일어난다는 소리입니다. 돈이 사람과 세상을 지배하는 것입니다.

돈을 '맘몬Mammon' 신에 비유한 것은 정말 지혜로운 일입니다. 돈은 '신神'입니다. 사람들은 돈을 많이 소유하고 있으면 사랑을 받고, 존경도 받고, 심지어는 숭배의 대상이 된다는 것을 너무도 잘 알고 있습니다. 그래서 지나치게 돈에 집착하고 목숨을 겁니다. 역설적인 말이지만, 돈을 벌기 위해서 돈을 씁니다. 뇌물을 제공하는 것입니다. 돈에 강한 사람은 아무도 없습니다. 일단 뇌물을 받게 되면, 그 다음부터는 맘몬 신의 지배를 받게 됩니다. 돈을 받은 사람은 맘몬이 명령하는 대로 복종해야 합니다. 그래서 많은 사람들이 뇌물을 이용해서 맘몬 신에게 자신의 영혼을 저당 잡힙니다. 뇌물은 결국 주는 자나 받는 자나 맘몬에게 자신의 영혼을 저당 잡히는 행위입니다.

중국 후한 시대에 '양진'이라는 청렴결백한 관리가 있었습니다. 그가 동래군의 태수로 임명을 받아 부임 중일 때에 하루는 날이 저물어 '항읍'이라는 곳의 객사에 머문 적이 있었습니다. 여러 상념으로 마음이 적적하던 차에 '창읍현'의 현령으로 있던 '왕밀'이라는 사람이 밤늦게 혼자 찾아왔습니다. 그는 자신이 형주 땅에 있을 때 양진에게 많은 신세를 졌다는 이야기를 하면서 지난 추억들을 술회했습니다. 두 사람은 시간 가는 줄 모르고 즐겁게 담소를 나누었습니다. 분위기가 무르익었을 즈음에 왕밀은 슬그머니 옷깃 속에서 황금 열 냥을 꺼내 양진의 무릎 위에 올려놓았습니다. 이 정도면 자신뿐만 아니라 자자손손 잘 먹고 잘 살 수 있는 돈이었습니다. 왕밀은 양진에게 "우리 둘밖에는 모르는 일입니다. 감사의 표시입니다" 하고 공손히 말을 덧붙였습니다. 양진은 정색을 하면서 왕밀의 뇌물을 거절했습니다. "자네와 나, 우리 두 사람밖에 모른다니 무슨 소리인가? 하늘이 알고, 땅이 알고, 금품을 준 자네가 알고, 또 그것을 받은 내가 알지 않는가!"

너무도 유명한 이야기입니다. 금품에 욕심이 없는 사람이 어디 있겠습니까? 누구나 받고 싶어 할 것입니다. 그러나 받으면 반드시 훗날 오줌을 핥는 수모를 겪게 됩니다. 저는 신선하고 똑똑한 젊은 엘리트들이 돈 앞에서 처참하게 무너지는 모습을 수도 없이 보아 왔습니다. 정치인, 법조인 그리고 종교인에 이르기까지 수많은 인재들이 뇌물에 속수무책으로 넘어졌습니다. 어떤 사람들은 말합니다. "선물까지 뇌물로 비하해 버리면 이 세상이 너무 삭막해지지 않겠습니까?" 선물은 선뜻 주는 것이요, 뇌물은 뇌를 많이 써서 주는 것이라고 하는데 솔직히 구분이 용이하지 않습니다. 뇌물은 언제나 선물의 이름으로 온다는 것을 기억해야 합니다. 주는 사람도 받는 사람도 맘몬의 지배를 받게 될 것입니다. 뇌물은 또 다른 유형의 우상숭배입니다.

아버지 연가戀歌

　며칠 전에 우리 교회 장로님의 천국환송예배가 있었습니다. 사랑하는 아버지를 하나님의 나라로 보내면서 슬퍼하던 큰 아드님이 '회고의 시간'에 고인이 되신 아버님께 고백하던 말이 가슴 속에 오랫동안 남습니다. "아버지는 거목巨木이셨습니다. 우리는 언제나 그 나무 밑에서 살았습니다. 어떤 때는 그 나무의 그늘이 너무 깊게 드리워져서 빛이 안 들어온다고 불평했습니다. 나무가 너무 크고 푸르게 우거져서 바람이 들어오지 않는다고, 너무 춥고 답답하다고 그리고 너무 어두워서 앞을 볼 수 없다고 원망을 했습니다. 그런데 그 큰 나무가 며칠 전에 쓰러졌습니다. 항상 그 자리에 있을 것이라고 생각했는데 뿌리째 뽑혀 넘어졌습니다. 쓰러진 나무 위로 각진 칼바람이 불어옵니다. 그리고 우리는 비로소 알았습니다. '아! 그 나무가 우리를 여태까지 지켜주었구나!' 아버지라는 큰 나무가 보호막이 되어 당신의 몸으로 세상의 모진 비바람과 찬 서리를 막아 주셨던 것입니다. 아버지의 빈자리가

눈을 두 번
감았다
뜨세요

이렇게 큰 줄을 미처 몰랐습니다. 이제라도 아버지께 고백하고 싶습니다. '아버지, 감사합니다. 그리고 사랑합니다.'"

하나님은 당신의 섬세하고 희생적인 사랑을 알게 하시려고 우리에게 어머니를 주셨습니다. 그리고 당신의 변치 않는 밑동 굵은 사랑을 우리에게 알게 하시려고 아버지를 주셨습니다. 우리는 아버지를 통해 하나님의 깊고 넓은 사랑을 보게 됩니다. 다른 사람들은 다 등 돌려도 항상 변치 않고 그 자리를 지키시는 분! 다른 사람들은 다 놓아도 끝까지 붙잡고 계시는 분! 조금은 투박하고 어색하지만, 가공되지 않은 원석 같은 마음으로 우리를 지켜보아 주시는 분! 우리들의 아버지, 그분 덕에 우리가 지금 여기에 있습니다. 초등학교 시절, 개구쟁이 동네 친구들과 물놀이를 갔다가 동무 하나가 강물에 빠져 익사한 적이 있었습니다. 철부지 시절에 무심결에 경험했던 첫 번째 죽음이었습니다. 하얀 백고무신이 벗겨진 줄도 모르고 맨발로 달려와 발을 동동 구르며 강물 바닥에 가라앉은 아들을 건져 달라고 울부짖던 어머니의 모습도 가슴 시리도록 아팠지만, 아들의 책가방을 꽉 움켜쥔 채 실성한 사람처럼 강물을 멍하니 바라보던 아버지의 넋 나간 표정도 비록 반세기가 지났지만, 가슴 속 깊이 생생하게 인각되어 있습니다. 몇 년 동안 아들 잃은 슬픔을 술로 달래시며 속앓이를 하시던 아버지는 애간장이 다 녹았는지 결국 간암으로 힘든 삶을 마감하고 말았습니다. 누가 아버지의 사랑을 어머니의 것보다 열등한 것이라고 말했습니까? 아버지의 사랑은 둔탁해서 미처 얼굴이나 행동으로 삐져나오지 못하고 가슴속에 남아 있을 뿐입니다.

멜깁슨의 영화 '패션The Passion of Christ'은 시작부터 말이 많았던 작품입니다. "누가 예수를 죽였는가?Who killed Jesus?"라는 '책임론'의 문제에서부터 "왜 예수가 십자가에 달려 죽어야만 했는가?Why was Jesus crucified?"하는 이데올로기의 문제에 이르기까지 적지 않은 사회적 논쟁을 낳았던 영화입니다. 게다가 내용에 있어서도 예수님의 '수난'에 초점이 맞추어져 있었기 때문에 영화가 시작되는 순간부터 거의 한 시간이 넘도록 예수님이 로마 병사들에게 두들겨 맞는 장면의 연속이었습니다. 너무 잔인하고 폭력적이라는 부정적인 평론이 이 영화에 꼬리표처럼 달라붙었습니다. 솔직히 왜 그렇게 무차별하게 사람을 때리는지 저도 이해할 수가 없었습니다. 피투성이가 된 나사렛 예수를 십자가에 달아 죽이는 장면이 나올 때까지 무차별한 폭행은 멈추지 않았습니다. 그러나 예수님이 하늘을 향해 "아버지여, 내 영혼을 당신의 손에 맡깁니다" 중얼거리시고 숨을 거두시는 순간 이 영화의 가장 감동적인 장면이 연출되었습니다. 예수님이 고개를 떨구고 숨을 거두시자마자 마치 그동안 참고 참았던 눈물을 떨구는 것처럼 하늘에서 굵은 빗방울 하나가 땅바닥으로 떨어졌습니다. 빗방울이 얼마나 강렬했는지 땅바닥에 닿자마자 산산이 부서져 사방으로 흩어졌습니다. 이 영화를 보던 사람들이 한순간에 얼어붙는 충격을 받았습니다.

눈을 두 번
감았다
뜨세요

어쩌면 멜깁슨은 이 한 장면을 보여주기 위해서 그토록 무참히 예수님에게 고문을 가했는지 모릅니다. 그는 아들의 죽음을 묵묵히 지켜보아야만 했던 하늘 아버지의 아픈 마음을 굵은 눈물로 보여주고 싶었다고 합니다. 만약 이 영화에서 하나님의 눈물로 대변되는 아버지의 사랑이 없었다면 이 영화가 무슨 의미가 있겠습니까?

우리가 하나님을 아버지라고 부르는 이유 중의 하나는 이런 과묵한 굵은 눈물 같은 아버지의 사랑이 하나님의 속성에 담겨 있기 때문입니다. 오늘은 아버지 날Father's Day입니다. 매서운 세파에 차이고 밟히면서도 사랑하는 아내와 가족들을 위해서 헌신하고 희생하신 아버지들의 사랑을 기리는 날입니다. 하나님이 왜 우리들의 아버지를 통해 당신의 통 큰 사랑을 보여주시려고 했는지 그 이유를 오늘 발견해 보시기 바랍니다. 그리고 만약 여러분의 자녀들이 누군가에게 "하나님이 계시다는 것을 어떻게 아느냐?" 하고 질문을 받는다면, 그들이 당신의 얼굴을 바라보면서 "나의 아버지 때문이었다"라고 말할 수 있기를 바랍니다. 그리고 여러분이 바로 그 위대한 아버지가 되어 보시기 바랍니다. 헌신적인 이 땅의 아버지들을 사랑합니다. Happy Father's Day!

보기 - 생각하는 연습

사실fact보다 더 중요한 것은 그것을 해석하는 시각perspective입니다. 사람들은 자신에게 일어난 어떤 사실에서 행복을 찾으려고 하지만, 실제로 행복을 결정하는 것은 시각입니다.

프랑스에 한 백작이 있었습니다. 그는 엄청난 부자였습니다. 태어날 때부터 엄청난 유산을 물려받았습니다. 그러나 천성적으로 낭비벽이 심하고 사치했던 그는 머지않아 그 재산을 모두 탕진하고 말았습니다. 어느 날 그의 재정을 관리하던 집사가 와서 슬픈 표정으로 그의 재산이 이제는 십만 프랑밖에는 남지 않았다고 보고를 했습니다. 충격을 크게 받은 백작은 그 자리에서 심장마비를 일으켜 죽고 말았습니다. 십만 프랑은 오늘날에도 일억 원이 넘는 엄청난 거액이었지만, 백작에게는 자신의 파산을 알리는 초라한 숫자로 느껴졌던 것입니다.

이제 그의 남겨진 십만 프랑은 누군가에게 유산으로 남겨져야

눈을 두 번
감았다
뜨세요

했습니다. 그런데 문제가 있었습니다. 백작은 결혼도 하지 않았을 뿐만 아니라, 가까운 형제나 친척도 거의 없었습니다. 국가는 천신만고 끝에 간신히 가난한 어촌에 살고 있던 그의 팔촌 동생을 찾아내서 그 돈을 유산으로 주었습니다. 그러자 예상하지 못했던 십만 프랑이라는 엄청난 돈을 물려받은 이 어부도 깜짝 놀라서 심장마비로 쓰러져 죽고 말았습니다. 듣도 보도 못한 십만 프랑이라는 거액의 돈이 이 가난한 무지렁이 어부에게는 감당할 수 없는 충격이었던 것입니다. 똑같은 금액의 돈이었는데 한 사람은 너무 적어서 심장마비를 일으키고, 또 다른 한 사람은 너무 많아서 심장마비를 일으킨 것입니다. 똑같은 사실이 전혀 다른 해석을 낳은 것입니다.

사람들은 자기에게 주어진 안 좋은 현실이 바뀌면 행복해질 것이라고 생각합니다. 착각입니다! 절대로 그렇지 않습니다. 아무리 사실이 바뀌어도 삶을 바라보고 해석하는 시각이 바뀌지 않으면 결과는 항상 똑같습니다. 우리 옛 속담에 "사람이 바뀌면 죽는다"라는 말이 있습니다. 실제로 죽는지 안 죽는지는 잘 모르겠지만, 그만큼 사람이 바뀌는 것이 죽기보다 어렵다는 소리입니다. 똑같은 환경 속에서도 낙관적인 사람은 항상 낙관적이고, 비관적인 사람은 끝까지 비관적입니다. 매사를 심각하게 받아들이는 사람은 편한 농담 한마디도 골똘히 분석하고 생각에 잠깁니다. 그러나 생각이 가벼운 사람은 아무리 진중한 이야기를 해도 가벼운 농담으로 웃어넘깁니다. 사실보다도 그 사실을 바라보는 시각에 따라서 인생이 달리 전개되어 나아갑니다.

　행복하게 성공적인 인생을 살고 싶다면 이제부터라도 시각을 바꾸는 노력과 연습을 해야 합니다. 항상 좋은 일만 일어나는 사람도 없고, 반대로 나쁜 일만 일어나는 사람도 없습니다. 누구에게나 숨겨진 어두운 면과 드러난 밝은 면이 공존합니다. 매사를 밝게만 생각하는 것이 쉽지는 않겠지만, 그럼에도 불구하고 가능하면 소망을 가지고 낙관적으로 생각하는 연습을 해야 합니다. 특히 우리 삶의 배후에는 우리 인생의 주인이신 예수님이 함께 계십니다. 그분이 우리를 붙잡아 주시면, 아무리 힘들고 어려운 현실이더라도 능히 이길 수 있을 것입니다. 믿음의 주요 온전케 하시는 분이신 주님만 바라보십시오(히 12:2). 절망적인 현실 속에서라도 주님을 찬송하는 기쁨과 여유를 회복하게 될 것입니다.

그 정도면 천부적 재능이다!

고독의 시대를 살고 있는 현대인들에게 가장 어려운 것 중의 하나는 말을 참는 것입니다. 말을 절제하는 것은 젊었을 때도 쉽지 않지만 늙어갈수록 더더욱 어려워집니다. 현역에서 은퇴하게 되면 말을 할 수 있는 기회가 현저하게 줄어듭니다. 경제적인 여건도 많이 나빠지고, 건강 때문에 먹고 싶은 것도 많은 제약을 받게 됩니다. 그래서 대화의 자리에 동참하기가 쉽지 않습니다. 한참 일을 할 때는 시간이 부족해서 정리할 수 없었던 일이나 관계들이 은퇴 후에는 시간적인 여유와 깊은 통찰력을 통해 명료하게 정리됩니다. 다른 사람에게 해주고 싶은 말이나 생각들이 급속도로 늘어납니다. 그러나 문제는 아무도 그것을 들으려고 하지 않는다는 것입니다. 예전에는 노인들에 대한 경로사상도 강했고, 소셜 미디어가 발달하지 않았기 때문에 미리 사셨던 어른들의 주옥같은 경험담이나 지혜에 귀를 기울였지만, 이제는 그런 것들을 귀찮은 잔소리로 여깁니다. 그 정도의 지식이나 정보는 언제든지 인터넷으로 찾아볼 수 있다고 생각합니다.

　입과 귀로 정보를 주고받던 '이바구 시대'는 끝이 나고, 이제는 손가락과 눈으로 대화하는 '카톡 시대'가 도래했습니다. 한 밥상에 같이 앉아서도 말로 대화하기보다는 바로 앞에 있는 사람에게 스마트폰으로 문자를 날리는 시대입니다. 젊은 세대들은 이런 문화를 쉽게 받아들이겠지만, 평생을 직접 얼굴을 보고 대화하며 살아온 어른들에게는 이런 현상이 재앙으로 다가옵니다. 어떤 언어학자는 사람이 하루에 5만 마디 이상의 말을 하지 않으면 정신적으로 병이 난다고 주장하는데, 문제는 그 많은 말들을 들어줄 사람들이 이 시대에는 없다는 것입니다. 단지 몇 마디만 해도 피곤해하고 짜증스러워합니다. "나이가 들수록 입은 닫고, 대신 돈지갑을 열라"는 말이 있는데, 돈이 없으니 억울하지만 입도 함께 닫게 됩니다. 어느 자리든지 말이 많으면 대우를 받지 못합니다. 인간을 '호모 로쿠엔스Homo Loquens'라고 부릅니다. '말하는 인간' 또는 '언어를 사용하는 인간'이라는 뜻입니다. 본질적으로 말하게 되어 있는 인간이 말을 하지 못하니 점점 더 문제들이 깊어 갑니다.

　많은 분들이 "이제부터는 말을 참겠다"라고 다짐을 합니다. 하고 싶은 말들을 가슴속에 묻어두고 잊어버리려고 애를 씁니다. 그러나 그러면 그럴수록 말이 뇌리에서 사라지는 것이 아니라, 그냥 가슴속에 차곡차곡 쌓입니다. 그러다가 어느 날 말할 수 있는 기회를 만나게 되면, 봇물 터지듯이 말들이 쏟아져 나옵니다. 듣는 사람들을 질리게 해버립니다. "차라리 그냥 처음부터 조금씩 말을 했으면 좋을 뻔했다"라는 뒤늦은 후회를 하게 됩니다. 우리 내면의 세계에 들어 있는 말들은 좀처럼 사그라지지 않는 또 다른 생명체인가 봅니다. 처음에는 아련한 기체였다가, 희로애락 같은 감성들이 섞이게 되면 다시 액체로 변했다가, 쏟아내지 않고 쌓이게 되면 점점 딱딱한 고체로 굳어서 결국에는 아이를 낳는 처절한 산고처럼 오롯이 말의 대가를 치르게 됩니다. 사람들마다 말이 고프다 보니, '말을 잘하는 사람'보다 '말을 잘 들어주는 사람'이 더 사랑을 받습니다. 특히 말을 들어줄 때도 그냥 들어주는 것이 아니라, 상대방의 말을 공감하며 '느껴주는 사람'이 가장 인기가 좋습니다.

친구 목사 중에 어른한테 반말을 잘하는 사람이 있습니다. 옆에서 이 친구가 어른들과 대화하는 것을 보고 있으면 긴장이 되다 못해 화가 날 때가 있습니다. 이미 말의 '조심 수위'를 훨씬 넘었습니다. 자기 아버지, 어머니보다도 훨씬 나이가 많은 어른인데, "어어!", "그래그래, 그게 좋겠네", "뭔 소리야, 자기는 항상 그러더라" 하면서 친구처럼 편하게 말을 합니다. 염려가 많이 되어서 나중에 몇 번 따끔하게 충고를 해 준 적이 있습니다. 그러자 "자기가 정말 그러더냐?" 하고 오히려 반문을 합니다. 자기는 절대로 그런 적이 없답니다. 몇 번 더 강하게 지적을 하자, 처음에는 조심하는 듯하다가 다시 예전의 모습으로 돌아갑니다. "야! 너는 애비 에미도 몰라보는 쌍놈 같아" 한마디 심하게 마침표를 찍어 주지만, 그래도 개 버릇 남 못 줍니다. 그런데 참 신기한 일입니다. 이 친구가 할아버지, 할머니들에게 인기가 제일 좋습니다. 참, 진실한 목자랍니다. 단 한 번도 말 때문에 어른들에게 지적을 당한 적이 없습니다. 홍해 바다가 갈라진 기적 이야기보다도 훨씬 더 믿기 힘든 사실입니다.

말하는 사람들의 말을 함께 느껴 주기 때문입니다. 대화법 중에 '적극적인 듣기active listening'라는 청취 방법이 있는데 '함께 느껴 주는 것'은 그중에서도 최고의 단계입니다. 이 친구는 어른들의 말을 들을 때 항상 눈과 귀가 말하는 분의 입술과 일직선상에 있습니다. 얼굴 표정도 말의 분위기에 따라서 함께 바뀌고, 시키지 않았는데도 굵은 닭똥 눈물을 뚝뚝 떨굽니다. 물개처럼 박수를 치면서 배를 잡고 웃기도 하고, 어떤 때는 위아래로 눈을 부라리면서 같이 화를 내주기도 합니다. 쌍욕까지 서슴없이 하면서 함께 공감해줍니다. 이쯤 되면 반말을 하든, 무례하게 쌍말을 하든 아무런 상관이 없습니다. 오히려 그렇게 적극적으로 말을 들어주는 것이 어른들에게는 고마울 따름입니다. 이 친구를 옆에서 물끄러미 쳐다보고 있으면, 처음에는 하는 짓이 눈에 거슬려도 나중에는 "그래, 그 정도면 천부적 재능이다!" 찬사를 보내게 됩니다. 남의 말을 느껴준다는 것은 말하는 사람에게 있어서 최고의

선물입니다. 말이 고픈 사람들의 마음을 함께 공감하며 이야기를
들어주는 것은 이 시대 최고의 섬김입니다.

하나님의 손에 잡히기만 하면

전남 여수에 큰 '돌산'을 사 둔 권사님이 계셨습니다. 은퇴 후 노년을 생각하면서 부동산 투자의 목적으로 사셨는데 문제는 돌산인 줄 모르고 사신 것입니다. 조경이 잘된 예쁜 수목원을 머릿속에 그리면서 꿈에 부풀어 사진만 보고 야산을 사신 것인데 실제로는 풀 한 포기 없는 석산石山이었습니다. 처음에는 사기를 당했다고 화를 내시면서 펄펄 뛰셨습니다. 그러나 시간이 지나면서 한국에 건축 붐이 일고 엄청난 양의 건축용 자갈이 필요하게 되자 자신이 얼마나 큰 횡재를 했는지 뒤늦게 아셨습니다. 산 전체가 '돈 덩어리'였습니다. 포클레인으로 한 삽 크게 돌을 떠서 분쇄기 위에 올려놓으면 그것 한 번으로 수천만 원에서 억대에 이르는 돈을 쉽게 벌 수 있었습니다. 당신이 평생을 고생하면서도 만져볼 수 없었던 엄청난 돈을 불과 몇 분 만에 쉽게 벌어들일 수 있었습니다. 그것도 끝없이 펼쳐진 엄청난 돌산의 작은 일부를 헐어서 말입니다.

권사님의 부탁을 받아 그 여수에 있는 돌산으로 심방을 간 적이 있었습니다. 공장을 세우셨는데 개업예배를 드려 달라는 것입니다. 어마어마한 규모의 공장 건물들이 여러 개 세워졌습니다. 돌을 깨는 거대한 굴착 장비들의 '탕탕탕' 쇳소리가 정신을 멍멍하게 만들었습니다. 수많은 인부들이 여기저기 달라붙어서 쉬지 않고 돌산을 쪼아 대는 착암기 소리도 결코 뒤지지 않을 정도의 요란한 소음을 만들었습니다. 머릿속에서 큰 소음들과 전쟁을 치르는 듯했습니다. 불도저의 육중한 굉음과 포클레인의 날카로운 파찰음도 자신들의 존재감을 유감없이 발휘했습니다. 그래도 가장 큰 압권은 산에서 떼어낸 큰 돌을 컨베이어에 올려놓으면 자동으로 움직여서 분쇄기 속으로 들어가는 것인데 그 안에서 만들어내는 소리는 사람의 고막을 찢을 만큼 크고 강렬했습니다. 놀랍게도 거대한 돌들이 그 분쇄기 속으로 빨려 들어가기만 하면 손가락만큼 작은 자갈들로 잘게 부서져서 나왔습니다. 마치 거대한 돌 방앗간에 와 있는 듯한 착각이 들었습니다.

　구약성경 이사야서 41장에 보면, 하나님이 연약하기 그지없는 이스라엘 백성들에게 용기를 북돋우시는 장면이 나옵니다. 하나님께서 '지렁이worm'같은 연약한 이스라엘 민족을 '이가 날카로운 분쇄기'로 만들어 주시겠다는 약속입니다. 지렁이는 가늘고 길며 흐물흐물한 환형동물입니다. 남을 공격할 수 있는 이빨이나 발톱 그리고 따끔하게 쏠 수 있는 '침針'도 없습니다. 적들의 공격을 방어할 수 있는 수단이 하나도 없습니다. 누군가가 밟으면 꿈적하는 것이 전부입니다. 무심하게 내리쬐는 태양 빛도 감당하지 못해서 땅속으로 깊이 숨는 것이 지렁이가 할 수 있는 반응의 전부입니다. 너무도 무기력하게 창조된 지렁이가 하나님도 보시기에 미안하셨나 봅니다. 잔인할 정도로 가진 것이 없는 무기력한 지렁이에게 막강한 생명력을 선물로 주신 것입니다. 아무리 지렁이의 몸을 삽이나 칼로 자르고 훼손을 해도 지렁이는 끈질긴 생명력을 가지고 다시 살아납니다. 삽으로 네 도막을 내면, 네 도막이 모두 자가번식을 해서 각각의 생명체로 늘어납니다. 이것이 지렁이의 최대 무기입니다.

이런 지렁이같이 연약한 이스라엘을 하나님이 이가 날카로운 분쇄기로 만드시겠다는 것입니다. 큰 돌산 같은 핍박자들 '바벨론'이나 '앗수르 제국'을 돌 부스러기로 만들고, 바람에 나는 겨와 같이 산산조각을 낼 수 있는 힘과 능력을 주시겠다는 것입니다. 언뜻 들어보면 동화 같은 이야기입니다. 창과 방패로 무장한 아프리카의 한 부족을 들어 핵폭탄으로 첨예화된 미국을 부숴버리게 하겠다는 소리로 들립니다. 꼭 하나님이 세 살 어린아이 데리고 장난치시는 것 같습니다. 그런데 성경을 가만히 살펴보면, 실제로 이런 이야기들의 연속입니다. 하나님은 지렁이같이 무능한 팔십 살의 노인 모세를 통해 출애굽의 놀라운 기적을 이루셨습니다. 팔십 사세의 철 지난 '갈렙'을 통해 아낙 산지를 점령하게 하셨고, 새 땅을 쟁취하게 하셨습니다. 사회적으로 무시당하고 천대받던 연약한 여성 '드보라'를 사사로 세워 잘난 남자들을 구원하

눈을 두 번 감았다 뜨세요

셨습니다. 모두가 손가락질하던 창기의 아들 '입다'를 통해 고통 받는 이스라엘 민족을 수렁에서 건져내셨습니다.

겁쟁이 '기드온'을 큰 용사로 만드시고, 오른손에 장애를 가진 '에훗'을 통해 적군을 물리치시고, 시골의 작은 계집아이를 통해 세상을 구원할 메시아를 낳게 하셨습니다. 비겁한 겁쟁이 제자들을 통해 기독교의 역사를 시작하시고, 박해자 사울을 교회의 큰 기둥으로 삼으셨습니다. 그리하여 무능한 존재들을 들어 당신의 역사를 이루어 가시는 것이 하나님의 정치임을 보이셨습니다. 하나님이 붙잡으시면 언제든지 역사가 후천개벽합니다. 하나님이 붙잡으시면 지렁이 같은 존재가 이가 날카로운 분쇄기로 변합니다. 우리는 이 놀라운 기적들이 우리가 살아가는 이 시대에도 여전히 유효하다는 사실을 끊임없이 눈으로 확인하게 됩니다. 온갖 장애와 한계를 가지고 태어났지만, 하나님의 손에 붙들려 세상을 놀라게 한 수많은 이 시대의 영웅들을 우리는 수도 없이 보아왔습니다. "하나님의 손에 잡히기만 하면 당신도 다음 역사의 주인공이 될 것입니다." 평생을 시각장애로 고통 받으셨지만, 누구보다 멋진 삶을 사셨던 강영우 박사님의 말씀이 자주 뇌리를 스칩니다. 하나님의 손에 잡히는 것이 인생의 가장 중요한 관건입니다.

애틀랜타에 산다는 것

공자는 '논어論語'에서 "지혜로운 사람은 물을 좋아하고, 인자한 사람은 산을 좋아한다知者樂水 仁者樂山"라고 했습니다. 지혜로운 사람은 흐르는 물처럼 항상 움직이는 것을 좋아하고, 냉철하고 논리적입니다. 매사에 막힘이 없고 뛰어난 판단력으로 세상을 간파하는 인물입니다. 항상 변화를 좋아하고 한 곳에 매이지 않는 특성을 가지고 있습니다. 평상시에는 물과 같은 액체로 있다가 기온이 떨어지면 단단한 고체 얼음이 됩니다. 뜨거운 열을 가하면 기체가 되어 허공을 가득 채웁니다. 언제든지 환경을 간파하고 융통성 있는 변화를 통해 새로운 시대를 열어가는 특성이 있습니다. 물을 좋아하는 사람들은 상상력이 뛰어나고 모험 정신이 강합니다. 지혜자를 물에 비유하여 표현한 것은 정말 기발한 발상입니다.

지혜자와 달리 인자한 사람은 '산'을 좋아합니다. 산은 언제나

눈을 두 번 감았다 뜨세요

그 자리입니다. 가벼운 변화나 변덕스러움보다는 우직함과 인내를 가지고 자기 자리를 지키는 사람이 인자한 사람입니다. 몸가짐도 묵직하고 의리와 신의를 소중하게 여기는 군자의 마음을 가진 사람입니다. 항상 산처럼 침묵 속에서 넓고 웅대한 생각을 가지고 살아갑니다. 작은 실패나 실수에 낙심하거나 좌절하지 않습니다. 반대로 성공을 거두었다고 해서 우쭐해 하거나 기고만장하지도 않습니다. 항상 묵묵히 자기 자리를 지킬 뿐입니다. 그래서 어질고 인자한 사람은 산과 조화를 이룹니다. 신기하게도 도道를 닦는 사람들은 머리를 깎고 바다로 가는 것이 아니라, 산으로 들어갑니다. 편견일까요? 산과 숲이 많은 곳에 사는 사람들은 변덕이 없고, 심지가 굳습니다. 사귀어 볼수록 깊은 맛이 느껴집니다.

로스앤젤레스에서 목회를 하다가 이곳 애틀랜타로 부임해온 지 2년이 되었습니다. 로스앤젤레스는 서쪽으로 거대한 태평양을 끼고 있는 도시입니다. 어디를 가든지 쉽게 크고 넓은 푸른 바다들을 볼 수 있습니다. 가끔 눈을 감고 생각에 잠기다 보면 푸른 바다와 맑은 하늘이 머릿속에 떠오릅니다. 갈매기들의 꽥꽥거리는 소리도 함께 들려오는 듯합니다. 참 멋있고 매력적인 곳입니다. 어리석고 우둔한 저에게 문학적인 감성을 일깨워주고, 대양의 깊은 지혜를 가르쳐 준 곳입니다. 돌이켜보면, 그런 아름다운 곳에서 인생의 한 시점을 보낼 수 있었던 것은 하나님의 축복입니다. 크고 넓으신 하나님께서는 인생의 한 단면밖에는 보지 못하는 근시안인 저에게 로스앤젤레스 반대편에도 또 다른 푸른 세상이 있다는 것을 보여주고 싶으셨던 것 같습니다. 새롭게 펼쳐진 애틀랜타의 푸르름은 또 다른 차원의 아름다운 세상입니다.

애틀랜타로 부임을 해 와서 우리 성도님들에게 가장 많이 받는 질문 중의 하나가 "로스앤젤레스와 애틀랜타, 둘 중에서 어디가 더 좋으냐?"라는 물음입니다. 매사에 내 편과 네 편을 나누는 데 익숙하고, 승부를 보고 서열을 정해야 마음에 평화를 얻는 한국 사람들의 전형적인 마음에서 비롯된 질문입니다. 좋을 때는 다 좋지만, 언제고 관계가 힘들어지면 예상치 못한 된서리를 맞을 수 있는 질문인지라 조심해서 말을 하게 됩니다. "양쪽 다 좋습니다!", "모두가 장단점이 있지요!" 지혜롭게 빠져나가는 대답처럼 보일지 모르지만, 실제로도 그렇습니다. 물로 푸르른 로스앤젤레스와 달리 애틀랜타는 녹음으로 푸르른 곳입니다. 가는 곳마다 푸른 숲이 있습니다. 비행기를 타고 하늘에서 애틀랜타를 내려다보면 푸른 숲밖에는 보이지 않습니다. 새벽이면 언제나 숲의 향긋한 냄새와 싱그러움이 애틀랜타 전역을 감쌉니다. 아무리 답답하고 막막한 문제가 있더라도 숲속에서 심호흡을 두 번만 하면 세상을 달리 볼 수 있는 넉넉함을 선사하는 곳입니다. 대자연의 아름다움과 한국 사람들의 깊은 정서가 절묘하게 어우러지는 곳입니다. 그래서 애틀랜타에는 한국 사람들이 많습니다.

눈을 두 번
감았다
뜨세요

애틀랜타는 머리보다는 마음을 쓰는 사람들이 많은 곳입니다. 복잡하고 헷갈리는 논리로 세상을 혼란스럽게 만드는 지혜자들보다는 넓은 마음으로 세상을 품을 줄 아는 큰 사람들이 많은 곳입니다. 가끔 아내와 공원으로 산책을 나갑니다. 하늘 높은 줄 모르고 뻗어가는 아름드리나무들이 즐비합니다. 그들이 쉬지 않고 뿜어내는 피톤치드phytoncide 향기는 우리의 마음과 정신 속에 숨어 자라는 나쁜 생각과 병원균들을 죽이기에 충분합니다. 심호흡 두 방으로 우리 안에 숨어있는 나쁜 기운들을 단방에 날려버릴 수 있습니다. 하나님은 아마도 옹졸하고 편협한 제가 크고 넓은 사람으로 살기를 바라시면서 이곳으로 보내신 것 같습니다. 애틀랜타에서 만나는 사람들은 모두 크고 넓은 마음을 가진 사람들입니다. 특히, 교회에서 만나는 사람들은 더욱더 그렇습니다. 숲의 웅대함과 푸르름을 가지고 만나는 모든 사람들에게 하나님의 인자하심을 드러낼 수 있는 애틀랜타 크리스천들이 되시기를 바랍니다.

첫 낚시의 비애

드디어 그토록 동경하던 낚싯배를 탔습니다. 동남부 지방 목사님들과 함께 가족 수련회를 왔다가 의기투합한 목사들이 일을 낸 것입니다. 사춘기 때부터 인생을 살면서 꼭 한 번은 해보리라 마음먹은 것이 있었는데, 그것은 거대한 '청새치'를 한번 잡아보는 것입니다. 헤밍웨이 문학의 금자탑이라 할 수 있는 '노인과 바다'에 등장하는 무게 600킬로그램 그리고 길이 6~7미터에 이르는 큰 '청새치'를 한번 잡아보는 것입니다. 가능하다면 타고 있는 배보다 더 큰 놈이었으면 좋겠습니다. 바다 한복판까지 나가서 창같이 긴 주둥이를 가진 놈과 몇 시간 동안 끌어당기고, 끌려가면서 사투를 벌이다가 마침내 간신히 놈을 배 위로 끌어 올리는 감동을 만끽하고 싶었습니다. 상상만 해도 전율하는 일인데 드디어 오늘 그 꿈을 현실로 이루게 되었습니다.

거의 두 시간 동안 배를 타고 바다로 나갔습니다. 마치 전쟁터로 나가는 전사처럼 멋진 자세로 첫 출항에 성공을 했습니다. 낚

눈을 두 번
깜았다
뜨세요

싯줄에 작은 물고기 미끼를 끼워 야심차게 첫 투척을 했습니다. 금방이라도 집채만 한 다랑어가 걸려 올라올 것 같았습니다. 침을 꼴깍 삼키며 낚싯대를 꽉 잡았습니다. 혹시 내일 조간신문에 엄청난 고기를 잡았다고 기사에 실리는 것은 아닌지 걱정이 되기도 했습니다. 그런데 배낚시에는 전혀 예상하지 못했던 복병이 숨어 있었습니다. 뱃멀미였습니다. 갑자기 바닷물이 흔들리기 시작하더니 하늘이 노랗게 빙빙 돌기 시작했습니다. 속이 메슥거리고 구역질이 나서 견딜 수가 없었습니다. 잠시 화려한 승리의 순간을 뒤로 미루고 우선은 화장실로 달려갔습니다. 간단하게 먹었던 아침 샌드위치를 전부 다 변기에 반납했습니다.

다소 기가 죽기는 했지만, 그래도 이 정도의 고통을 참지 못한다면 어떻게 엄청난 대어大魚를 낚는 기쁨의 주인공이 되겠습니까? 어느 정도 토악질을 하고 나니 이제 참을 만해졌습니다. 다시 전의가 불타오르기 시작했습니다. 원래 있었던 배의 위치로 돌아가서 낚싯대를 다시 한번 굳게 잡았습니다. "바다야, 기다려라. 이제부터 제대로 한번 보여주마!" 이번에는 오징어 미끼를 낚싯줄에 끼워 바다로 던졌습니다. 잠시 후 강한 입질이 오기 시작했습니다. 엄청난 놈이 미끼를 건드리고 있는 것 같았습니다. 갑자기 노인과 바다의 주인공 '산티아고Santiago' 노인의 상기된 얼굴이 떠올랐습니다. "오늘 드디어 일내는구나!" 낚시 채를 힘껏 잡아채는 순간 또다시 구토가 몰려오기 시작했습니다. "아, 이게 뭐야? 정말 모양 빠지게!" 어쩔 수 없이 낚싯대를 내려놓고 다시 화장실로 달려

갔습니다. 그리고 간밤에 마셨던 물까지 다 게워냈습니다.

원래 계획에 없던 일이 연속으로 일어나자 상당히 당황스러웠습니다. 그래도 아직 포기할 정도는 아니었습니다. 고진감래苦盡甘來라는 말이 있지 않습니까? 분명히 상상 이상의 좋은 결과가 있을 것입니다. 심기일전해서 힘차게 일어섰는데 갑자기 어디서 나타났는지 노란 별들이 보이기 시작했습니다. 참 신기한 일입니다. 이런 환한 새 아침에 별들이 등장하다니! 다시 내 자리로 돌아갔는데, 옆에서 낚시를 하고 있던 동료 목사가 저에게 한마디 합니다. "목사님, 자꾸 어디를 가세요? 저 방금 상어 한 마리 잡았습니다." 흥분해 있는 그를 보면서 '그래, 나도 이제 시작 하마' 미소를 짓고 낚싯대를 다시 쥐는 순간 또 뱃속이 뒤틀리기 시작했습니다. 뱃속에 누가 숨어 있는 것 같았습니다. 세 번째 화장실로 달려가 몸서리를 치며 구토를 했습니다. 그리고 알았습니다. '내가 죽어가고 있구나!'

장원급제를 포기하고 낙향하는 절망한 선비의 마음으로 선실 안으로 들어왔습니다. 기름에 범벅이 된 햄버거 냄새 때문인지 또 속이 꿀렁거렸습니다. '바다가 싫다'는 생각과 함께 체면 불고하고 긴 의자에 대자大字로 뻗어버렸습니다. 그리고 지옥같이 긴 시간을 누워서 고통 받으며 여러 가지 오만 잡생각에 잠겼습니다. '사람 낚는 어부'가 되라고 불렀더니 '고기 낚는 어부'가 되려고 한다고 예수님이 역정을 내시는 것 같았습니다. 인정사정없이 계속 흔들어 대는 바다가 마치 우리 인생의 바다 같다는 생각도 했습니다. 같이 배를 탔던 김선필 목사가 멀미에 시달리는 저에게 와서 금쪽같은 조언을 해주었습니다. "목사님, 바닷물을 보지 마시고, 멀리 먼 하늘을 바라보십시오. 그러면 멀미를 이길 수 있습니다." 그 말이 아주 합리적으로 들렸습니다.

시키는 대로 누워서 창밖 먼 하늘을 바라보며 고통스러운 뱃멀미를 잊으려고 노력했습니다. 히브리서 12장 2절의 말씀이 떠올랐습니다. "믿음의 주요 온전케 하시는 이이신 주를 바라보자." 어쩌면 주님이 이 말씀을 나에게 생생하게 가르치시려고 이 배에 승선시키셨다는 황당한 묵상도 해보았습니다. 한 시간 정도 지나자 멀미가 많이 진정되었습니다. 귀한 조언을 해준 김 목사가 고마웠습니다. 그가 얼마나 많은 고기를 잡았는지 궁금해졌습니다. 강한 사람이니까 별의별 고기들을 다 잡았을 것이라고 생각했습니다. 비틀거리며 일어서서 선실 밖으로 나갔습니다. 김 목사가 아무것도 하지 않고 의자에 가만히 앉아 먼 하늘을 바라보고 있었습니다. 자세히 들여다보니, 하얗게 질린 얼굴로 뱃멀미에 시달리고 있었습니다. 그 모습을 보자 갑자기 참았던 멀미가 다시 시작되었습니다. "김 목사, 여기서 고통 받지 말고 이리로 와서 여기 누워!" 양쪽 의자에 길게 누워서 함께 멀미를 하면서 다짐했습니다. "주님 다시 오실 때까지 다시는 배 타지 말자." 그날 알았습니다. 우리는 사람을 낚아야 할 땅의 사람들이었던 것입니다.

아인슈타인
브로스 베이글 Einstein Bros. Bagels

군대에서 먹어야만 제맛이 나는 음식들이 몇 개 있습니다. 닭발, 건빵, 라면, 전투식량 그리고 초코파이입니다. 그중에서도 초코파이는 전설적인 이야기들을 수도 없이 만들어낸 스낵의 지존입니다. "주일 종교 행사에서 초코파이를 몇 개 주느냐?"에 따라 병사들의 종교가 바뀐다고 합니다. 매주 법당, 교회 그리고 성당에서 초코파이를 놓고 삼파전이 벌어집니다. 지난주까지 불교 신자였던 병사가 오늘은 독실한 기독교인이 됩니다. 법당보다 교회가 초코파이를 한 개 더 주었기 때문입니다. 러시아 군인들과 노동자들도 이 한국의 초코파이를 너무 좋아해서 자신들의 임금을 초코파이로 대신 지급해 달라고 담합을 하였다고 합니다. 한국에서 열린 G20 정상 회담 때는 각국에서 모인 기자들이 간담회장에서 다른 간식들은 손도 대지 않고 오직 초코파이만 가져가는 바람에 부랴부랴 몇 박스를 더 가져와서 테이블 위에 올려놓았다고 합니다. 저도 군대 말년에 초코파이를 몇 번 먹은 적이 있었는데 정말 맛이 환상적이었습니다. 도대체 뭘 넣어서 이렇게 절묘한 맛이 나는 것일까요? 곧 사회로 돌아가면 매일 배가 터지도록 초코파이를 먹겠다고 다짐을 했는데 막상 사회로 나와서 초코파이를 먹었더니 전혀 다른 맛이었습니다. 무척 실망스러웠습니다. 사회에서의 초코파이는 왜 군대에서 먹던 것과 그 맛이 다른 것일까요?

1996년 캔자스에 있는 세인폴신학교Saint Paul School of Theology로 유학을 와서 혼자 기숙사에서 지낸 적이 있었습니다. 제가 부양해야 할 아내와 두 아들을 한국에 두고 온 처지에 학비와 생활비까지 보태 달라고 말하는 것은 너무도 염치없는 짓이었습니다. 덕분에 밤마다 빌딩에서 청소를 해야 했습니다. 한번은 큰 사무용품 빌딩에서 저녁부터 새벽까지 끊임없이 움직이며 일을 했습니다. 덕분에 청소를 시작하기 전에는 반드시 든든한 식사를 해야 했습니다. 평상시에는 소화가 잘 안되던 맥도널드 햄버거도 새벽 시간이 되면 전부 소화가 되어서 무척 배가 고팠습니다. 당시에 가장 맛있던 식사는 햄버거보다는 '아인슈타인 브로스 베이글Einstein Bros. Bagels'에서 파는 따뜻한 커피와 블루베리 베이글이었습니다. 너무 느끼하지도 않고 항상 적당한 포만감을 주었습니다. 난생처음 먹어보는 '베이글'이라는 빵을 바싹바싹하게 구워 블루베리 치즈크림을 발라 커피와 함께 먹으면 이 세상에 부러울 것이 없었습니다. 안타깝게도 햄버거를 먹을 때보다 두 시간 정도 더 일찍 배가 꺼지는 바람에 다소 고통스럽기는 했지만, 그래도 아인슈타인 베이글과 커피는 충분히 고집해볼 만한 가치가 있었습니다. '먼 훗날, 만약 형편이 좋아지면 꼭 아인슈타인 브로스 베이글을 매일 먹겠다'라는 결심을 하곤 했습니다.

하나님의 은혜로 학교를 무사히 졸업하고 목회에 몰두하면서 아인슈타인 베이글에 대한 기억은 완전히 잊었습니다. 정확하게 이 베이글 가게를 다시 만난 것은 15년이 지난 후였습니다. 목회 지도 캔자스에서 로스앤젤레스로 바뀌었습니다. 모든 것이 좋아졌고, 경제적인 형편도 많이 나아졌습니다. 로스앤젤레스에는 먹을 것이 많아서 그런지 베이글 같은 것은 눈에 띄지도 않았습니다. 그러던 어느 날, 우연히 교회 근처에 이 아인슈타인 베이글 가게가 들어온다는 소식을 들었습니다. 감격이 몰려왔습니다. 함께 일하는 젊은 부목사들에게 아인슈타인 베이글과 커피가 얼마나 맛있는지를 목이 쉬도록 열변을 토했습니다. 베이글을 별로 좋아하지 않는다는 목사들을 반강제적으로 데리고 가서 함께 식사를 했습니다. 모두가 감동할 것이라고 생각을 했는데 착각이었습니다. 우선 저부터 그때 그 맛이 나지를 않았습니다. 기가 막혔습니다. 그때의 그 환상적인 맛과 감동은 전부 어디로 사라진 것일까요? 혹시 주인이 바뀐 것일까요? 뇌세포 한 알, 한 알까지 깨어나게 만들었던 구수한 커피와 한 입, 한 입이 뿌듯함과 감동의 도가니탕이었던 베이글 빵 맛을 이제는 더 이상 아인슈타인 브로스 베이글에서 만날 수 없게 된 것입니다. 그렇게 전설의 아인슈타인 베이글은 제 뇌리에서 사라지고 말았습니다.

몇 년이 더 지난 후 미국에서의 세 번째 목회지인 애틀랜타로 내려오면서 저는 다시 운명의 그 베이글과 만나게 되었습니다. 우리 교회와 같은 길거리 선상에 '아인슈타인 브로스 베이글'이라는 가게가 있었기 때문입니다. 아침 새벽기도 후에 먹으러 간 적이 몇 번 있었습니다. 어떤 때는 배고픈 유학생 시절의 그 맛을 다시 느껴보고 싶어서 두렵고 떨리는 마음으로 눈을 감고 명상을 하면서 먹어본 적이 있었습니다. 아무리 노력을 해도 그 맛이 나오지를 않았습니다. 그리고 비로소 깨달았습니다. 커피나 빵 맛이 바뀐 것이 아니라 '내'가 바뀐 것이었습니다. 정확하게 말하면 내가 그때의 내가 아닌 것입니다. 음식 자체의 맛보다도 그것을 먹을 때의 환경이나 여건도 중요하다는 것을 알았습니다. '시장이 반찬'이라는 한국의 옛 속담처럼, 배고프고 아쉬우면 모든 것이 다 맛있고 달콤합니다. 정작 나 자신의 입맛은 바뀌었는데, 어리석게도 하나도 변치 않은 옛날의 맛을 찾으려고 한 것입니다. 순간순간 그때의 환경과 조건에서 주어진 것들이 모두 중요하고 소중하다는 것을 다시 한번 절감하게 되었습니다. 먹는 것만 그런 것이 아니라, 일이나 관계나 소망들이 모두 독특한 맛을 내는 때가 있다는 것을 알았습니다. 순간의 가치를 소중하게 여기는 지혜를 가져야 할 것 같습니다.

범사에 감사할 수 있을까?

추수감사절 설교를 부탁받아 차를 급하게 몰고 가던 한 목사님이 사거리에서 중년 아주머니가 운전하시던 중형차와 접촉 사고가 일어났습니다. 물론, 예배 시간에 몰려 급히 가시느라고 평소보다 부주의했던 것이 사실이지만, 그래도 신호등을 무시하고 정면으로 돌진하던 아주머니의 과실이 훨씬 더 컸습니다. 놀란 가슴을 진정하고 있을 때, 맞은편 차에서 내린 아주머니가 붉으락푸르락한 얼굴로 자기 차를 한 바퀴 둘러보고는 이 목사님께로 돌진해왔습니다. 그리고는 다짜고짜 욕설을 퍼붓기 시작했습니다. 자기는 규칙을 지키면서 운전을 했는데, 목사님이 부주의하게 운전을 했다는 주장이었습니다.

기가 막히고 억울했지만, 빨리 초청받은 교회에 가야 했고, 자칫 아주머니와 싸우거나 논쟁을 했다가는 감정이 상해서 그날 설교를 망칠 것 같았습니다. 마음을 잘 추스른 목사님은 아주머니에게 전화번호를 적어 주며 나중에 다시 이야기하자고 말했습니다. 막무가내로 화를 내던 아주머니는 스스로 켕기는 것이 있었던지 고래고래 소리를 지르며 가운데 손가락을 들어 욕을 하고는 거칠게 차를 몰고 사라져 버렸습니다. 귀티가 흐르는 옷매무시와 미국식으로 자연스럽게 욕을 하는 모습 그리고 고급차량으로 미루어 볼 때, 분명히 배울 만큼 배운 사람인데 무례하고 쌍스러운 것을 보면서 목사님은 속이 많이 상했습니다. 쓴 입맛을 다시며 머리 도리질을 몇 번 하신 목사님은 다시 부지런히 차를 몰고 초청받은 교회로 갔습니다.

그날, 공교롭게도 이 목사님이 하신 설교의 제목이 '범사에 감사하라'(살전 5:18)였습니다. 감사를 하려고 마음만 먹으면 이 세상에 감사하지 못할 것이 없다는 강력한 메시지였는데 많은 사람들이 은혜를 받았습니다. 목사님이 설교를 마치고 강단에서 내려오는데 갑자기 이런 생각이 들었습니다. "아침에 차량 접촉사고를 낸 그 아주머니를 보면서도 나는 범사에 감사하라고 말할 수 있을까?" 설교는 힘 있게 잘했지만, 그 쌍스러운 아주머니에 대해서는 도무지 감사할 조건을 찾을 수가 없었습니다. 잠시 후, 교회 주방 쪽에서 시끄럽게 사람들과 이야기를 나누던 한 아주머니를 보게 되었습니다. 놀랍게도 아침에 자기와 실랑이를 벌였던 아주머니였습니다.

천만다행으로 이 아주머니는 예배도 안 드리고 주방으로 직행해서 주일 식사를 준비하느라고 초청 강사로 오신 목사님을 보지 못했습니다. 이 목사님은 그 아주머니를 보면서 세 가지를 감사했다고 합니다. 첫째는 그 여자가 자기의 아내가 아닌 것을 감사했고, 두 번째로는 그 여자같이 무례하고 사나운 사람이 자기 교인이 아닌 것이 감사했습니다. 그리고 마지막으로 자신을 잘 알아보지 못하는 것이 고마웠습니다. 그날, 목사님은 사람이 감사하려는 마음만 먹으면 언제든지 감사할 수 있다는 것을 깨닫게 되었습니다. 감사의 계절, 11월이 되었습니다. 한 해를 되돌아보면서 감사를 고백할 수 있는 시간이 되었으면 합니다. 사랑하는 사람들에게 그리고 무엇보다도 우리의 구주이신 주님께 감사의 마음과 헌신을 드리는 한 달이 되기를 바랍니다.

감사는 축복입니다

사람들은 언제나 감사의 이유를 자신이 처한 조건이나 환경에서 찾으려고 합니다. 형편이 좋으면 감사의 행위가 당연한 것이 되지만, 반대로 열악할 때면 감사는 불가능하게 됩니다. 이것은 세상 사람들의 전형적인 양태입니다. 모든 일을 오직 인과율因果律의 법칙에 의해서만 평가하는 세상 사람들의 시각에서는 어쩌면 이것은 당연한 결과일지도 모릅니다. 그러나 우리 신앙인들은 감사의 이유가 세상의 기준에 매여 있지 않습니다. 세상에서는 보통 감사의 이유가 건강, 재물, 또는 입신양명 같은 기준들과 연결되어 있습니다. 더 많이 갖거나 누리게 되면 감사하게 됩니다. 그러나 기독교인에게 감사는 오직 한 가지 이유 때문입니다. 하나님 때문입니다! 하나님과 함께할 수 있다면, 그것으로 충분한 감사가 됩니다. 사자굴에 있어도 괜찮고, 뜨거운 풀무불 속이라도 상관없습니다. 먹을 것이라고는 풀 한 포기 없는 메마른 사막 한복판이라도 문제없고, 곧 내리쳐질 칼날 밑에 목을 들이

밀고 있어도 괜찮습니다. 어느 곳에서라도 하나님만 보고 느낄 수 있다면 언제나 감사할 수 있습니다.

기독교인의 감사는 철저하게 하나님의 임재와 연관되어 있습니다. 세상의 사람들이 결코 흉내 낼 수 없는 감사입니다. 하나님을 느낄 수 있는 신앙을 가진 사람들만이 드릴 수 있는 것이기에 감사는 이미 그 자체로 축복이고 은총입니다.

우리 교회의 장로님 중의 한 분은 주유소를 경영하다가 형편이 어려워져서 정리를 했다고 합니다. 망한 주유소를 헐값에 팔아 빚을 갚고 제일 먼저 무엇을 할까 생각하다가 하나님께 감사를 드렸다고 합니다. 세상 사람들은 인사불성이 되도록 술을 마시거나 넋두리를 했을 것입니다. 그러나 그 장로님은 절망의 한복판에서 감사라는 축복을 일구어낸 믿음의 사람입니다. 감사는 아무나 할 수 있는 것이 아닙니다. 감사는 오직 하나님과 동행하는 사람들만이 택할 수 있는 특권입니다. 오랫동안 백혈병으로 고생하던 아들이 죽던 날, 아들을 화장하고 돌아오면서 제일 먼저 하나님께 감사를 드렸던 선배 목사님이 있습니다. 잠시뿐이지만, 이 멋진 아들의 아버지가 될 수 있었던 것을 하나님께 감사했고, 긴 투병 기간 동안 붙잡아주시고 동행해주셔서 아들과 자신의 믿음을 지키게 하신 하나님께 감사드렸습니다. 감사는 그 자체가 이미 축복임을 그분을 통해 알았습니다.

한국의 결혼에 혼수婚需라는 것이 있습니다. 결혼을 위해 준비하는 물품들을 이르는 말입니다. 여기에는 신랑 신부 양가에 보내는 예물과 예단도 포함되어 있습니다. 오늘날의 신랑과 신부가 존재할 수 있도록 낳아 주시고 길러주신 분들의 사랑과 헌신에 보답하기 위한 것입니다. 처음 의도는 순수하고 좋았습니다. 그런데 언제부터인지 예물과 예단은 결혼을 치르는 사람들이 양가의 가족들 모두에게 바쳐야만 하는 고통스러운 납세 물품이 되고 말았습니다. 그 규모에 따라서 결혼의 손익이 계산됩니다. 좋은 혼처를 위해서는 황금 열쇠 세 개를 준비해야 한다느니, 고가품 자동차와 궁궐 같은 집을 장만하는 것이 필수라는 등 황당한 말들이 난무하게 되었습니다. 크게 잘못된 것입니다. 비록 가난하고 보잘것없는 결혼이라 할지라도 신랑과 신부가 함께할 수 있으면 그것만으로 충분히 감사하고 축복된 것이 결혼의 본질입니다. 사랑하는 사람과 함께 동행할 수 있으면 그것으로 이미 최고의 기쁨이고 감사입니다.

기독교인에게 최고의 감사는 하나님과의 동행입니다. 비록 어렵고 힘든 일들이 올 한 해를 지나는 동안 끊임없이 메들리처럼 일어났다고 할지라도 주님과 함께 동행했다는 사실 만으로도 충분한 감사의 이유가 되는 것이 신앙입니다. 주님이 주신 복과 은혜 때문에 이 한 해가 감사한 것이 아니라 주님과 함께할 수 있었기 때문에 그 자체로 감사한 것입니다. 구약성경에서 다윗 왕의 시편을 읽을 때마다 자주 감동하게 됩니다. 그는 인생이 잘 풀려 나아갈 때만 하나님께 감사를 드린 것이 아니라 인생의 깊은 수렁에 빠져 있을 때도 늘 하나님께 감사를 드렸습니다. 모함을 당하고 도망자의 신세가 되었을 때도 오히려 하나님께 어느 때보다 깊은 감사의 시편을 지어 불렀습니다. 어쩌면 고난 가운데에서 더 깊은 하나님의 은혜를 경험했기 때문일 것입니다. 감사는 하나님의 은혜를 깨닫는 사람들만이 드릴 수 있는 축복입니다. 비록 올 한 해를 지내면서 내 인생의 광주리에 수확물이 없고 괄목상대할 만한 소득이 없다 할지라도 그 광주리를 함께 들여다보시며 안타까워하실 하나님을 느낄 수 있다면 그 사람은 누구보다도 풍성한 감사 절기를 맞이할 수 있을 것입니다.

"모든 것이 부족하고 심지어는 엉망이라 할지라도 아직 산 자의 땅에 있게 하신 하나님, 나로 하여금 곧 주의 영광을 보는 기쁨과 감동을 주실 줄로 믿습니다!" 우리 모두의 고백이 될 수 있기를 소망합니다.

깊은 나눔

어느 교회의 성도 한 분이 주일 예배에 참석했다가 경험했던 이야기입니다. 그날, 담임 목사님이 '나눔의 기쁨'에 대해서 설교를 하신 후, 예배에 참석한 교인들에게 그들이 지금 가지고 있는 것이 무엇이든지 좋으니 옆에 있는 사람과 나누도록 부탁을 했습니다. 이 성도는 몹시 당황했습니다. 왜냐하면 달랑 헌금만 가지고 예배에 참석했기 때문입니다. 호주머니란 호주머니는 다 찾아보았지만, 옆 사람과 나눌 수 있을 만한 것은 아무것도 없었습니다. 순간 참 곤혹스러웠습니다.

그런데 자기 옆에 앉아 계신 할아버지는 벌써부터 뭔가를 나누려고 손에 작은 것을 쥐고 기다리고 계셨습니다. 순간 재빨리 머릿속에서 주판알이 튕겨지기 시작했습니다. '목에 건 넥타이를 풀어서 줄까?' 그것은 말도 안 되는 이야기였습니다. 이제 서너 번밖에 차지 않은 거의 새것입니다. 새로 사려면 적어도 10만 원 정도는 줘야 합니다. '그럼, 손에 낀 작은 금반지를 드릴까?' 몇 년 전만 같으면 그럴 수 있었을 것입니다. 그런데 지금은 금값이 장난이 아닙니다. '구두를 벗어 드릴까?' 할아버지와 발 크기가 비슷해 보여서 '그냥 선심을 쓸까?' 마음을 먹어 보았지만, 그것도 만만하지 않았습니다. 이 구두는 딸이 얼마 전 생일날 선물로 사준 뜻깊은 것이었습니다.

갑자기 목사님이 원망스러워졌습니다. 설교만 하면 됐지, 그런 쓸데없는 짓을 시켜서 성도들을 시험에 들게 하는 것이 못마땅했습니다. 미리 한 주 전에 광고를 해주었으면 훨씬 더 부드러운 분위기가 연출될 수 있었을 텐데, 정말 짜증이 나고, 속이 많이 상했습니다. '오! 주님 도와주세요. 이 고비를 넘길 수 있는 지혜를 주소서!' 교회에서 아주 오랜만에 진실한 기도를 주님께 드렸습니다. '큰 일 났다!'는 생각으로 몸을 뒤로 젖히는 순간 바지 뒷주머니 속에서 뭔가가 찌르는 느낌이 전해져 왔습니다.

주님이 기도에 응답하신 것입니다. 어제 점심 식사 때 회사 동료들과 설렁탕을 먹고 나오다가 계산대에 있는 그릇에서 박하사탕 하나를 집어 무의식중에 뒷주머니에 넣었는데 그것을 다시 찾은 것입니다. 옆에 앉으신 할아버지에게 너무너무 잘 어울리는 완벽한 선물이었습니다. 훈훈한 나눔의 실천이라고 생각하면서 할아버지에게 자신 있게 손을 뻗어 박하사탕을 드렸습니다. 순간, 할아버지도 동시에 손바닥을 펼치셨는데 거기에는 어느 유명 회사의 '우황청심환'이 놓여 있었습니다.

투명 플라스틱 용기 속에 담겨 있는 우황청심환은 언뜻 보기에도 금도금을 한 아주 귀한 것이었습니다. "내가 심장질환이 있어서 항상 비상약으로 가지고 다니는 것일세. 우리를 위해 자신의 심장을 내어 주신 주님의 사랑과 잘 부합되는 것 같아서 자네에게 주고 싶네." 할아버지의 말씀을 듣는 순간, 쥐구멍이라도 있으면 들어가서 문을 꽉 닫고 영원히 나오고 싶지 않았습니다. 이 할아버지가 "무엇을 나누면 '좋은 나눔'이 될 수 있을까?" 계속해서 심사숙고하고 계시던 그 순간에 이 성도는 자기가 '나눌 수 없는 이유'만을 찾느라고 분주했던 것입니다. "주님! 저는 그리스도인이 아닙니다." 조용한 자책의 소리가 입술에서 묵직하게 빠져나왔습니다.

우리는 항상 "주님의 이름으로 나눈다"라는 말을 전매특허처럼 자주 사용하면서도, 나눔에 인색해 왔습니다. 우리들에게 있는 하찮은 것들을 나눔으로써 우리의 사명을 다했다는 착각 속에서 살아왔습니다. 정말 소중한 것에 대해서는 철저하게 직무 유기를 거듭해 왔습니다. 사랑해야 할 순간에는 사랑할 수 없는 이유를 찾고, 용서해야 할 순간에는 용서할 수 없는 이유를 댑니다. 남의 실수들에 대해 관대하게 넘어가야 할 순간에는 넘어가서는 안되는 이유를 말하고, 자신은 이해받기를 원하면서도 다른 사람에 대해서는 이해할 수 없는 이유들을 조목조목 찾아냅니다. 그러나 기억해야 합니다. 주님은 당신의 가장 소중한 생명을 우리에게 주심으로 진정한 나눔이 무엇인지를 보여 주셨습니다.

감사의 달 11월에는 모든 면에서 우리의 나눔이 더 많아지고 깊어지기를 기대해 봅니다.

눈을 두 번
감았다
뜨세요

하나님, 감사합니다

항상 찡그린 얼굴로 불평불만만 일삼는 하녀가 있었습니다. 하루는 부엌에서 접시를 닦으면서 "나한테 5파운드만 있다면 정말 행복할 텐데" 큰 한숨을 내쉬며 푸념을 했습니다. 때마침 부엌을 지나가던 백작이 그녀의 넋두리를 듣게 되었습니다. 그는 언제나 힘든 표정을 짓고 살아가는 하녀가 한 번이라도 활짝 웃으며 감사하는 모습을 보고 싶었습니다. 그래서 백작은 하녀를 불러 주머니에서 5파운드 지폐를 꺼내 주었습니다. "이 돈으로 행복해질 수 있기를 바라네." 따뜻한 격려의 말을 남기고 백작은 부엌을 나왔습니다. 그런데 몇 발걸음을 떼기 전에 그는 부엌에서 들려오는 또 다른 불평의 소리를 듣게 되었습니다. "아휴, 내가 미쳤지, 미쳤어! 이럴 줄 알았으면 10파운드라고 말을 했어야지, 이 바보야!"

감사는 환경이 바뀌고 여건이 개선된다고 해서 이루어지는 것이 아닙니다. 감사할 줄 모르는 사람은 어떤 여건 속에서도 줄기차게 불평만 뱉어냅니다. 감사는 오직 은혜를 아는 사람만이 할 수 있는 행위입니다. 은혜는 '나의 능력과 자격을 뛰어넘어 주어지는 선물'을 지칭합니다. 과분한 혜택과 신세를 누리게 되었을 때 우리는 이 '은혜'라는 말을 사용합니다. '철'이 들기 전까지는 은혜를 모릅니다. 철은 '사리를 분별하고 판단하는 힘'을 말합니다. 철이 들지 않은 사람은 오직 자기밖에는 생각하지 못합니다. 남의 입장이나 처지에 대해서는 전혀 관심이 없습니다. 철저하게 자기중심적이고 이기적입니다. 자기밖에는 생각할 줄 모르기 때문에 매사가 불만스럽고 행동하는 것이 퉁명스럽기 그지없습니다. 자신이 누리는 것보다는 못 누리는 것에 대해서 항상 억울해하고 분한 마음을 갖습니다.

그러나 철이 들면 비로소 은혜를 만나게 됩니다. 자신이 감당할 수 없는 큰 시련이나 고난을 직면하게 되었을 때 소위 철이 들기 시작합니다. 군대에 입대하거나, 누군가를 사랑하게 될 때 그리고 시집이나 장가를 가서 피부양자가 아니라 부양자의 입장에 서게 될 때, 무력한 자신을 되돌아보게 됩니다. 영원토록 함께 계실 줄 알았던 무쇠 같은 아버지가 갑자기 질병으로 쓰러져 유명을 달리하시거나, 가정의 사업이 갑자기 부도를 맞아 하루아침에 거리에 나앉게 될 때, 또는 소중하지만, 그 가치를 몰랐던 사람들이 어느 날 갑자기 주변에서 하나둘 사라지게 될 때, 비로소 인생을 다시 생각해 보게 됩니다. 그리고 깨닫습니다. "아! 여태까지

눈을 두 번
감았다
뜨세요

누린 것이 은혜였구나!" 부모님의 은혜, 친구들의 은혜, 교회의 은혜 그리고 하나님의 은혜였습니다. 은혜를 알게 되는 순간, 사람은 시키지 않아도 감사를 고백하게 됩니다.

　나의 나 된 것은 다 하나님의 은혜입니다. 어떤 때는 내가 잘나서 잘 풀린 줄 알았습니다. 그런데 돌이켜 보니, 감사하게도 모든 것이 하나님의 은혜였습니다. 은혜는 감사를 낳고, 변화로 이어집니다. 사람을 변하게 만드는 가장 확실한 것은 은혜입니다. 자기에게 주어졌던 것이 과도한 은혜였다는 것을 깨닫는 순간, 사람은 다른 모습으로 거듭나게 됩니다. 사도 바울과 예수님의 12제자들이 그랬고, 사도행전에 나오는 수많은 믿음의 사람들이 똑같은 경험을 했습니다. 목숨까지도 순교의 제물로 드릴만큼 그들은 하나님의 은혜에 대한 깊은 깨달음과 감사가 있었습니다. 저도 성직의 길을 걸으면서 부족하고 모자란 사람을 사랑과 인내로 참아주시고 이끌어주신 수많은 선배 목사님들과 성도들의 은혜를 깨닫게 됩니다. 내가 아무렇지도 않게 받아들인 평범한 일들의 배후에는 언제나 그것을 위해 간절한 마음으로 기도한 많은 분들의 눈물이 있었습니다. 해마다 추수감사절이 되면 하나님께 깊은 감사와 무거운 책임감이 담긴 독백을 하게 됩니다.
　"하나님, 감사합니다!"

당연하지, 감사하지

세상에는 자신의 능력을 신뢰하는 사람들과 하나님의 은혜를 의지하는 두 부류의 사람들이 있습니다. 전자는 항상 "당연하다"라는 논리를 가지고 살아갑니다. 왜냐하면, 주어진 결과는 자신의 수고와 노력이 만들어낸 당연한 결과라고 믿기 때문입니다. 그러나, 후자는 모든 일이 하나님이 베푸신 은혜의 결과라고 생각하기 때문에 항상 "감사하다"라는 말을 입에 달고 살아갑니다.

좋은 대학에 들어간 아들을 보면서 누군가가 "축하합니다" 하고 찬사의 말을 건네면, 자신의 재능을 신뢰하는 사람은 '당연하지. 내가 그동안 이 아들을 위해서 투자한 것이 얼마나 많은데!' 하는 마음을 갖습니다. 그러나 하나님의 은혜를 삶의 근간으로 삼는 사람은 "감사하지요. 하나님의 은혜입니다" 하고 말을 받습니다. 물론, 빈말로 그렇게 하는 사람들도 있겠지만, 하나님의 은혜를 강조하는 사람들은 대부분 겸손하고 사려 깊은 인상을 상대편 사람들에게 남겨줍니다.

인생은 살아보면 살아볼수록 만만하지 않다는 생각을 하게 됩니다. 지나간 시간들을 반추해보면, 아쉬움과 안타까움의 연속입니다. 이 세상의 모든 일들이 애쓰고 노력하면 다 될 것 같지만, 솔직히 이 세상은 아무리 노력해도 되지 않는 것들이 너무도 많이 있습니다. 어렸을 때는 학교 선생님들이 몽둥이를 들고 주입식 교육으로 '정신일도 하사불성精神一到 何事不成'을 외치게 하셨지만, 지금 생각해보면 '정신산만 인사불성精神散漫 人事不省'의 연속이었습니다. 아무리 정신을 집중하고 최선의 노력을 기울여도 안 되는 일은 역시 안 된다는 것을 삶으로 체득하게 되었습니다.

최선을 다해 자기 분야에서 노력한 사람들이 어느 날 뜻하지 않은 인생의 복병을 만나 걸려 넘어지고, 침몰하는 것을 목회를 하면서 부지기수로 보아 왔습니다. 건강하려고 매일같이 규칙적으로 운동을 하던 사람이 어느 날 갑자기 의사로부터 '암 말기'라는 선고를 받고 명을 달리하기도 했고, 잘살아 보려고 남들보다 일찍 일어나고 늦게 누우며 '수고의 떡'을 먹던 사람도 전혀 뜻하지 않았던 치명적인 사고를 만나고, 나쁜 사람들을 만나서 인생의 깊은 수렁에 빠지는 것을 많이 보아왔습니다.

자식 잘 길렀다고 함부로 자랑할 일도 아닙니다. 자칫하면 그 잘난 자식이 오히려 남의 인생의 발목을 잡는 큰 장애와 먹구름이 되기도 합니다. 남보다 재능이 뛰어나고, 부지런하고, 외모가 출중해도 이 세상에서 처음부터 성공을 보장받은 사람은 아무도 없습니다. 치기 어린 사춘기 소년이 아니고서야 인생에 대해서 당당하고 우쭐할 수 있는 사람이 과연 누가 있겠습니까? 만족하게 성취된 일에 대해서 "당연하다"라고 목에 힘을 주기보다는 "감사하다"라고 어설픈 미소로 겸연쩍어하는 것이 훨씬 훌륭해 보입니다.

사도 바울은 자신의 서신들을 모조리 '하나님의 은혜'로 시작하고 닫습니다. 신앙의 박해자로 자신만만하게 살았던 바울이 잘못된 가르침을 좇다가 인생을 접을 수 있었지만, 주님의 은혜로 진리를 알게 되고, 그 진리를 전하다가, 그것을 위해 죽을 수 있게 되었습니다. 돌이켜보니 그의 모든 삶이 다 하나님의 은혜였습니다. 게다가 교회의 성도들로부터 광적인 사랑과 존경을 받게 된 것도 전혀 예상하지 못한 축복이었습니다. 그래서 그는 고백합니다. "나의 나 된 것은 다 하나님의 은혜라"(고전 15:10). 신앙은 하나님의 은혜를 알고 감사하는 데에서부터 시작합니다.

모든 것을 당연하게 받아들이기보다는 감사의 눈으로 수용할 수 있는 추수감사주일이 되기를 바랍니다.

2장
그래도 믿습니다

하나님에 대한 절대적인 신뢰가
곧 믿음입니다.

- 그래도 믿습니다 중에서

주사위는 이미 던져졌습니다

주사위는 정육면체입니다. 내기나 게임을 할 때에는 주사위를 던져 윗면에 나오는 숫자로 승부를 결정하는 놀이 도구입니다. 주사위를 던진 사람이 자기 자리에서 최대한도로 볼 수 있는 주사위의 면은 여섯 개 중에 세 면입니다. 윗면과 좌우 양면입니다. 각도의 차이 때문에 그 이상은 볼 수 없습니다. 나머지 두면은 반대편에 있는 사람만이 볼 수 있고, 밑면은 아무도 볼 수 없도록 언제나 지면에 붙어 있습니다. 주사위를 가만히 들여다보면 많은 것을 배우게 됩니다. 한 손아귀에 쏙 들어와서 내 마음대로 할 수 있을 것 같은데, 일단 던지고 나면 어떤 면이 나올지 아무도 모릅니다. 좀처럼 내 마음대로 되지 않습니다. 어쩌면 인생은 주사위와도 비슷하다는 생각이 듭니다. 아무리 애쓰고 노력해도 어떤 숫자가 나올지 알 수 없습니다. 사고력, 분별력, 경험들을 다 합쳐서 선택을 하고, 결정을 해도 절반밖에는 볼 수 없습니다. 인생은 아무도 예측할 수 없기 때문에 항상 불안하고 걱정이 됩니다.

인생의 두 면은 볼 수 없기 때문에 성공적인 삶을 살기 위해서는 반드시 반대편에 있는 사람들의 도움을 받아야 합니다. 어떤 때는 그들의 눈치를 살피고, 얼굴 표정도 각별히 신경을 써서 살펴보아야 합니다. 기분이 나쁘지 않도록 잘 대해 주어야 합니다. 상황이 급박할 때에는 납작 엎드려서 그들의 조언과 협조를 구하기도 해야 합니다. 내가 보지 못하고, 알지 못하는 인생의 단면을 그들은 볼 수 있기 때문입니다. 아무리 나와 다르고 불편하다 할지라도 그들을 무시하거나 간과할 수 없는 이유는 그들이 없으면 인생의 절뚝발이를 면할 수 없기 때문입니다. 게다가 그들이 볼 수 있는 숫자들을 알아야 주사위 밑면에 숨겨진 정말 무서운 '패배의 숫자'를 알 수 있습니다. 내 인생의 반대편에 있는 사람들의 도움이 있어야 숨겨진 인생의 단면인 밑바닥을 예측할 수 있다는 말입니다. 하나님은 우리가 겸손하게 살도록 우리의 반대편에 우리와 다른 사람들을 세워 놓으셨다고 합니다. 그러므로 나의 대적자들은 어떤 면에서는 인생 최대의 조력자들입니다.

'오월동주吳越同舟'라는 말이 있습니다. 중국의 오나라와 월나라는 예로부터 철천지원수로 지내온 나라였습니다. 그런데 우연히 오나라 사람들과 월나라 사람들이 한 배를 타게 되었습니다. 서로 간에 분노와 원망의 마음이 깊었지만, 무사히 항해를 마치기 위해서는 싸우지 말고 서로 협력해야 합니다. 당시에는 갑자기 풍랑이나 파도가 일어나는 경우가 많았는데 아무리 원수라고 해도 살기 위해서는 서로 좌우에서 도와야 합니다. 풍랑이 심해서 오른쪽이 기울면 다 같이 힘을 합쳐서 왼쪽으로 모여야 합니다. 다시 왼쪽이 기울게 되면 얼른 오른쪽으로 몰려가야 합니다. 배 안에서 함께 손을 잡고 움직여야 생존할 수 있습니다. 그렇게 하지 않으면 모두 바다 한가운데에서 몰살을 당하고 말 것입니다. 그러고 보면 나와 반대편에 서 있는 사람은 무조건 원수가 아니라 나의 부족을 보완하고 채워주는 생명의 은인입니다.

만약 배 안에 오나라 사람이나 월나라 사람이 없어서 배의 무게가 가벼웠다면 거센 풍랑에 모두 침몰해서 죽고 말았을 것입니다. 아무리 원수 같은 사람이라도 함께 있어 그들의 도움을 받을 수만 있다면 배 안에 있는 모든 사람들이 생명을 건질 수 있을 것입니다.

처음으로 담임목사를 하면서 감당하기 힘들었던 부목사님이 한 분 있었습니다. 내 딴에는 잘 해주려고 노력을 했는데 그 사람에게는 부족했나 봅니다. 목회를 하다 보면 반드시 반대편에 서 있는 사람들이 있게 마련인데 이 목사님은 그분들과 의기투합했습니다. 내 앞에서는 끊임없이 아부하고 아첨하면서 그들에게 가서는 있는 말, 없는 말 다 하면서 그들의 환심을 사려고 노력했습니다. 참으로 괘씸했지만 이미 나의 사람이 된 것을 어떻게 하겠습니까? 그를 사랑으로 품고 같이 가기로 마음먹었습니다. 해가 몇 번 지나가고 그 부목사님은 다른 교회의 담임목사로 영전해 가게 되었습니다. 그도 두목(?)이 된 것입니다.

마지막으로 단둘이서 저녁을 함께 먹게 되었습니다. 그날 그는 자신의 실수와 허물을 눈물로 사죄했습니다. 그리고 나에게 많은 조언을 해주었습니다. 나의 부족함을 정확하게 찔러주는 이야기들이었는데, 미래의 목회를 풀어가는 데 절대적인 도움이 되었습니다.

주사위 이야기를 할 때마다 자주 회자되는 말이 "주사위는 던져졌다alea iacta est"라는 로마 황제 '율리어스 시이저'의 말입니다. 루비콘 강을 건너 북부 이탈리아로 돌진하면서 던진 말입니다. 군대를 되돌리면 자신은 반역자가 되고, 로마 제국은 걷잡을 수 없는 내분의 소용돌이에 휩싸이게 됩니다. 하지만 이미 주사위가 던져진 것을 어떻게 하겠습니까? 마음을 다져 먹고 최선을 다해 열심히 가는 것밖에는 답이 없습니다. 이미 돌이킬 수 없는 상황이 되었을 때, 우리는 이 말을 자주 사용합니다. "안 해도 될 괜한 짓을 했다"라고 후회하거나 탄식할 것이 아니라, 용기를 내어서 힘차게 나아가야 합니다.

어떤 일이 되었든지 우리 주변에는 이미 주사위가 던져진 것들이 많이 있습니다. 이미 돌이킬 수 없다면 열심히 앞으로 나아가야 합니다. 반대편에 서 있는 사람들을 나의 친구로 만들고, 그들의 도움을 받아 내 인생의 밑바닥에 도사리는 수많은 위기와 위험을 이겨내며 함께 앞으로 나아가야 합니다. 이미 주사위는 던져졌습니다. 열심히 살아야겠습니다!

눈을 두 번
깜았다
뜨세요

적당히

돈이란 것이 모든 사람에게 절대적인 가치를 갖는 것이 아니라, 사람에 따라 상대적입니다. 모자라지도 않고, 넘치지도 않는 '적당한' 양의 돈은 도대체 얼마일까요?

한번은 아내와 저녁을 먹고 공원을 산책하는데, 갑자기 무슨 생각이 들었는지 아내가 제 손을 잡고 한마디 했습니다. "우리 세상을 살면서 욕심내지 말고 '적당히' 살만큼만 가지고 행복하게 살아요." 여전히 소녀 같은 소리를 하는 마누라가 기특하다는 생각이 들었지만, 갑자기 의문이 생겼습니다. "도대체 '적당히' 갖는다는 것은 얼마만큼을 의미하는 것일까?" 물어보나마나, '적당히'에 대한 정의가 다를 것이기에 그냥 웃어넘기고 말았습니다. 사람들은 누구나 '적당히'라는 말을 자주 합니다. "너무 오래 살지 않고 적당히 살다가 죽었으면 좋겠다", "너무 높은 자리까지 올라가지 말고 적당히 하다가 내려왔으면 좋겠다." 그리고 자기의 분수를 모르고 경거망동하는 사람들을 향해 "적당히 하고 그만둬" 하는 경고성의 말을 던집니다. '적당히'에 대한 실로 많은 예들이 우리 주변에 널려 있습니다. 그런데 정말 '적당히'의 양은 어느 정도를 의미하는 것일까요?

요즘은 '요리'가 대세를 이루는 시대라고 합니다. 아마도 웰빙Well-Being 시대라서 먹거리에 관심이 많은 것 같습니다. 매력적인 남자의 기준도 많이 바뀌어서 이제는 '요섹남요리를 잘하는 섹시한 남자'이 함께 데이트해 보고 싶은 남자 일순위라고 합니다. 그래서 그런지 한국이나 미국이나 남자들이 텔레비전에 나와서 요리를 하는 프로그램들이 많이 늘어났습니다. 한때는 남자들이 부엌에 들어가는 것을 수치로 여기던 때가 있었는데, 이제는 부엌의 주인이 되는 것을 최고의 매력으로 여기는 시대가 되었습니다. 실로 격세지감을 느끼게 합니다. 어떤 때는 텔레비전을 켜고 아무 생각 없이 남자 요리사들이 요리하는 모습을 물끄러미 바라볼 때가 있습니다. 빠른 손놀림으로 칼을 다루면서 쉬지 않고 말하는 그들을 볼 때면 존경스럽기까지 합니다. 요리사들이 가장 많이 하는 멘트 중의 하나가 "적당히 잘라주고, 적당히 넣어주고, 적당히 버무려 달라는 것"입니다.

예를 들어, 삼계탕 조리법을 정리해 보면 다음과 같습니다. "적당한 크기의 닭을 사서, 배를 가르고 그 안에 찹쌀, 당귀, 대추, 인삼, 은행 같은 것들을 적당히 넣어줍니다. 또 각 사람의 기호에 따라서 적당한 것들을 더 넣어 줄 수 있습니다. 그리고 적당한 불에

눈을 두 번 감았다 뜨세요

충분히 삶아 줍니다. 또 닭이 다 끓으면 너무 적지도 않고 너무 크지도 않은 적당한 크기의 그릇에 담아 먹으면 되는데, 사람의 취향이 다 다를 수 있기 때문에 후추와 소금을 적당량 준비하고, 적당히 넣어서 즐기면 된다"라는 것입니다. 프로그램이 끝나고 나면, 머릿속에 딱 하나 남는 단어가 '적당히'입니다. "뭐야! 도대체 조리법이 있는 거야? 없는 거야?" 갸우뚱하고 있는데, 정말 놀라운 일이 일어납니다. 그 요리 방송을 함께 본 아내가 머리를 끄덕이며, "아하, 저렇게 하는구나!" 감탄을 합니다. 똑같은 말인데 왜 저는 못 알아들었을까요?

세상에서 가장 애매하면서도, 가장 공감대를 많이 갖는 단어가 '적당히'일 것입니다. 지혜로운 사람은 '적당히'의 규모를 잘 측정하는 사람입니다. 반면에 어리석은 사람은 잘못 계측한 사람일 것입니다. 성경에도 '적당히'라는 말이 많이 나옵니다. "여호와께서 온갖 것을 그 쓰임에 적당하게 지으셨나니 악인도 악한 날에 적당하게 하셨느니라"(잠 16:4). "적당한 말로 대답함은 입맞춤과 같으니라"(잠 24:26). "너는 꿀을 보거든 적당히 먹으라 과식함으로 토할까 두려우니라"(잠 25:16). 항상 '중용中庸'의 마음으로 과하게 욕심내지도 않고, 너무 많은 것을 누리려고 하지도 말고 '적당한' 규모에 자족하고 감사할 수 있는 자세가 필요합니다. 너무 모가 나거나 각진 마음을 갖지 않고, 적당한 피해와 손해를 감내하면서 사랑과 공의를 위해 살 수 있는 큰마음이 필요합니다. 이런 사람은 세상에서는 '적당한' 규모의 사람이지만, 하나님의 나라에서는 '헤아릴 수 없이' 큰 사람일 것입니다. '적당한 것'을 분별하는 지혜가 있어야 할 때입니다.

그러려니

한국 사람들은 어떤 일을 할 때 그 자리에서 끝장을 보려고 합니다. 뽑든지 뽑히든지 아니면 죽든지 죽이든지, 자신의 대에서 반드시 승부를 내려고 합니다. 그래서 다혈질적이고 극단적인 결단을 하는 경우가 비일비재합니다. 역사적으로 내일을 기약할 수 없는 일들이 많았던 탓에 아마도 이런 성향을 갖게 된 것 같습니다. 한 걸음 뒤로 물러서서 다시 생각해 본다든지, 이번에는 양보하고 다음 기회를 엿보는 모습을 좀처럼 찾아보기 어렵습니다. 세상에는 단번에 끝나는 것이 거의 없기 때문에 가능하면 천천히 시간을 가지고 모두에게 유리한 결정을 모색하는 것이 현명한 일입니다. 요즘에 한국인들이 많이 쓰는 말 중에 하나가 '끝장'입니다. '끝장 토론', '끝장 세일', '끝장 특강', '미국 여행 끝장 패키지' 등등 끝장이라는 말이 대세를 이루고 있습니다. 끝장이라는 말은 '더 이상 나아갈 수 없는 마지막 상태'를 이르는 말입니다. 쉽게 말하면, 마지막 승부를 보겠다는 각오를 표현한 말입니다. 이보다 더 좋을 수 없고, 또 이 기회를 놓치면 다시는 기회가 오지 않는다는 것을 강조하려는 의도가 담겨 있는 말입니다.

커피숍에서 교회 청년 중의 하나가 가방에서 영어책을 꺼내 열심히 공부를 하고 있는 것을 발견했습니다. 미국으로 유학을 왔으니 영어가 얼마나 간절하겠습니까? 저도 미국에서 유학을 하고, 목회를 하다 보니 가장 힘든 것 중의 하나가 영어로 설교를 하고, 결혼식과 장례식 같은 예식을 영어로 잘 인도하는 것입니다. 하나님의 은혜로 그때마다 간신히 버텨가고는 있지만, 마음먹은 대로 영어가 되지 않아서 죽을 만큼 힘든 시간을 보낼 때가 많이 있습니다. 그 청년의 마음을 충분히 이해하고도 남습니다. 그런데 무슨 영어책을 그렇게 심각하게 보나 궁금해서 샛눈으로 엿보았더니, 책 제목이 '끝장 영어'였습니다. 웃음이 터져 나왔습니다. "아들아! 이 책 한 권으로 정말 영어가 끝장날 것 같으냐?" 제 말에 그 청년도 머쓱해졌는지 겸연쩍은 표정으로 애꿎은 머리만 긁어댔습니다. "그냥 단번에 끝장내고 다른 것을 하려고 하지 말고, 매일 조금씩 꾸준히 해. 어쩌면 그게 제일 빠를지도 몰라." 저는 미국에 와서 살면서 책으로 단번에 영어를 끝장낸 사람을 아직까지 한 명도 본 적이 없습니다. 다 부족하고 모자라지만 매일 반복하면서 근근이 살아갈 뿐입니다.

너무 젊고 건방져서 그랬을까요? 예전에는 '술에 술 탄 듯, 물에 물 탄 듯' 말하고 행동하는 사람들이 싫었습니다. 흐리멍텅한 말이나 애매모호한 논리로 본질을 흐리는 사람들을 보면 화가 났습니다. 비록 나하고는 반대편에 있는 사람이라 할지라도 또박또박 맺고 끊는 것이 분명한 사람들이 좋았습니다.

한번은 장인어른과 대화 중에 "김 목사, 세상은 좋은 게 좋은 거야! 너무 똑똑하게 사는 것이 좋은 게 아냐! 세상은 '그러려니' 하면서 살아야 맛이 있지" 하고 말씀을 하셨는데, 기분이 적지 않게 언짢았습니다. "좋으면 좋고, 싫으면 싫은 것이지 어떻게 적당하게 타협하며 살 수 있나! 사위에게 좋은 것을 가르쳐야지" 쓴 입맛을 다셨는데, 요즘에 다시 생각해 보니까 "그 말이 맞다"라는 생각이 듭니다. 본질에 있어서는 잘못된 것을 지적할 수 있어야 하겠지만, 웬만한 것들은 나타내지 않고 덮어주고, 참아주고, 기다려주는 마음이 있어야 한다는 것을 알게 되었습니다. 한 번만 참아주고 다시 생각해 보면, 좋게 넘어갈 수 있는 것인데, 오기와 고집 때문에 불필요한 십자가를 걸머진 적이 꽤 있었습니다. 종교재판에 회부되기도 했고, 학내 사태에 주범이 되어보기도 하고, 높은 양반들에게 요주의 인물로 찍히기도 많이 했습니다.

그런데 시간이 지나서 다시 생각해보니 괜한 짓들이 많았습니다. 대부분 자기 의義와 연민에 빠져서 실수한 것들이 많았습니다. 예수님의 마음만 가지면 쉽게 풀리는 일들이 예상외로 많았는데, 까칠하고 우쭐하는 마음 때문에 모지고 각지게 산 것이 많았습니다. 우리 옛 속담에 "우물에 침 뱉지 마라"는 말이 있습니다. 다시는 그 우물물 안 먹을 줄 알고 매몰차게 뒤돌아서지만, 자신도 모르게 다시 그 물을 먹는 날이 온다는 것입니다. 생각해보니 대부분의 말들이 맞았습니다. 항상 겸손하고 유순하게 '그러려니' 하는 마음을 가지고 살아야 후회하지 않는다는 것을 비로소 알게 되었습니다.

며칠 전, 한국에 계시는 어머니께 "요즘에는 매사를 '그러려니' 하면서 살고 있는데, 제가 이제서야 주님을 닮아가는 것 같아요" 했더니, 어머니께서 웃으시면서 황당한 말씀을 한마디 하셨습니다. "이제는, 김 목사가 늙어서 그래! 그래도 매사를 '그러려니' 하면서 살아. 그러면 주님이 기뻐하시지. 내 아들이 늙었네." 전화를 끊고 화장실에서 가서 거울에 비친 모습을 바라보았습니다. "정말 제가 늙은 것일까요?" 아니면 "성화되어 가는 것일까요?" 그냥 '그러려니' 넘어갑니다.

말과 힘

조선 후기의 북학파 실학자였던 연암 박지원 선생이 쓴 '사소전士小典'에 보면, 그가 말을 할 때 얼마나 사람들을 배려하고 귀하게 여겼는지를 알 수 있는 이야기들이 등장합니다. 그는 청력을 잃어서 듣지 못하는 사람을 '귀머거리'라고 낮춰 부르지 않고, "소곤대기를 즐기지 않는 사람"이라고 불렀고, 실명해서 앞을 보지 못하는 사람을 '장님'이라고 하지 않고 "남의 흠을 보지 않는 사람"이라고 말했습니다. 말을 하지 못하는 사람을 '벙어리'라고 하지 않고 "남 비평하는 것을 좋아하지 않는 사람." 그리고 등이 굽은 사람을 '꼽추' 또는 '곱사등이'라고 부르지 않고 "허리를 굽혀 아첨하는 것을 싫어하는 사람"이라고 불렀습니다. 남에게 인위적으로 보이려고 그렇게 한 것이 아니라 평상시 혼자 있을 때도 그렇게 불렀다고 하니 정말 대단한 사람입니다.

옛 속담에 "가는 말이 고와야 오는 말이 곱다"라는 말이 있습니다. 사람은 상대적이라 대해 주는 대로 반응한다는 뜻일 것입니다. 그러나 오늘날에는 "가는 말이 고우면 사람을 얕본다"라는 말이 더 대세를 이룹니다. 강퍅하고 무정해진 이 세대를 꼬집는 말이겠지만, 사실 여부를 떠나서 입맛이 씁쓸해집니다. 이 시대는 얕잡아 보이지 않기 위해서 먼저 남을 깔보고 무시할 것을 권장하는 시대입니다. 며칠 전에 운전을 아주 거칠게 하는 흑인 아주머니를 보았습니다. 30대 중, 후반의 여성이었는데 카 레이서를 방불케 할 만큼 빨리 차를 몰았습니다. 차 안의 스피커를 어떻게 조정해 놓았는지 모르겠지만, 얼마나 소리가 큰지 차가 후라잉 팬의 콩처럼 통통 튀었습니다. 운전석에 앉은 그녀는 마치 자신이 나이트클럽에 온 줄로 착각하는 듯했습니다. 뒤에서도 그녀가 격렬하게 춤을 추고 있다는 것을 쉽게 알 수 있었습니다. 흥에 겨워 몸을 심하게 흔들면서 앞차들을 요리조리 피해 나가며 아슬아슬하게 운전을 하던 그녀는 마침내 큰일을 내고야 말았습니다. 앞에 있던 빨간색 신호등을 보지 못하고 이미 정차해 있던 백인 노부부의 차를 뒤에서 들이받은 것입니다.

큰 피해는 없었지만, 앞차의 할머니가 많이 놀라서 정신을 못 차리셨습니다. 빨리 내려서 사과를 해도 시원찮을 텐데, 이 흑인 여성은 구시렁거리며 차에서 나와 할아버지를 향해 다짜고짜 욕을 퍼붓기 시작했습니다. "What the F are you doing?" 미국 말로도 저렇게 화려한 욕을 구사할 수 있다는 것이 경이롭고 신비했습니다. 긴장한 할아버지가 영문도 모르고 벌벌 떨며 연신 머리를 숙여 사과를 했습니다. 저도 뒤에서 바라보고 있었는데, 너무 속이 상해서 견딜 수가 없었습니다. 차를 그녀 옆에 대고, "You are wrong! That is all your faults. You made this" 했더니 그녀는 저를 향해 뚱뚱한 뱃속에 남아 있던 욕들을 속사포처럼 쏘아대기 시작했습니다. 저는 몇 년 동안 나눠 먹을 욕을 그날 다 한꺼번에 먹었습니다. 물론 저도 그녀에게 선사할 수 있는 신비한 욕의 세계가 메들리로 준비되어 있었지만, 거룩한 성직에 종사하는 관계로 참을 수밖에 없었습니다. 할아버지와 할머니에게 언제든지 증인이 필요하면 연락을 달라고 말하면서 명함을 드렸더니 너무 고마워했습니다.

앙칼지게 날이 선 말은 아무리 논리적이고 정확한 말이라고 해도 듣고 싶은 마음이 없습니다. 투박하고 어눌한 한마디의 말이라도 온유돈후溫柔敦厚의 정을 느낄 수 있을 때 세상을 멋지게 살고 싶은 도전을 받게 됩니다. 말 한마디가 사람을 살리기도 하고 죽이기도 합니다. 인류는 칼에 찔려 죽은 사람들보다 말에 찔려 죽은 사람들이 몇 갑절 더 많다고 합니다.

중고등학교 시절, 너무 오랜 질병으로 학업을 받지 못해서 같은 교실의 친구들보다 많이 뒤처져 있던 적이 있었습니다. 한참 민감하던 사춘기 시절에 앉아 있는 것조차 숨이 차서 헉헉거리게 되자, '어쩌면 다시는 사람 노릇 하며 살기 힘들 것이라'는 바보 같은 생각을 하기도 했습니다. 물론 공부는 예전에 물 건너갔습니다. 어느 누구도 언제 종말을 고할지 모르는 저에게 공부로 스트레스를 주는 사람이 없었습니다.

고등학교 2학년 새 학기가 되었을 때 새로 담임이 되신 선생님께서 저를 불러 당신의 집으로 데리고 가셨습니다. 그리고 사모님께 부탁해서 맛있는 된장찌개가 있는 저녁을 준비하게 하셨습니다. 그때까지의 제 생각은 너무도 뻔했습니다. 분명히 학급에서 성적이 제일 안 좋은 놈을 골라서 색다른 방법으로 교묘하게 감동의 훈시를 주시려는 노련한 선생님의 교활한 전략이라고 생각했습니다. 그냥 훈시 한마디 하시면 귀 딱 막고 밥이나 먹다가 가려고 했는데, 선생님은 아무 말 없이 소주 반 병을 연거푸 드시더니 술주정처럼 딱 한마디만 하셨습니다. "너, 이다음에 크게 되지 않으면 내 손에 장을 지진다! 원래 너 같은 놈들은 딱 보면 알아." 빈말이라는 것을 너무도 잘 알지만, 그 따뜻한 말 한마디에 저는 밥을 눈물에 말아먹었습니다. 지금도 힘든 일이 있으면 항상 된장찌개를 먹습니다. 그러면 이제는 고인이 되셨지만, 사랑하는 선생님의 부드러운 목소리가 된장찌개 내음에 묻혀 들려옵니다. 알 수 없는 힘이 솟구쳐 오릅니다. 말이 얼마나 힘이 있는지를 다시금 깨닫게 됩니다.

헤롯아, 물러가라

지지리도 못살던 시절에 배가 나오는 것이 큰 자랑이었던 때가 있었습니다. 그때는 '똥배'라는 말보다는 '사장배'라는 말을 더 많이 사용했습니다. 모두가 마른 시대에 배가 잔뜩 나왔다는 것은 큰 장점이고 특권이었습니다. 배사장들이 뒷짐을 지고 튀어나온 배를 내밀고 다방에 들어서면 하늘하늘한 다방의 마담들이 "어머, 사장님, 오랜만이에요!" 콧소리를 내면서 살랑살랑 다가옵니다. 온갖 교태를 부리며 배사장의 비위를 맞춰주면 그분들은 마치 자기가 왕이라도 된 듯 "어흠 어흠"을 연발하면서 격하게 거드름을 부립니다. 가장 눈에 띄는 명당자리에 가서 앉으면서 배사장들은 달걀을 띄운 쌍화차나 프림을 잔뜩 푼 '코오피'(?)를 주문합니다. 옆에서 애교를 부리는 간들간들한 마담에게 한마디 합니다. "니도 한잔해라!" 그러면 마담은 "호호호" 연신 웃으면서 답례로 손을 한 번 잡혀줍니다. 그리고는 프런트 데스크로 가서 자기의 찻값을 매상으로 잡아 올려 놓습니다. 지금은 고전 동화가 되어버린 우리 옛날 삼류 대중문화의 한 단면입니다.

그 당시는 먹을 것이 별로 없어서 그랬는지 중년이 되어도 배가 나오는 사람들이 거의 없었습니다. 비만, 당뇨, 고혈압, 고지혈증, 동맥경화 같은 단어는 들어본 적도 없습니다. 국민들 대부분은 깡마른 체구였고, 전화나 텔레비전이 있는 집도 거의 없었습니다. 세 끼를 다 먹는 집도 그렇게 많지 않았습니다. 당연히 배가 나온 사람들은 집중적인 관심을 받았습니다. 나온 배는 부와 힘의 상징이었고 그가 얼마나 유능한 사람인지를 보여주는 확실한 증거였습니다. 거기다가 훤하게 벗겨진 '대머리'까지 장착하게 되면 그는 이미 인생의 이관왕_冠王을 달성한 사람이었습니다. 아기들도 배가 나오고 젖살이 늘어지면 건강한 아기로 주목을 받았습니다. 그때는 '전국 우량아 선발대회'라는 황당한 대회가 있었는데 아이들의 건강을 측정하는 기준이 몸무게와 통통한 외모였습니다. 똑같은 조건이면 줄자로 머리통의 크기를 재서 큰 놈이 이겼습니다. 그것마저도 똑같으면 팔목과 발목의 크기로 우량아를 뽑았습니다. 지금 생각해보면, 당시의 우량아들은 영락없는 비만아들입니다. 맨날 잔병치레에 시달렸습니다.

이제는 시대가 확 바뀌었습니다. 배가 나오면 어디서도 환영을 받지 못합니다. 회사에서도 게으른 사람으로 낙인찍히거나 자기 관리에 실패한 사람이라는 꼬리표를 달게 됩니다. 직업 군인들도 배가 나오면 전역을 강요당합니다. 배우자를 고를 때도 일단 배가 나오면 뒷전으로 밀려납니다. 배는 무능한 사람의 상징이기도 하지만, 건강의 적신호입니다. 배가 나오면 혈관 질환을 일으킬 확률이 정상인과 비교해서 세 배 이상 올라갑니다. 몸도 청결하지 못하고 항상 소화 장애를 달고 살아갑니다. 이제는 배가 나온 것 자체를 본인들도 열등의식으로 인식하며 살아갑니다. 배를 집어넣는 것이 인생의 목표인 사람들도 있습니다. 이래저래 나온 배는 부끄러움의 상징이 되었습니다.

한번은 아내와 함께 부활절 연극을 관람한 적이 있었습니다. 거의 대부분의 출연 배우들이 백인이었고, 워낙 대작인지라 대규모의 예산이 소요되었습니다. 낙타나 말들이 많이 동원되었고 배우들도 연극 연습을 아주 많이 한 듯했습니다. 자신들이 맡은 배역을 훌륭하게 소화해냈습니다. 모든 것이 자연스럽고 완벽했습니다.

그런데 옥에 티가 있었습니다. 연극 막판에 예수님이 십자가에 달리셨을 때 불룩하게 튀어나온 배가 눈에 거슬렸습니다. 걸어다닐 때는 잘 몰랐는데 막상 십자가에 달리니까 축 늘어진 배가 엄청나게 돋보였습니다. 아니, 배밖에 보이지 않았습니다. 멋진 감정으로 예수님의 역할을 너무도 잘 소화해냈는데, 십자가에 달린 모습은 정말 예수님 같지 않았습니다. 차라리 바짝 마른 헤롯 왕과 역할을 바꿨으면 좋을 뻔했습니다. 차라리 탐욕스럽고 여색을 즐기는 헤롯에게 그 배를 주었으면 좋겠다는 생각이 들었습니다. 옆에 앉은 아내에게 귓속말로 속삭였습니다. "여보, 예수님 배 좀 봐!" 그러자 집사람이 얼굴을 찡그리며 경고성 멘트를 날렸습니다. "그냥 조용히 봐요!" 연극이 다 끝나고 아내가 저에게 정문일침을 가했습니다. "당신도 교회에서 연극할 때 예수님 역할을 맡고 싶으면 배를 집어넣어요. 지금 봐서는 헤롯을 하면 안성맞춤이겠구먼!" 얼굴을 붉히며 말 같지 않은 소리라고 손사래를 쳤지만, 화장실에 가서 거울에 비친 모습을 보니 내가 봐도 영락없는 헤롯 왕이었습니다. '배' 하나 때문에 예수와 헤롯의 역할이 바뀐다는 사실이 슬펐지만, 거울의 비친 저의 모습은 예수보다는 헤롯 쪽에 더 가까웠습니다.

몇 주 전에 한국의 감리교회 청주 서지방에서 연합 사경회를 인도했습니다. 좋은 집회가 되도록 최선을 다했습니다. 특히 나쁜 이미지를 남기면 미국에 있는 다른 목사님들에게도 흠이 될 것 같아서 실수하지 않도록 노력했습니다. 며칠 전 그곳에 있는 사모님 중의 한 분이 저희 집사람에게 전화를 걸어서 안부를 묻고 대화를 나누다가 저에 대해서 언급하는 것을 얼떨결에 엿듣게 되었습니다. 그 사모님이 "마치 예수님이 다녀가신 것 같다"라는 극찬의 말을 했습니다. 저희 집사람도 당황했지만, 저도 난감하기는 마찬가지였습니다. 부담스러웠습니다. 아내가 전화를 끊고 옆에 있던 저를 향해 한마디 했습니다. "당신, 들었지? 예수님 욕먹이기 싫으면 얼른 뱃살부터 빼요!" 갑자기 밥맛이 싹 떨어졌습니다. 좋은 목사는 되지 못한다 하더라도 예수 욕 먹이는 목사는 되지 말아야겠다는 생각이 들었습니다. 운동복을 입고 동네를 한 바퀴 뛰는데, 그동안 숨겨두었던 뱃살이 출렁거렸습니다. 애꿎은 배를 향해 엄하게 꾸짖었습니다. "헤롯아! 물러가라."

'J형'입니다

저는 혈액형이 A형입니다. 이것은 제가 선택한 혈액형이 아닙니다. O형의 아버지와 A형의 어머니 사이에서 태어난 덕분입니다. 한국 사람들만큼 혈액형에 관심이 많은 사람들도 없을 것입니다. 누군가를 만나서 대화를 나누다 보면, 결국에는 "혈액형이 뭐냐?"라는 질문을 받게 됩니다. 조심스럽게 대답하지 않으면 혈액형만으로도 충분히 억울한 대우를 받을 수 있습니다. 언제부터 이런 생각이 지배적으로 되었는지는 모르겠지만, "A형의 남자들은 쪼잔하고, 좁쌀스럽고, 뒤끝이 길다"라고 말들을 합니다. "혈액형이 뭔가요?"라는 질문을 받았을 때, "저는 A형입니다" 하고 대답을 하면, 그 말을 들은 사람은 그때부터 뭔가를 골똘히 생각을 합니다. 머릿속으로 '내가 어떤 사람인지?' 급하게 소설을 써내려가는 모습이 눈에 다 보입니다.

'이 사람은 잘 삐지고, 자잘하겠구나!' 미리 단정을 내린 듯합니다. 내 마음대로 혈액형을 정한 것도 아닌데, 그런 느낌을 받게 되면 억울한 마음이 듭니다. 그래서 하지 않아도 될 쓸데없는 말들을 사족蛇足으로 붙이게 됩니다. "O형 인자를 가진 A형"이라느니, "A형의 단점을 완전히 제거한 무결점 A형"이라는 둥, 어떤 때는 그냥 A형이라고 말하면 될 것을 "A+형"이라고 말하면서 주접을 떨어댑니다. 스스로 발이 저려서 운명처럼 허락된 혈액형을 열등감에 사로잡혀 미화한 것입니다. 한번은 어떤 후배 놈이 저의 혈액형을 묻길래, "대범한 A형이지" 하면서 짓궂게 웃었더니, 이놈이 무덤덤한 표정으로 비수 같은 말 한마디를 던졌습니다. "A형들은 다 그런 식으로 말합니다. 소심하거든요!" 그리고는 황당한 말에 당황해하고 있는 저에게 기억에 남을 만한 아주 못된 예언을 덤으로 주었습니다. "형님, 아마 혼자 있을 때, 괜히 A형이라고 말했다고 온종일 가슴에 담고 후회할 겁니다. A형들은 원래 소가지가 밴댕이거든요."

한마디로 '나쁜 놈'입니다. 어쩌면 그렇게 족집게처럼 잘 아는지! 그놈은 분명히 심장이 없는 무식한 O형 놈이거나, 남의 기분을 전혀 의식하지 않고 자기 말하고 싶은 대로 지껄여대는 이기적인 B형일 것입니다. 아니, 어쩌면, 자기가 뭔 말을 하고 있는지도 모르는, 아무런 생각이 없는 또라이 AB형일지도 모릅니다. 혈액형에 대한 이런 표현들이 한국 사람들이 일반적으로 가지고 있는 혈액형에 대한 선입견들입니다. 물론 저는 분명히 A형의 사람들이 가지고 있는 모자라는 모습들을 다 소유한 덜떨어진 사람입니다. 그러나 다른 A형 남자들 중에는 대범하고, 괄괄한 성품의 소유자들도 적지 않다는 것을 기억해야 합니다. "A형은 전부가 다 이렇다"라는 편견으로 사람들을 싸잡아 평가하는 것은 옳지 않은 일입니다. 또한 A형의 사람들이 일반적으로 갖는 열정적이고 따뜻한 마음을 너무 쉽게 무시해버리는 것도 결코 잘하는 것이 아닐 것입니다.

혈액형 이야기를 하다가 갑자기 예수님의 혈액형이 뭔지 궁금해졌습니다. 그래서 친구 목사에게 물었습니다. "야, 그러나 저러나 예수님은 혈액형이 뭐냐?" 그러자, 그 친구가 대답합니다. "예수님은 그냥 'J형'이야! Jesus' blood! 메시아로 이 땅에 오셨는데, 우리하고는 다르지 않을까?" 일리가 있었습니다. 'J형'은 화려한 하늘 보좌를 버리고 이 땅에 오신 겸손한 분의 혈액형입니다. 소외되고, 버림받고, 천대받는 사람들을 사랑으로 끌어안으시고, 악한 권세자들을 꾸짖으시고, 어린아이들을 사랑하시고, 질병과 귀신에 시달리는 사람들을 회복시키시는 분의 혈액형입니다. 마침내는 사람들을 구원하시기 위해서 십자가에 달려 물과 피를 다 쏟을 때까지 자신을 희생하고 헌신하신 분의 거룩한 혈액입니다. 기독교 역사는 그분의 피를 수혈 받은 사람들이 만들어가는 세상 이야기입니다. 예수의 보혈이 우리 몸에 공급되면 우리는 전혀 다른 사람으로 거듭나게 됩니다. 우리의 한계와 부족을 뛰어넘어 세상을 놀라게 하는 위대한 인생을 살게 됩니다.

눈을 두 번 감았다 뜨세요

목사들은 대부분 A형이라고 합니다. 한번은 동남부 연합감리교회 목사들과 한 차를 타고 가다가 차 안에 있는 목사님들에게 혈액형을 물어보았습니다. 신기하게도 한 명만 빼고 모두가 A형이었습니다. 자기들도 거의 모두가 A형이라는 사실이 뻘쭘하고 찜찜했는지, A형이라는 말에 전부 미사여구를 답니다. "털털한 A형", "뒤끝 없는 A형" 그리고 "뒤돌아서면 다 잊어버리는 A형"이라고 여기저기서 말 같지도 않은 말을 쏟아 놓습니다. 그래서 한마디 했습니다. "에이, 좁쌀 같은 A형들!" 그러자 펄쩍펄쩍 뛰면서 "너는 혈액형이 뭐냐?"라고 물으며 복수의 칼날을 세웁니다. 망설이다가 한마디 던졌습니다. "나는 완벽한 A형", 그러자 차 안에 있던 모든 A형들이 크게 웃었습니다. 아, 정말, 착하기만 하고 모자란 우리 목사님들, 예수님의 보혈을 수혈 받아 모두 상처 안 받는 강인한 예수의 사람들이 되었으면 좋겠습니다.

아름다움은 앓음다움 입니다

한국에 강호동이라는 인기 사회자가 있습니다. 그는 원래 모래판에서 천하장사까지 지낸 씨름선수입니다. 한참 현역 때는 체중이 120Kg을 넘는 거구였기 때문에 그가 유명 사회자가 되고 연예인이 된다는 것은 상상도 하지 못했습니다. 그런데 그는 죽을 고생을 하면서 결국 체중을 줄이는 데 성공을 하고 제2의 아름다운 새 인생을 시작할 수 있었습니다. 그의 살 빼기 전쟁은 미용이 아니라 차라리 끊임없는 순례의 여정이었습니다. 처음에는 황제 다이어트라고 해서 밥이나 밀가루 같은 탄수화물 음식은 먹지 않고 고기만 먹는 식이요법을 선택했다고 합니다. 하지만 고통스러운 변비 때문에 다른 방법을 택할 수밖에 없었습니다.

대안으로 감식초와 물에 담가둔 콩만 먹으면서 몸을 줄이려고 했는데 이번에는 반대로 설사가 너무 심해서 또 다른 방법을 찾아야만 했습니다. 어렵게 찾은 것이 소금으로 온몸을 문지르는 비법이었습니다. 하지만 이것도 온몸의 피부가 벗겨지는 부작용

눈을 두 번
감았다
뜨세요

때문에 중도에 그만두어야만 했습니다. 비닐 랩으로 몸을 칭칭 감아 피가 안 통하게 하는 다이어트법을 해보기도 하고, 야채와 효소만 먹기도 하고, 효과가 있다는 모든 방법을 다 동원해서 노력을 했다고 합니다. 결국 그가 마지막으로 택한 방법은 역시 운동이었습니다. 땀을 뻘뻘 흘리며 뜀박질을 하다가 한 리포터와의 인터뷰에서 숨넘어가는 소리로 "세상에 고통 없이 살을 빼는 방법은 없습니다"라고 말을 해서 많은 시청자들에게 감동을 주었습니다.

그는 결국 몸 줄이기에 성공했고 겸손하게 노력하는 이미지로 대한민국 최고의 사회자라는 칭호를 받게 되었습니다. 가끔 한국 텔레비전을 볼 때면 다소 투박하고 거칠지만 재미있고 생기있게 쇼 프로그램을 진행하는 그의 모습을 보게 됩니다. "참 대단한 사람이다"라는 감탄이 절로 나오게 됩니다. 잔꾀와 요행으로 살려고만 하는 현대인들에게 강호동이라는 사람은 참으로 '아름다운 사람'이라는 생각을 하게 합니다.

'아름답다'는 말은 '앓음'과 '다움'이라는 단어의 합성어입니다. 말 그대로 '앓음'은 육체적, 정신적으로 질병이나 고난을 겪는 것을 의미합니다. 그리고 '다움'은 그 상태나 성격을 설명해주는 말입니다. 아름답다는 말은 고난이나 아픔을 겪은 상태를 이야기하는 말입니다. 그러니까 아름다움은 그냥 만들어지는 것이 아니라, 아픔과 고통을 통해서만 이루어지는 결과물인 것입니다. 아름다워지려면 반드시 '앓음'을 경험해야 합니다.

저는 개인적으로 자연미인보다는 성형미인을 선호하는 편입니다. 어떻게 보면 자연미인은 자신의 노력과 수고를 통해서 만들어진 미美가 아니라, 부모를 통해서 자연스럽게 물려받은 유산입니다. 하지만 성형미인은 칼로 피부를 자르고, 끌로 뼈를 깎아내는 아픔과 고통을 통해서 만들어진 아름다움입니다. 이를 악물고 참아내는 '아픔 앓음'이 있었기 때문에 얻어진 아름다움입니다. 어쩌면 이것이 더 진정한 미美 아닐까요? 아름다움은 언제나 앓음다움을 전제로 합니다. 뒷마당에 활짝 핀 붉은 철쭉이 사무치도록 아름다운 이유는 모진 비바람과 겨울 추위를 오들오들 떨며 몸으로 이겨낸 결과입니다. 캄캄한 겨울밤을 홀로 지새우며 가슴앓이를 경험한 직박구리의 지저귐이 아름답습니다. 흐르는 냇물과 끊임없이 부딪치며 자리를 지키려고 몸부림치는 조약돌들이 대자연의 멋진 소리를 만들어냅니다. 앓음다움이 없이 아름다움을 만드는 경우는 없습니다.

성경에도 아름다운 이야기를 만들어내는 사람들은 모두 앓음다움이 있었던 사람들입니다. 예수님은 40일 동안 광야에서 시험을 받으셨고, 사도 바울도 3년 동안 아라비아 광야에서 길고 긴 고난의 시간을 경험했습니다. 사울의 억울한 오해 때문에 젊은 시절을 도망자로 보내야 했던 다윗의 아픔이 있었기에 우리는 매주일 시편과의 아름다운 만남을 경험할 수 있게 된 것입니다. 우리는 계절에 따라 부흥집회나 간증집회를 하게 되는데 초청되는 대부분의 사람들은 화려하고 멋있는 사람들이 아니라, 깊은 '앓음'을 경험한 사람들입니다. 진흙탕 같은 절망의 늪에서 자신을 건져주신 주님을 찬양하고 영광을 돌립니다.

고난이나 아픔의 시간을 경험하는 사람들이 있다면 그 아픔을 통해 만들어질 아름다움을 바라보시기 바랍니다. 반드시 앓음다웠던 시절을 이야기하는 아름다운 시절이 올 것입니다.

잃어버리기 전에

인간의 고질적인 질병 중의 하나는 어떤 것을 잃어버릴 때까지 그것의 가치를 알지 못한다는 것입니다. 요즘 한국은 '황사현상' 때문에 골머리를 썩고 있습니다. 중국과 몽골의 사막에서 편서풍을 타고 불어온 모래 먼지가 고스란히 한국의 대지 위에 내려앉는 것입니다. 그런데 심각한 문제는 모래바람이 불어오는 도중에 중국의 수많은 공장에서 뿜어내는 유독 가스들과 오염 물질들을 함께 담아 온다는 사실입니다. 덕분에 한국은 각종 폐 질환과 피부병들이 기승을 부리고 있습니다. 옛날에는 '한국' 하면 제일 먼저 떠오르는 것이 '맑은 물과 푸른 하늘'이었습니다. 흐르는 도랑이나 냇가에서 물을 마셔도 전혀 문제가 되지 않았습니다. 언덕에서 팔베개를 하고 누워 하늘을 바라보면 새파란 하늘이 정신까지 맑고 깨끗하게 치료해 주었습니다. 그러나 지금은 뿌연 연기 속에 파묻힌 혼탁한 하늘밖에는 보이지 않습니다. 물도 너무 오염되고 더러워져서 물병water bottle의 물을 주로 사다가 먹는

다고 합니다. 자연환경이 다시는 회복되기 어려울 만큼 망가지자 비로소 사람들은 생각하게 되었습니다. '여태까지 너무도 당연하게 누려온 파란 하늘, 청량한 물 그리고 싱그러운 공기가 과분한 축복이었구나!'

1970년 후반에 한국의 신안 앞바다에서 옛날 고려청자와 도자기 유물들이 무더기로 발견되던 때가 있었습니다. 14세기에 고려에서 원나라로 가던 큰 유물선이 침몰했다고도 하고, 조선에서 일본으로 가던 배도 여러 번 침몰했다는 소문이 암암리에 전해져 내려오고 있었습니다. 그러다가 1975년 어느 여름날, 한 어부가 쳐 놓은 그물에 청자 꽃병을 비롯한 도자기 6점이 걸려 올라오면서 700여 년 동안 깊은 물속에서 긴 잠을 자고 있던 수많은 해저유물이 본격적으로 자신들의 존재를 드러낸 것입니다. 그러나 실제로는 그전에도 이미 수많은 도자기들이 그물에 걸려 나와 주변의 섬들로 옮겨졌다고 합니다. 한번은 어떤 강태공이 친구들과 함께 '증도'라는 섬에 와서 며칠 동안 낚시를 했다고 합니다. 그중에는 도자기 같은 옛날 골동품들을 감별하는 '감정사' 친구도 있었습니다. 그가 우연히 한밤중에 물을 마시려고 숙박하고 있던 집의 마당으로 나왔다가 개가 먹는 밥그릇을 유심히 보다가 깜짝 놀랐다고 합니다. 고려청자였던 것입니다. 가치로 치면 국보급의 문화재 수준입니다. 그런데 개 밥그릇 옆에 놓은 물그릇은 기가 막힐 만큼 아름다운 문향을 지닌 이조백자입니다. 조상의 얼이

서린 그 귀한 유물들에 견공님께서 매일 밥을 담아 드시고, 물을 담아 마셨던 것입니다.

아무리 귀한 것이라도 가치를 모르면 없는 것하고 똑같습니다. 그날부터 이 감정사는 하던 일을 접고, 증도와 인근 섬을 돌아다니며 도자기 유물들을 수거했다고 합니다. 집집마다 돌아다니며 1,000원짜리 한 장으로 온갖 희귀한 청자와 백자들을 다 사들였습니다. 무지한 마을 주민들은 "땡잡았다"라는 생각으로 눈에 띄는 모든 그릇이나 유기품들을 전부 그 사람에게 가져다주었습니다. 그것들이 가지고 있는 귀한 가치를 몰랐기 때문에 그런 황당한 행동을 한 것입니다. 적게는 수 억 원에서 많게는 부르는 것이 가격인 그 엄청난 보물들을 '천 원짜리 한 장'에 달랑 바꾼 것입니다. 나중에 땅을 치며 분노하고 억울해했지만, 이미 도자기는 마을에서 씨가 마르고 난 다음입니다.

미국의 정치학자인 '마이클 샌델Michael J. Sandel'이 지은 『돈으로 살 수 없는 것들』에 보면, 현대인은 모든 가치를 돈으로만 결정하지만, 실제로 세상에는 돈보다 더 소중한 것들이 많이 있다는 것입니다. '행복한 가정', '평화와 정의', '만족할 줄 아는 마음' 같은 것들은 결코 돈이나 물질로 대신할 수 없는 소중한 가치들입니다. 그런데 돈만 소중하게 여기는 이 세상에서는 이런 소중한 것들이 무가치하게 취급됩니다. 참으로 불행한 일입니다.

저는 항상 메모지를 가지고 다니는 습관이 있습니다. 매주 설교를 하는 사람이기도 하고, 글쓰기를 좋아하다 보니, 순간순간 아이디어가 떠오르거나 좋은 글 소재들이 생각나면 곧바로 메모를 해 둡니다. 그 찰나를 놓쳐버리고 나면 소중한 기억들이 깊은 망각의 바다 밑바닥에 가라앉아 언제 다시 떠오를지 기약이 없기 때문입니다. 한번은 주변에 종이가 없어서 주머니 속에 접혀 있던 '화장지'에 간단하게 몇 자 끄적거려 놓은 적이 있었습니다. 좋은 아이디어가 떠오른 것이 너무 기뻤습니다. 나중에 메모해 놓은 이 핵심어들을 연결해가며 모두가 공감할 수 있는 글을 쓸 생각을 하니 대단히 만족스러웠습니다. 그런데 며칠 후, 그 화장지를 찾으려고 주머니를 뒤져보니 도대체 어디에 있는지 알 수가 없었습니다. "아뿔싸!" 알고 보니, 나도 모르게 그 화장지로 코를 풀어 휴지통에 버린 것입니다. 그 소중한 글 자료가 "팽팽" 두 번 코 푸는 소리와 함께 날아가 버린 것입니다. 가치를 모르면 부주의하게 되고, 그러다 보면 그것이 무엇이 되었든 반드시 잃어버리게 되어 있습니다.

우리는 매년 부활주일을 맞이합니다. 교회를 다니다 보면 거의 기계적으로 아무런 생각 없이 이 절기를 보내게 됩니다. 칸타타를 하고, 아이들은 부활절 연극을 하기도 합니다. 그리고 어김없이 계란을 까먹습니다. 습관적인 행동 때문에 우리는 본의 아니게 그 의미와 가치를 놓쳐버리게 됩니다. 그러나 머지않아 이 날이 얼마나 소중하고 귀중한 절기였는지 깨닫는 날이 올 것입니다. 항상 늦기 전에 그 가치를 깨닫는 은총이 있어야 할 것입니다.

기도가 필요한 때입니다

'소리장도笑裏藏刀'라는 말이 있습니다. '웃음 속에 칼을 감추고 있다'는 뜻입니다. 겉으로는 웃으면서 상냥하기 그지없지만, 속에는 상대방을 해칠 마음으로 가득 차 있는 것을 일컫는 말입니다. 손자병법 삼십육계 중에서 열 번째 계략으로 알려진 전술이기도 합니다. 먼저 우호적인 태도로 적에게 접근해서 경계를 풀게 한 다음 주저 없이 단칼에 제거하는 방법입니다. 중국 당나라 시대에 막강한 권력을 휘둘렀던 측천무후則天武后 밑에 '이의부'라는 대신이 있었습니다. 그는 항상 웃는 얼굴로 다니는 사람이었습니다. 매사에 상냥하고 부드러워서 착한 사람처럼 보였습니다. 그러나 그를 아는 사람들은 그가 얼마나 음흉하고 악랄한 사람인지 혀를 내둘렀습니다. 그의 비열함 때문에 사람들은 그를 '이묘李猫'라고 불렀습니다. 언제나 부드럽게 사람에게 다가가지만, 날카로운 발톱을 감추고 있는 고양이에 비유한 것입니다.

어느 날, 이의부는 사형수들이 수감된 감옥을 순시하다가 '순우

淳于'라는 절세미인을 보게 되었습니다. 한눈에 매료된 그는 감옥의 옥리를 돈으로 매수해 그녀를 자기 방으로 보내게 하고 욕심을 채운 후 자신의 첩으로 삼았습니다. 이 사실을 나중에 알게 된 왕의방王義方이라는 관료가 왕에게 상소를 올려 이의부를 탄핵했습니다. 그러자 이의부는 부드럽고 온화한 얼굴로 왕에게 변론을 해서 그 옥리에게 모든 죄를 뒤집어씌웠습니다. 결국 억울한 옥리는 자살을 선택했고, 이의부를 왕께 상소한 왕의방은 멀리 변방으로 좌천되고 말았습니다. 사람들은 이 사건 후에 이의부를 두려워하며 "그의 웃음 속에는 칼이 숨어 있다笑裏藏刀"라는 말을 하게 되었습니다.

대한민국의 대통령 '문재인'과 북조선 인민공화국의 국방위원장 '김정은'이 판문점에서 역사적인 만남을 가졌습니다. 온 세계가 두 사람의 만남을 초미의 관심을 가지고 지켜보았습니다. 두 정상이 군사 분계 선상에 놓인 높이 5cm 그리고 폭이 50cm인 돌 가름막을 넘는데 65년이라는 긴 시간이 걸렸습니다. 먼저 김정은이 그 돌 가름막을 넘어와 문재인 대통령의 손을 잡고 활짝 웃으면서 악수를 했습니다. 이어서 문재인 대통령에게도 "북쪽 땅을 한번 밟아 보시라"고 권한 후에 문재인 대통령도 다시 돌 가름막을 밟고 북쪽 땅을 밟은 후에 다시 한번 환한 표정으로 서로를 끌어안고 포옹을 하며 활짝 웃었습니다. 마치 헤어졌던 삼촌과 조카가 반갑게 해후하는 장면 같았습니다. 그 모습을 지켜보던 국민들의 마음이 울컥했습니다. 너무도 감동적인 장면에 이미 통일이 된 것 같은 착각을 느꼈습니다. 잠깐이지만 너무도 행복하고 달콤했습니다.

활짝 웃는 두 사람의 얼굴에서 적대감이란 찾아볼 수가 없습니다. 우려했던 것과는 달리 두 사람이 너무도 따뜻했고, 한마디 말을 할 때도 서로를 배려하고 챙겨주는 마음이 듬뿍 담겨 있었습니다. 문 대통령이 "이제 두 발 뻗고 편하게 잠을 잘 수 있게 되었습니다" 하고 말을 건네자, 김정은 국방위원장이 "앞으로는 새벽에 깨시지 않도록 조심하겠습니다"라는 말로 답례를 했습니다. 너무도 감동적이었습니다. 그런데 그 두 사람의 활짝 웃는 얼굴을 보면서 갑자기 '소리장도笑裏藏刀'라는 고사성어가 생각났습니다. 얼굴은 활짝 웃고 있지만, 속내는 복잡 미묘한 생각으로 가득 찼을 것입니다. 각자가 당면한 위기를 극복하기 위해서 함박웃음을 지으며 만나기는 했지만, 서로가 원하는 바를 정확하게 얻기 위해서 가슴 깊이 매서운 칼을 숨기고 있는 모습이 역력했습니다.

앞으로 남한과 북한이 합의한 것들을 현실로 풀어내는 것도 큰 문제이지만, 곧 있게 될 북미회담도 결코 만만한 일이 아닙니다. 게다가 첨예한 관심을 가지고 매의 눈으로 이들의 만남을 지켜보는 일본, 중국, 러시아와의 외교 관계도 결코 호락호락하게 풀릴 수 있는 일이 아닙니다. 그리고 남한과 북한의 두 진영 안에서 앞으로 변하게 될 정치 역학관계도 결코 낙관할 만한 일이 아닙니다. 그래서 두 정상의 만남은 부드럽고 온화했지만 그들의 얼굴에서 순간순간 비치는 날카로운 칼날 같은 긴장감은 좀처럼 숨겨질 수가 없었습니다. 이 회담을 지켜보는 사람들의 시각이 엇갈리는 것이 사실입니다. 부질없는 짓이라고 미리 마음의 빗장을 닫아버린 사람들도 있고, 이번에는 분명히 다를 것이라고 희망의 줄을 움켜쥐는 사람들도 있습니다. 그러나 그럼에도 불구하고 분명한 것은 지금 이 순간이 어느 때보다 '간절한 기도'가 필요한 때라는 점입니다.

구약성경의 에스겔서를 보면, 남과 북으로 나누어진 분단 왕국 이스라엘을 위해서 눈물로 기도하는 선지자 에스겔이 환상 가운데 하나님의 뜻을 받는 기록이 나옵니다. 하나님께서는 에스겔에게 막대기 두 개를 취해서 하나에는 북 이스라엘 왕국을 뜻하는 '에브라임'이라고 쓰게 하시고, 다른 막대기에는 남 왕국 '유다'를 적게 하셨습니다. 그런 후에 두 막대기를 한 손으로 쥐게 하셨습니다. 하나님은 에스겔에게 "두 막대기가 네 손에서 하나가 되리라"고 말씀하셨습니다. 이 말씀은 단순한 예언이 아니라, 선지자 에스겔에게 주시는 하나님의 명령이기도 했습니다. "나누어진 두 민족이 하나가 되도록 하라"는 하나님이 주시는 사명인 것입니다. 그리고 이 말씀은 어쩌면 불행한 한반도의 자손으로 태어난 우리들에게도 주시는 동일한 하나님의 명령이기도 합니다. 우리의 기도하는 두 손을 통해서 분단 조국의 아픔이 치유를 받고 회복되는 은혜가 있기를 간절히 소망합니다. 하나님이 역사의 주인이심을 믿는다면 우리는 값싼 평가나 비아냥으로 지금 일어나고 있는 일들을 평가할 것이 아니라, 사랑하는 조국의 미래를 위해서 간절한 마음으로 기도해야 할 것입니다. 진정으로 기도가 필요한 때입니다.

눈을 두 번 감았다 뜨세요

마음속이 진흙탕일 때가 있습니다. 온갖 잡념과 고민으로 마음 전체가 뿌연 흙탕물 속입니다. 너무 흐릿해서 앞이 잘 보이지 않습니다. 감정이 잘 조절되지 않습니다. 평소에는 좀처럼 하지 않던 짓을 하게 됩니다. 불안해서 그렇습니다. 말도 많아집니다. 옹졸한 말과 태도로 변명하기에 급급합니다. 이때 하는 말이나 행동은 대부분 다 손해를 보게 됩니다. 실수의 연속입니다. 시간이 지나서 되돌아보면 '그냥 가만히 있을 것을 괜한 짓을 했다'는 자책감을 갖게 됩니다. 쥐구멍 속으로 숨고 싶은 것이 아니라, 아주 그 속에서 다시는 나오고 싶지 않은 유혹을 받게 됩니다. 말할 수 없이 얇아지고 가벼워진 존재감 때문에 괴로워하고 시달리다가 정신 차려 보니 벌써 오십 중반이 되었습니다. 자칫 이 모양으로 은퇴까지 가는 것은 아닌지 두려운 마음을 갖게 됩니다. '언제 목사다운 목사가 될까!' 씁쓸한 입맛을 다시며 허공을 바라볼 때가 많이 있습니다.

언제나 부족하고 모자란 자신과의 싸움 속에서 터득하게 된 싸움의 기술이 하나 있습니다. 그것은 마음이 복잡할 때 '아무것도 하지 않고 가만히 있는 것'입니다. 요란하게 소용돌이치던 감정의 부유물과 앙금들이 가라앉을 때까지 차분하게 기다립니다. 어렴풋이나마 다시 앞이 보일 때까지 기다립니다. 내딛어야 할 발길이 보이지 않는데 함부로 걸음을 옮기게 되면 너무도 많은 것을 잃게 됩니다. 크게 손해를 볼 것 같고, 망할 것 같아도 조금만 참고 기다려 보면 생각보다 많은 것을 잃지 않습니다. 다시 볼 수 있게 되는 시간이 그다지 길지 않습니다. 눈을 크고 길게 두 번만 감았다 뜨면 됩니다. 심호흡을 곁들이면 효과가 배가됩니다. 사람의 가치는 마음이 맑은 물일 때 결정되는 것이 아니라, 흙탕물일 때 판가름 납니다. 위기의 순간에 '어떻게 말하고 행동하느냐'에 따라서 그 사람의 됨됨이가 드러나는 것입니다.

평상시에는 대부분의 사람들이 다 잘합니다. 잘 보이고 여유가 있기 때문입니다. 그러나 살다 보면 앞이 보이지 않는 순간들이 생각보다 많이 찾아옵니다. 그때 움직이고 대처하는 모습이 바로 그 사람의 본 모습입니다. 흐르는 맑은 물속에서는 아무리 휘저어도 흙탕물이 일어나지 않습니다. 그러나 하수도가 막혀서 물들이 역류할 때는 뿌연 부유물들이 얼키설키 뒤섞여 소용돌이칩니다. 내 안에 숨어 있던 깜짝 놀랄 만한 더러운 성품들이 쓰레기와 함께 수면 위로 올라옵니다. 이럴 때는 무조건 하던 일을 멈추어야 합니다. 우선 마음의 하수구를 가로막고 있는 침전물 덩어리들을 제거해야 합니다. 탐심, 음욕, 수치심, 시기심, 미움, 불안, 분노의 앙금들을 일으킨 원인을 찾아 건져내고, 차분하게 마음의 부유물들이 가라앉을 때까지 기다려야 합니다. 어설픈 사리 분별이나 감정표현은 자제해야 합니다. 그렇지 않으면 많은 것을 잃게 됩니다.

한국 슈퍼마켓에 가면 주류 코너의 한쪽에 '막걸리'가 진열되어 있습니다. 막걸리는 걸쭉하고 흐릿한 한국의 대표적인 서민주庶民酒입니다. 초등학교 시절 '호기심 반, 기대감 반'으로 생애 처음으로 마셨던 술이 막걸리입니다. 어머니의 심부름으로 가끔 동네 양조장에 주전자를 들고 막걸리를 받으러 갔던 적이 있었습니다. "우리 엄마가 많이 주시래요." 한마디 하고 막걸리만큼이나 걸쭉하게 생긴 주인아저씨의 처분을 기다리고 서 있습니다. 무뚝뚝한 아저씨가 바가지를 막걸리 드럼통에 넣고 휘휘 저어서 한 바가지 크게 떠서 제 주전자에 담아 줍니다. 어렸을 때는 왜 그리도 궁금한 것이 많았는지! 집으로 돌아오면서 손에 들린 주전자로 자꾸 눈길이 갑니다. 신기가 내리려는지 유혹하는 주전자의 소리를 듣게 됩니다. 얼굴에 흐르는 땀을 짜증스럽게 닦다가 결국 용기를 내서 판도라의 주전자에 주둥이를 가져다 댑니다. 티가 나지 않을 만큼만 감쪽같이 몇 모금 마십니다. '원죄의 교리'를 몸으로 직접 배웁니다. 태어나서 처음으로 현기증이라는 말의 의미를 알게 됩니다. 어머니는 다소 풀린 눈으로 돌아온 어린 탕자로부터 아무 생각 없이 주전자를 받아 누룩을 빚어 빵을 만드십니다. 거룩한 나실인으로 태어난 아들이 간악한 '음주의 세계'에 첫발을 내디뎠다는 사실을 전혀 눈치 채지 못합니다.

그 기억 때문인지 가끔 한인 슈퍼마켓에서 만나는 막걸리는 묘한 향수를 자극합니다. 그 이름도 많이 진화해서 '탁주'라는 이름으로 품위 있게 출시되어 가판대 위에 좌정하고 있습니다. 그런데 진열대에 비치된 막걸리는 놀랍게도 소주만큼이나 맑고 깨끗한 자태를 뽐내고 있습니다. 깜짝 놀라서 "이분들이 원래 이런 모습이 아니신데!" 감탄사를 연발하며 막걸리병을 하나 받쳐 듭니다. 신비로울 만큼 영롱합니다. 그런데 병의 밑바닥을 보니 고밀도의 앙금들이 가득 내려앉아 있습니다. "그러면 그렇지!" 호기심을 갖고 세차게 흔들어봅니다. 예상했던 대로 수북이 쌓여 있던 침전물들이 순식간에 병 안에서 흩어지면서 다시 혼탁한 막걸리 본연의 모습으로 돌아갑니다. 가만히 내버려 두었을 때는 몰랐는데 흔들어보니 역시 막걸리는 막걸리입니다.

이민살이를 하다 보면, 막걸리처럼 마음이 흐릿하고 혼란스러울 때가 많이 있습니다. 각종 생각의 오물들은 우리의 마음을 어지럽게 만듭니다. 힘들고 짜증스럽다고 해서 막걸리를 들이마시면 막걸리만큼이나 마음이 혼탁해집니다. 힘든 인생살이 속에서 복병처럼 자주 출몰하는 시련들을 맞아 분노하거나 좌절해서 마음 가는 대로 마구 말하고 행동하면 삶이 더욱더 꼬여갑니다. 위기 속에서 발생하는 거짓된 감정에 속지 말고 그 감정까지도 다시 가라앉을 때까지 기다리는 연습을 해야 합니다. 결코 쉬운 일이 아닙니다. 그래서 더욱 연습이 필요합니다. 감정대로 표현하기보다는 먼저 눈을 천천히 눌러 감는 노력을 해야 합니다. "나의 힘든 형편을 잘 아시는 주님, 이 어려움이 속히 지나갈 수 있도록 나를 도와주십시오!" 이 기도문을 두 번 반복하면서 의식적으로 눈을 감아야 합니다. 금방 맑고 깨끗한 마음을 회복하게 될 것입니다. 참으로 신기한 마술입니다.

야호!

중앙아시아의 카자흐스탄으로 단기선교를 하러갔을 때의 일입니다. 일정을 마치고 돌아오기 전에 선교사님의 배려로 '침블락 스키 리조트Shymbulak Ski Resort' 정상에 올라갈 기회가 있었습니다. 정말 기가 막히게 아름다운 곳입니다. 어떻게 이렇게 높은 곳에 이런 멋진 스키장을 만들 생각을 했는지 사람의 도전 정신이 참으로 대단하게 느껴졌습니다. 우리 선교팀 일행들만 놀라는 것이 아니라 세계 각국에서 모여든 수많은 관광객들이 자기들의 눈앞에 펼쳐진 장관의 모습을 보면서 황홀경에 빠져 있었습니다. 그런데 신기하게도 숨쉬기도 쉽지 않은 높은 산에 올라왔는데, 아무도 "야호"를 외치며 정상에 오른 기쁨을 만끽하는 사람이 없었습니다. 왜냐하면, 모두가 '케이블카'를 타고 정상에 올라왔기 때문입니다. 그때 알았습니다. 쉽게 오른 산은 감동이 없다는 것을! 땀을 흘리고 서로가 서로를 끌어주면서 심장이 터질 것 같은 고통 속에서 힘들게 오른 산에서만 감동의 "야호"를 목이 터져라 외칠 수 있는 것입니다.

한국에서 대학을 다니던 시절, 친구들과 함께 북한산 백운봉 정상에 오른 적이 여러 번 있었습니다. 어떤 때는 짜증스럽고 힘든 산행이었지만, 함께 올라가는 길동무들이 모두 혈기왕성한 처녀, 총각 청년들이었기 때문에 서로 손을 잡아끌고 당기면서 이야기하는 재미가 쏠쏠해서 산꼭대기까지 올라가는 것을 즐겼던 것 같습니다. 등산에는 관심이 없고, 친구들에게만 마음이 있었던 것입니다. 산중턱까지는 그런대로 노닥거리면서 올라갔는데, 정상 근처에 가게 되면 온몸이 땀으로 뒤범벅이 되고, 너 나 할 것 없이 모두가 파김치가 되어 탈진해버렸습니다. 곧 쓰러질 것처럼 지쳤지만, 누가 먼저랄 것이 없이 정상에 오르면 여기저기서 "야호" 하는 외침이 울려 퍼졌습니다. 여태까지의 고통을 보상받으려는 듯 목이 터져라 "야호"를 외쳤습니다. 케이블카를 타고 쉽게 오른 태산에서는 감동이 느껴지지 않았지만, 죽을 고생을 하며 오른 작은 산에서는 시키지 않아도 저절로 감격의 목소리가 터져 나왔습니다. 목적을 이루는 것이 중요한 것이 아니라, "어떻게 이루느냐?" 하는 방법이 더 중요하다는 것을 산행을 통해서 알게 되었습니다.

독일의 시성詩聖이라 불리는 괴테는 "눈물과 함께 빵을 먹어보지 않은 사람은 인생을 알지 못한다"라는 말을 했습니다. 청년 시절에는 이 말의 의미를 알지 못했습니다. "빵을 먹으면서 왜 울

눈을 두 번 감았다 뜨세요

지? 빵이 맛이 없어서 그러나? 혹시, 목이 메서 그럴지도 모른다"
하고 생각을 했습니다. 다 때려치우고 싶지만, 가족들 때문에 분
한 감정을 삭이며 애꿎은 목구멍 속으로 꾸역꾸역 빵을 밀어 넣
으며 흘리는 눈물을 의미하는 것인지도 모릅니다. 자신의 처량한
신세가 서럽지만, 당장 미래의 대책이 없어서 성질대로 못하고
자존심을 꺾으며 흘리는 눈물일 수도 있습니다. 어쩌면 음식물을
입으로 넘길 수 없을 만큼 중병에 시달리다가 간신히 회복되어
다시 음식을 입에 넣고 흘리는 감동의 눈물일지도 모릅니다. 먹
을 것이 없어 정든 조국과 고향을 떠날 수밖에 없었던 시리아 난
민들, 베트남 난민들 그리고 이란의 난민들이 흘리는 눈물일지도
모릅니다. 물설고, 낯선 남의 나라에 와서 한 번도 해본 적 없는
허드렛일을 하고 첫 급료로 첫 음식을 사 먹으면서 흘리는 이민
자들의 눈물일 수도 있습니다. 아니면, 사형 집행을 바로 눈앞
에 두고 마지막 식사Last Meal를 하는 사형수의 눈물일지도 모릅
니다. 어떤 모양으로든 고생스러운 세상에서 눈물과 함께 식사
를 해본 적이 없는 사람은 참으로 인생이 가볍다는 것을 이르는
말입니다.

　적지 않은 시간 동안 이민교회를 섬기면서 이민자들의 애환을
배우게 되었습니다. 아니 정확하게 말하면 저도 이민자가 된 것
입니다. 타인의 낯선 땅에 살면서 함께 말을 나누고 삶을 나누는
같은 민족의 사람들이 늘 새롭고 반갑기만 합니다. 비록 남의 교

회 건물을 빌려 쓰지만, 같은 말로 예배를 드릴 수 있다는 것이 감격스럽습니다. 한국 음식들은 자극적이라 그런지 냄새도 강렬합니다. 김치 같은 대표적인 한국 음식을 먹을 때면, 건물 주인 되는 사람들의 눈치를 볼 수밖에 없습니다. 우리의 취각에는 치즈 같은 음식이 똥냄새 나는 희한한 음식들인데, 그들의 눈에는 우리의 김치가 썩은 악취를 풍기는 몹쓸 음식으로 느껴지는가 봅니다. 안타깝게도 한국의 대표적인 음식들은 모두 한 냄새 합니다. 청국장, 게장, 삭힌 홍어, 젓갈, 마늘장아찌 그리고 각종 생선 지짐 등등 코끝을 자극하는 음식들의 천국입니다. 그런 것을 먹어서 그런지 한국 사람들은 강합니다. 한 성질 하는 사람들만 모여 있습니다. 덕분에 다른 사람들과 사는 것이 쉽지 않습니다. 남의 눈치를 보며 몇 년을 모으고 절약해서 간신히 트레일러 컨테이너를 구입해서 예배당으로 사용합니다. 그곳에 모여서 감격의 예배를 드리고 눈물과 함께 마음껏 강렬한 한국 음식을 먹습니다. 비록 사과 상자 같은 작은 '헛간 교회'일지라도 초창기 한인 이민 교인들에게는 이 세상의 무엇과도 바꿀 수 없는 '사랑방 교회'였습니다.

그 고난의 산을 올라온 한인교회들은 그래서 강합니다. 비록 쌈박질을 잘하는 경향이 있지만, 그래도 좋은 점이 더 많습니다. 부정적인 것만 보지 않는다면, 한인 이민자들만큼 훌륭한 민족도 없을 것입니다. 같은 산이라도 쉽게 오른 산과 피땀 흘려 오른 산은 근본적으로 다른 산입니다. 케이블카를 타고 오른 높은 산에는 감격의 "야호"가 없지만, 생땀을 흘리며 오른 뒷산에서는 언제나 목이 터져라 외치는 "야호"가 있습니다. 산의 높이가 야호의 기준이 되는 것이 아니라, 흘리는 땀의 깊이가 야호의 감동을 결정합니다. 우리 앞에 있는 고생과 눈물을 두려워하지 맙시다. 그것들이 힘들면 힘들수록 우리의 정상은 더 화려하고 감동으로 넘쳐날 것입니다. 고난이 깊을수록 감동의 "야호" 소리도 커질 것입니다. 힘들 때마다 아직 정상은 아니지만, 곧 도래하게 될 정상을 생각하면서 미리 크게 소리쳐 보시기 바랍니다. "야호!"

주님, 개처럼 살겠습니다!

개는 충성스러운 동물입니다. "사람 못된 것은 개만도 못하다"라는 속담이 있는데, 100퍼센트 잘못된 속담입니다. "사람은 아무리 잘났어도 개만도 못합니다." 개는 충성심에 있어서는 이미 순교자와 성인들의 반열에 올라 있는 존재들입니다. 개는 언제나 마음이 변함없습니다. 주인이 밥도 안 주고, 밤새 잠자리가 불편했어도 아침에 주인을 보면 극도로 반가워합니다. 쉴 새 없이 꽁지를 흔들고, 오줌을 싸고, 이리저리 맴돌면서 반갑게 짖어 댑니다. 예전에 시골에서 목회를 할 때, 교회 권사님의 개가 죽어 간다고 해서 급하게 심방을 간 적이 있었습니다. 개는 이미 의식을 놓았고 간신히 숨만 깔딱깔딱 붙잡고 있었습니다. 그런데 아직 청력은 살아 있었나 봅니다. 주인이 개의 이름을 부르자 축 처져 있던 꽁지가 파르르 떨리더니 이내 동작을 멈추었습니다. 자기 딴에는 꼬리를 흔드는 모양인데 몸이 따르지 않았던 것입니다. 몇 번을 반복하는 개의 충성 어린 몸짓을 보면서 너무도 안타까워 목 놓아 엉엉 울었던 기억이 납니다. 마지막 숨줄을 놓는 순간까지 충성하는 개를 보면서 충성이 무엇인지를 배웠습니다.

저도 미국에 처음 와서 개를 길렀던 경험이 있습니다. 예쁜 애완견이 아니라, 얼큰하게 생긴 누렁이였습니다. 한국에서 태어났다면 분명히 복날을 넘기지 못하고 생을 마감하셨을 얼굴입니다. 뛰어난 외모나 지적인 능력을 갖추지는 못했지만, 성격 하나만큼은 타의 추종을 불허할 만큼 좋았습니다. 너무 바빠서 그랬을까요? 그놈과 잘 놀아 주지도 못하고 뒷마당에 거의 방치하다시피 했는데도 그놈은 무심한 주인이 좋기만 한가 봅니다. 한번은 본의 아니게 멀리 여행을 갔다가 며칠 뒤에 돌아왔는데 저를 보고 미친 듯이 좋아합니다. 밥그릇 안에 사료도 그대로인 것을 봐서는 식사도 거르신 것 같았습니다. 배가 많이 고팠을 텐데도 저를 핥고 비비고 난리가 났습니다. 맑은 눈망울을 단 한 번도 쉬지 않고 제 시선에 고정합니다. 제가 손을 내밀어 꺼안아 주고 다독여 주자 낑낑대며 좋아서 어쩔 줄을 모릅니다. 도대체 이놈의 충성심은 어디에서 나오는 것일까요? 저는 개를 키우면서 개가 토라져서 삐져있거나 멀리서 중얼거리며 불평하는 모습을 단 한 번도 본 적이 없습니다. 그냥 저만 보면 좋답니다.

도시로 목회지를 옮기면서 그놈을 다른 사람에게 주고 왔는데, 항상 죄책감을 가지고 지내왔습니다. 그렇다고 목사가 새로운 임지에 개를 끌고 다닐 수도 없고, 최선의 방법이라고 택한 것인데 마음이 항상 편치 않았습니다. 어떤 때는 일이 잘 풀리지 않을 때마다 그놈을 버리고 와서 벌을 받는 것이 아닌가 하는 바보 같은 생각을 할 때가 많이 있었습니다. 덕분에 우리 부부는 두 번 다시 개를 기르지 않기로 다짐을 했습니다. 정 떼기가 얼마나 어려운지 그 개를 통해서 배웠기 때문입니다. 가끔 다른 개를 볼 때마다 저절로 그놈에 대한 그리움이 솟구칩니다. 제가 제일 싫어하는 욕 중의 하나는 '개의 자제분'이라는 욕입니다. 세 글자로 달리 표현할 때가 많이 있습니다만, 개의 새끼분들은 정말 귀엽고 앙증맞은 존재들입니다. 절대로 나쁜 인간들과 비교될 수 있는 대상이 아닙니다. 적어도 신의나 의리에 있어서만큼은 개가 사람의 스승입니다. 사람들은 불평과 불만을 입에 달고 삽니다. 배반을 식은 죽 먹듯 하고 도무지 만족이나 감사라고는 할 줄 모르는 존재입니다. 자유 아니면 죽음을 달라고 외치다가도 정작 자유가 주어지면, 힘들어 죽겠다고 난리를 치는 것이 사람입니다. 이렇게 살 바에는 차라리 죽는 것이 좋겠다고 항변합니다. 출애굽기에 나오는 이스라엘 백성들의 전형적인 모습이기도 하지만, 오늘을 살아가는 우리들의 모습이기도 합니다. 항상 변함없는 모습으로 주인을 반기는 개들을 보면서 다짐해 봅니다.

"주님, 저도 개처럼 당신을 사랑하겠습니다."

꼭 사람이어야 합니다

이제는 사람이 하던 일을 기계가 대체하고 있습니다. 버스
나 기차에서 검표하던 사람들은 이미 기계로 대체된 지 오래되었
고, 물건을 사고파는 것도 점차 자동판매기Vending Machines로 바뀌
어 가고 있습니다. 냉난방 장치, 의료 장비들 그리고 정밀 전자 제
품들도 최첨단 기술의 도입으로 컴퓨터화되어 가고 있습니다. 이
제 머지않아 자동차도 자동 주행 장치에 목적지만 입력하면 차가
알아서 안전하게 데려다주는 날이 곧 도래할 것입니다. 시간이
지날수록 많은 부문의 일들이 더 이상 사람이 필요 없는 기계들
만의 세상으로 바뀌게 될 것입니다. 요리사, 미용사, 의사, 간호사,
변호사, 전기공학자, 부동산 중개인, 스포츠 심판, 은행원, 관광 안
내인 등등의 직업들이 앞으로 20년 안에 없어질 것이라고 합니
다. 기계들의 작동을 관리하고 도와줄 수 있는 몇몇 사람들을 제
외하고는 모든 직종의 일들이 거의 다 사라질 것이라고 합니다.
이러다가 정말 옛날 공상 과학 만화에서 다루었던 황당한 이야기

들이 실제로 일어나는 것은 아닌지 걱정이 될 때가 있습니다.

또한 본격적으로 실용화되기 시작한 로봇이 사람들이 하던 일들을 다 빼앗는 날이 곧 올 것이라고 걱정하기도 합니다. 가스 배관 공사나 핵 안전시설 점검과 같은 위험한 일들을 로봇이 대신 수행할 것이라고 합니다. 심지어는 미래의 사회에서는 결혼도 로봇과 하고, 사랑도 로봇과 나누는 날이 곧 올 것이라고 합니다. 사람들끼리 결혼을 하는 경우는 5분의 1로 줄어들 것입니다. 어쩌면 그때에는 사람의 생명이나 로봇의 생명이 동등하게 취급될지도 모릅니다. 이미 시작된 첨단 기계 과학 문명은 어쩌면 그 누구도 멈출 수 없을 것입니다. 몇 년 전까지만 해도 상상할 수 없었던 일들이 이제는 버젓이 눈앞에서 현실로 일어나고 있습니다. 길을 가는 대부분 사람들의 손에는 스마트폰이 쥐어져 있습니다. 거의 한 사람도 예외가 없습니다. 운전을 하는 사람들도 스마트폰에서 눈을 떼지 못합니다. 이제 두 살도 채 안 된 아이들이 몇 시간 동안 멍하니 태블릿을 바라봅니다. 이제는 가족도 친구도 필요 없는 '절대 고독의 시대'가 시작된 것입니다.

사역을 같이하는 동료 목사님들이나 젊은 전도사님들에게 심방의 중요성을 강조할 때가 많이 있습니다. 성도들이나 학생들이 교회에 오지 않으면 그냥 넘어가지 말고 반드시 전화를 하거나 찾아가라고 말합니다. 그러나 아무리 말을 해도, 이메일이나 카톡으로 몇 자 적어 보내면, 그것으로 이미 충분한 대화가 되었다고 생각을 합니다. 요즘 젊은 사람들은 일일이 찾아가거나 전화를 하면 귀찮아하고 짜증을 내서 오히려 역효과가 일어난다고 말합니다. 불편하면 교회도 떠날 수 있기 때문에 더 다가갈 수 없다고 시대를 탓하기도 합니다. 생각 같아서는 따끔하게 혼내주고 싶지만, 이해할 수 있는 사람이 아니기에 욱하는 성질을 속으로 삭이고 넘어갈 때가 많이 있습니다. 사람은 서로 만나서 대화를 나누고 삶을 나눌 때만 일체감을 느낄 수 있고 변화를 경험할 수 있습니다. 얼굴을 맞대고 대화를 섞는 것은 그 자체로 이미 충분한 의미가 있습니다. 사람은 감성적이기 때문에 아무리 세상이 바뀌어도 사람만이 할 수 있는 일이 따로 있습니다.

세상이 급속도로 기계화되고, 전문화되어도 절대로 마음대로 할 수 없는 것이 있는데 그것은 '사람의 마음'입니다. 아무리 세상이 바뀌어도 마음을 나누는 것은 오직 사람만이 할 수 있습니다. 저는 지금도 교회를 생각하면, 제일 먼저 떠오르는 얼굴이 주일학교 선생님입니다. 말썽꾸러기였던 나의 손을 붙잡고 눈물을 흘리며 체념의 기도를 드리시던 가엾은 누나 선생님의 짠한 마음이 저를 훗날 목사로 만들었습니다. 군대에 입대하던 날, 저를 꼭 껴안아 주시며 조용히 내 귀에 속삭여 주시던 아버지의 물기 어린 음성이 날마다 새롭습니다. "미안하다 좀 더 잘해주지 못해서!" 갑작스럽게 암에 걸려 생을 마감해야 했던 사랑하는 친구의 앙상한 미소가 늘 뇌리를 스칩니다. "하늘나라에 먼저 가서 자리 잡고 있을 테니 너는 천천히 와라! 시간되면 우리 마누라도 잘 도와줘라!" 잘못하면 눈물샘이 터질까 봐, 한마디도 못 하고 조용히 그 친구의 손목을 잡았는데, 손끝을 타고 그동안 나누었던 우정이 모세 혈관까지 파고듭니다. 참았던 폭풍 눈물이 자동으로 터지면서 눈물의 도가니탕을 함께 끓여 먹고 말았습니다. 삭막한 기계 세상에서는 도저히 흉내도 낼 수 없는 엄청난 일들입니다.

사람이어야만 되는 일들입니다. 서로의 마음을 위로하고, 이해해주고, 용기를 북돋아 주는 일들은 오직 사람만이 할 수 있는 일입니다.

시골 읍내에 아주 잘 되는 병원이 하나 있었습니다. 특별한 실력이 있는 것도 아닌데 연세 드신 노인들이나 아기 엄마들은 이상하게 이 병원의 의사 선생님을 선호했습니다. 할머니 환자 한 분이 청진기를 끼고 진료를 보시는 의사 선생님께 말했습니다. "선생님, 배가 새콤새콤하고 꼬솜꼬솜하다가 꾸룩꾸룩합니다. 힘들어 죽겠습니다." 그러자 의사 선생님이 말했습니다. "예, 할머니, 위가 새콤새콤하고 꼬솜꼬솜하다가 꾸룩꾸룩하다는 말씀이지요? 힘드시겠네요!" 그러자 할머니가 감동하면서 말합니다. "예, 선생님, 참 용하십니다." 그 병원이 왜 잘 되는지를 보여주는 이야기입니다. MRI나 CT 스캔 그리고 복부 초음파 같은 최첨단 의료 장비들이 절대로 흉내 낼 수 없는 공감의 기능입니다. 오직 사람만이 할 수 있는 일입니다. 아무리 세상이 바뀌어도 오직 사람만이 할 수 있는 일들이 있습니다. 그 영원한 가치를 잃지 않았으면 좋겠습니다.

청바지 개구리에게서 배운다

코스타리카Costa Rica는 습도가 높은 열대 우림 지역입니다. 한국의 절반밖에 되지 않는 작은 영토이지만 덥고 습기가 많은 환경 덕분에 많고 다양한 생명체들이 서식하는 곳입니다. 특별히 개구리 같은 양서류들이 살기에 아주 좋은 곳입니다. 코스타리카는 비행기를 타고 하늘에서 보면 녹색으로 우거진 밀림 같습니다. 그래서 이곳에서 만나는 작은 곤충들이나 양서류들은 거의 대부분이 녹색으로 자신의 몸을 위장하고 있습니다. 녹색 환경에서 살아남기 위해 끊임없는 진화의 과정을 통해 자신의 몸 색깔을 바꾼 것입니다. 뱀이나 맹금류 같은 천적의 습격으로부터 살아남기 위해서는 주변 환경에 철저히 동화되어야 했던 것입니다.

코스타리카에서 발견되는 개구리들은 대부분 녹색입니다. 비가 많이 오기 때문에 천적이 많은 물속이나 호수에 살지 않고 높은 나무 위에 사는 개구리들이 많이 있습니다. 굳이 위험천만하게 물가에 살지 않고도 나뭇잎에 고여 있는 수분만으로 충분히 생존할 수 있기 때문입니다. 나무 위에서 살다 보니 모양이 많이 바뀌었습니다. 물속에서 헤엄을 빨리 치기 위해 필요했던 물갈퀴가 필요 없고, 멀리 뛰기 위해 있어야 했던 긴 뒷다리도 더 이상 소용이 없게 되었습니다. 그냥 잔 나뭇가지를 붙잡고 움직일 수 있도록 잘 진화된 손가락과 발가락이면 충분합니다. 생김새가 많이 변해서 개구리들의 모습이 마치 녹색 풍뎅이 같습니다.

모두가 주변 환경에 맞추어 자신을 위장하며 살아가는데, 유독 눈에 튀는 개구리가 한 마리 있습니다. 새빨간 색깔의 상반신에 파란 하반신을 가진 개구리입니다. 어디서든지 단번에 눈에 띄는 화려한 색상입니다. 남들은 주변 환경에 맞춰서 자기를 숨기려고 노력하는데, 이 개구리는 빨간 티셔츠에 파란 청바지를 입은 모양새입니다. 영원한 반항아의 이미지를 가진 청춘스타 '제임스 딘 James Dean'을 생각나게 합니다. 이 개구리의 이름도 제임스 딘이 잘 입던 청바지 이름을 본떠 '블루진 개구리Blue-Jeans Frog'입니다. '청바지를 입은 개구리'라는 뜻입니다. 언뜻 보면, 간땡이가 배 밖으로 튀어나온 놈처럼 겁이 없습니다.

이 개구리는 다른 개구리에 비해 형편없이 크기가 작습니다. 다리도 짧아서 걷는 것이 부자연스럽습니다. 이 나뭇가지에서 저 나뭇가지로 힘껏 도약을 하는데 이동 거리가 톡톡 뛰는 정도입니다. 땅으로 내려왔을 때도 어기적거리며 느릿느릿 걸어 다닙니다. 바로 눈앞에 무서운 큰 뱀이 똬리를 틀고 노려보고 있는데도 천천히 움직입니다. 자기를 보호할 수 있는 특별한 무기가 있어 보이지도 않는데 도대체 무슨 배짱일까요? 아니나 다를까 염려했던 일이 실제로 일어납니다. 뱀이 이 정신 나간 개구리를 잡아 먹으려고 뒤에서 덮친 것입니다. 뱀의 날카로운 이빨에 물린 개구리가 힘 한번 써보지 못하고 배를 뒤집은 채 삶을 마감합니다. 정말 '멍청한 놈'이라는 말이 저절로 나옵니다.

그런데 잠시 후 신기한 일이 벌어집니다. 뱀이 입안에 있던 개구리를 삼키지 못하고 다시 뱉어냅니다. 오만상을 찌푸리며 온몸을 뒤틉니다. 고통스러워하는 모습이 역력합니다. 블루진 개구리의 등에서 분비된 맹독이 뱀의 입을 순식간에 마비시켜 버린 것입니다. 뱀은 오랜 시간을 온몸이 마비된 채 고통 받다가 간신히 그 자리를 벗어납니다. 그리고 다시는 블루진 개구리를 공격하지 않습니다. 비록 공격을 당했던 블루진 개구리는 죽었지만, 자신의 강력한 위용을 천적인 뱀에게 유감없이 보여준 것입니다. 뱀은 다음부터는 '청바지에 빨간 티셔츠를 입은 정신 나간 개구리들'을 보면 소스라치게 놀라며 멀리 도망칩니다. 후손을 위해 큰일을 한 것입니다.

남들은 다 자기를 숨기는데 이 블루진 개구리는 자기를 당당하게 드러냅니다. 그래야 시간이 지나면 아무도 자기 무리들을 건드리지 못할 것이라고 생각한 것입니다. 아닌게 아니라 오랜 시간이 지나자 아무도 이 개구리들을 건드리지 않았습니다. 맹독 때문에 치도곤을 당했기 때문입니다. 그러고 보니, 참으로 소신이 있는 개구리입니다. 좋게 보려고 마음을 먹어서 그런지, '빨간 티셔츠에 청바지가 잘 어울리는 개구리'입니다. 코스타리카 원주민들도 이 개구리들의 맹독을 알고 난 후부터 개구리의 이름을 '딸기 독화살 개구리Strawberry Poison-Dart Frog'라고 품격 있게 부르기 시작했습니다. 이 개구리들은 자기들의 권위를 스스로 획득한 것입니다. 웃기게 생긴 놈들이지만, 정말 무서운 놈들입니다.

이 블루진 개구리들은 강력한 독을 가지고 있습니다. 이 독을 자기 몸 안에 만들기 위해서 개구리는 큰 대가를 지급합니다. 블루진 개구리는 오직 알칼로이드Alkaloid 독성물질을 가지고 있는 흰개미와 딱정벌레를 먹어야 합니다. 다른 곤충은 다 포기해야 합니다. 맛도 쓰고 고약하지만, 독성 물질을 만들기 위해서는 오직 이런 곤충만을 먹어야 합니다. 이것들을 먹으면 몸이 잘 자라지 않습니다. 그러나 독毒을 얻기 위해서는 어쩔 수 없습니다. 이런 희생 덕분에 블루진 개구리들은 언제나 당당합니다. 자기를 공격할 수 있으면 공격해보라고 머리를 고추 세웁니다. 그들의 당당한 모습 앞에서 거대한 포식자들이 모두 뒤 걸음을 칩니다.

블루진 개구리는 우리 기독교인들이 악이 가득한 세상에서 어떻게 살아야 할지를 보여주는 좋은 본보기입니다. 우리는 언제나 우리의 욕심이나 이득을 위해서 세상과 타협하고 위장하는 데 익숙합니다. 불의를 보고도 넘어갈 때가 많고, 누가 고통을 받거나

눈을 두 번 감았다 뜨세요

남에게 해코지를 당할 때도 쉽게 외면해 버립니다. 자칫하면 큰 손해와 피해를 뒤집어쓸 수 있기 때문입니다. "나를 죽일 테면 죽여봐라." 당당하게 포식자들 앞에서 활보하는 블루진 개구리의 모습은 매력적이다 못해 거룩하기까지 합니다. 독이 아닌, 주님의 생명을 품은 우리 그리스도인들도 세상 앞에서 좀 더 위풍당당했으면 좋겠습니다.

형편없는 목사 같으니라구!

뇌_腦는 우리 몸의 구석구석에서 일어나는 모든 감각들을 다 느끼도록 도와주는 중추기관입니다. 부상_{負傷}으로 인한 심각한 아픔에서 발가락에 있는 간지러운 무좀에 이르기까지 놓치지 않고 세밀하게 느낄 수 있는 것은 바로 '뇌'가 있기 때문입니다. 그런데 참 재미있는 것은 다른 기관의 사정은 철저하게 놓치지 않고 보살펴주는 뇌가 정작 자기 자신에 대해서는 전혀 느끼지 못한다는 것입니다.

예전에 텔레비전에서 아프리카의 한 의사가 환자에게 마취 성분이 있는 몽혼제를 먹이고 뇌수술을 하는 장면을 본 적이 있었습니다. 환자는 막걸리 같은 물을 마시고 흐느적거리며 나뭇가지에 걸터앉아 있었습니다. 두 명의 친구들이 양옆에서 환자를 붙잡아 쓰러지지 않도록 도와줍니다. 의사이면서 동시에 마을의 무당이기도 한, 중년의 여인이 환자 앞에 서서 환자의 머릿속을 열고 뇌에 붙어 있던 혹을 떼어 내고 있었습니다. 환자는 아무런 통증 없이 눈만 멀뚱멀뚱거리며 먼 산을 바라보고 있었습니다. 실로, 충격적인 장면이었습니다.

주술呪術이 대표적인 의술 중의 하나인 아프리카의 가난한 나라에서나 일어날 수 있는 황당한 다큐멘터리 영상물이었지만, 뇌에 대해서 깊이 생각해 볼 수 있는 계기가 되었습니다. 다른 장기나 신체의 통증에 대해서는 극도로 민감한 뇌가 자신의 자극에 대해서는 둔감하기 이를 데 없었습니다. 뇌는 어쩌면 우리 사람들의 특성을 단적으로 보여주는 중추 기관일지도 모른다는 생각이 들었습니다. 다른 사람들에 대해서는 분석이나 비판을 아주 잘하는데, 정작 자기 자신에 대해서는 아무것도 모르는 것이 우리들의 현주소인 것 같습니다.

저의 큰아들이 두 살쯤 되었을 때 범했던 저의 실수 이야기입니다. 어느 토요일 밤에, 저녁을 먹은 것이 좋지 않았는지, 큰아들놈이 설교를 준비하고 있던 저에게 방문을 열고 들어왔습니다. "아빠, 배 아파요. 기도해주세요!" 어린 아들이 얼굴을 찡그리고 아픈 배를 쓰다듬으며 아장아장 저에게 걸어오고 있었습니다. 당시 저는 잘 풀리지 않는 설교 준비 때문에 곤욕을 치르고 있었습니다. 신경이 예민했던 저는 아내에게 짜증 섞인 목소리로 하소연을 했습니다. "여보, 애 좀 잘 봐! 애 배 아프다는데, 활명수 사다 놓은 것 먹여요." 그리고는 아들에게 말했습니다. "대희야, 엄마한

테 가봐. 엄마가 약 줄 거야!" 목사인 아버지에게 '믿음'을 가지고 기도를 부탁하러온 어린 아들에게 목사인 저는 '약'을 먹으라고 합리적인 방법을 가르쳐 준 것입니다. 공교롭게도 그날 제가 준비했던 설교의 제목이 '기도의 능력'이었습니다.

잠시 후, 아내가 큰 애를 데리고 제 방문을 열고 들어왔습니다. 그리고 엄한 목소리로 믿음 없는 목사를 꾸짖기 시작했습니다. "형편없는 목사 같으니라고! 애가 배가 아프다고 해서 아빠에게 기도해 달라고 보냈더니, 활명수를 먹이라고 해! 당장 목사 짓 때려치우고 동아제약에 취직이나 해요." 곰곰이 생각해보니, 그 말이 다 맞았습니다. 잘못하다가는 훗날 두고두고 공격을 당할 것 같아서 얼른 무릎을 꿇고, 아이의 배에 손을 얹고 주님께 기도를 드렸습니다. 주님의 사랑과 은혜로 아들이 빨리 낫게 해달라고 기도를 드렸습니다. 아들은 고사리 같은 두 손을 모으고 예쁘게 기도를 받았습니다. 기도 중에도 눈을 감아서 보이지는 않았지만, 분노의 콧김을 쏟아내며 나를 응시하고 있는 아내의 불꽃 눈동자가 정수리 위로 쏟아지고 있는 것을 느낄 수 있었습니다.

아들은 그날 활명수 없이 평안하게 잠을 잤고, 정말 믿음대로 나았습니다. 아이의 믿음이 오히려 믿음을 전한다는 목사보다도 훨씬 더 훌륭했습니다. 마치, 아들은 '사무엘' 같았고, 저는 눈먼 목회자였던 '엘리' 제사장 같았습니다. 말보다 더 중요한 것은 그 말대로 사는 것입니다. 그 사건 이후로 '목회자'는 항상 신앙적이라는 고정관념에서 벗어날 수 있었습니다. 스스로를 돌아보고 날마다 반성하지 않으면, 어느 누구라도 절대로 하나님의 뜻에 부합되는 삶을 살 수 없습니다. 신앙은 밖을 바라보게 되어 있는 우리의 눈을 안으로 돌려 나 자신을 바라보는 데에서부터 시작합니다. 나를 살펴보는 지혜가 곧 신앙의 출발점입니다.

돌멩이들의 합창

시냇물이 아름답게 노래할 수 있는 이유는 그 속에 돌멩이들이 있기 때문입니다. 작은 조약돌에서는 낮고 세미한 음의 소리가 나고 큰 돌에서는 거칠고 굵은 소리가 납니다. 그 소리에 익숙해진 주변의 풀벌레와 새들의 지저귐은 아름다운 조화를 이루어 그 누구도 흉내 낼 수 없는 멋진 야외 음악당을 만들어냅니다. 만약 시냇물에서 모든 돌멩이를 건져 낸다면 과연 어떤 일이 일어날까요? 시냇물은 더 이상 노래하지 않을 것입니다. "세상에 왜 시련이 많은가?"라는 질문 앞에 인생의 아름다운 소리를 내기 위해서라고 대답한다면, 아마도 고난 중에 있는 사람들은 화를 낼 것입니다. "소리가 안 나도 좋으니 평안하게 살고 싶다"라고 말할 것입니다. 고난이 있기 때문에 인생이 아름답다고 말하는 것은 정말 무정한 소리입니다. 그러나 그럼에도 불구하고 고난은 분명히 인생의 가치와 의미를 깨닫게 해주는 돌멩이들임에 틀림없습니다.

질병 때문에 건강의 소중함을 알게 됩니다. 사업 실패와 파산 같은 재정적인 위기가 있기에 돈이 얼마나 소중한지 그리고 있을 때 돈을 어떻게 처리해야 하는지에 대한 답을 얻게 됩니다. 노년이 있기 때문에 젊음의 소중함도 알게 되고, 이별이 있기 때문에 함께 연합하여 살아가는 것이 얼마나 귀한 것인지 깨닫게 됩니다. 모든 것이 유한하기 때문에 있을 때 잘해야 한다는 것을 '시련'은 어김없이 우리에게 가르쳐 줍니다. 추락이 있다는 것을 알기에 올라갈 때 조심하려고 노력합니다. 한번 떨어져 본 사람은 다시 회복했을 때 달리 사는 지혜를 배우게 됩니다. 그러고 보면, 고난이라는 이름의 돌멩이들은 인생을 값지게 만드는 양약임에 틀림없을 것입니다. "내 몸은 누구보다도 내가 잘 안다"라고 호령하며 과로를 즐기던 사업가가 결국 쓰러져서 중환자실로 실려 가서 며칠 동안 죽을 고생을 치른 후에야 겸손하게 몸을 돌보며 살아갑니다.

시련의 시간이 없는 사람들에게서는 별로 건질 것이 없습니다. 좋은 가정에서 태어나 막강한 재력의 지원을 받으면서 성공한 사람은 딱히 들을 이야기가 없습니다. 세상적인 기준으로 보면 성공한 것이 분명한데 다른 사람들을 위해 교훈으로 남길 만한 감동이 없습니다. 돈과 재물도 많이 모았고, 사회 경제적으로 주목받는 위치에 올라섰고, 모든 면에서 부러움을 살만한 자리에 앉은 것만은 틀림이 없는데 문제는 그의 인생에서 아무런 소리가 나지를 않는 것입니다.

'조안 롤링Joanne K. Rowling'은 금세기 최고의 여류 작가입니다. 그녀가 지은 '해리 포터Harry Potter'는 세계 곳곳에 67개국의 언어로 번역이 되어 베스트셀러로 출간이 되었습니다. 영화로도 여덟 번에 걸쳐 제작되었는데 모두 8조에 가까운 엄청난 수입금을 올렸습니다. 물론 그녀는 영국에서 두 번째로 부자라는 위치에 올랐고, 영국 최고의 여성 작가라는 칭호도 얻었습니다. 1990년대 후반과 2000년대 초반의 세계 모든 아이들은 해리 포터와 함께 자라났다고 말을 해도 결코 과언이 아닐 것입니다.

조안 롤링이 돈 많은 영국 귀족의 집안에서 태어나 화려하고 다양한 교육을 받고, 순풍에 돛 단 듯이 평탄한 인생을 살다가 이 시대 최고의 걸작품이라고 불리는 '해리포터'를 썼다면 우리는 그렇게 놀라지 않을 것입니다. 감동도 없을 것입니다. 어쩌면 그렇게 좋은 배경에서 태어났는데 그것도 못 하냐고 비아냥을 퍼부을지도 모릅니다. 우리가 그녀의 해리포터를 보면서 그토록 감동하는 이유는 지구촌을 뒤흔드는 그녀의 성공 뒤에는 그것 못지않게 엄청난 그녀의 고난이 숨어있기 때문입니다. 어쩌면 그런 고난의 소리가 해리포터로 표현되었다고 말하는 것이 더 정확한 말일 것입니다. 남편의 계속되는 폭력 때문에 이혼을 해야 했고, 정부 생활 보조금을 받으면서 간신히 살아가는 극빈자 시절을 겪기도 했고, 어린 딸아이가 아니었으면 자살로 삶을 마감하고 싶은 '싱글맘'이기도 했습니다. 세계를 뒤흔드는 그녀의 성공이 감동적인 이유는 그녀의 인생 바닥에서 부딪치며 울려 나는 돌멩이들의 합창 때문일 것입니다.

영국 속담에 "일 년 내내 햇볕이 쬐면 그곳은 사막이 되고 만다"라는 말이 있습니다. 실제로 우리는 한국 강남의 졸부들과 미국 베벌리 힐즈에 사는 수많은 속물들의 영혼 없는 삶에 대한 이야기들을 수도 없이 많이 들어왔습니다. 어떤 때는 그런 삶을 동경해보면서도 "나의 자식들은 절대로 그렇게 살아서는 안 된다"라는 모순된 생각을 하기도 합니다. 물론, 인생을 살아가면서 고난이 없다는 것은 감사한 일일 것입니다. 고난은 어느 모로 보나 감당하기에는 힘들고 어려운 일이기 때문입니다. 그러나 인생이 본질적으로 '고난이 동반된 피할 수 없는 여정'이라면 과감하고도 힘차게 그 고난을 맞부딪치면서 앞으로 나아가는 도전이 있어야 할 것입니다. 머지않아 그 돌멩이들이 부딪치며 만들어낸 아름다운 화음들을 다른 사람들에게 들려주는 행복한 시간들이 올 것입니다. 그리고 보면 결국 인생의 크기는 고난의 크기인 것 같습니다.

그런가 보다!

사람처럼 미련과 집착이 많은 존재도 없을 것입니다. 이미 지나간 것인데도 끝까지 붙잡고 놓지를 못합니다. 그 존재를 인정하지 않으면 더 이상 존재하지 않는 것이 과거의 일들입니다. 이미 지나간 시간 속에서 벌어진 기억들은 그것이 무엇이 되었든지 더 이상 존재하지 않습니다. 좋았던 기억도 슬펐던 순간도 모두 지나간 것들입니다. 이전 것은 이미 지나가고 없습니다. 과거의 것을 우리의 기억으로부터 놓아야 현재의 삶을 자유롭게 살 수 있습니다. 싫던 좋던 이미 지나간 것들인데 그것을 붙잡고 몸부림치며 괴로워하고 푸념하다가 너무도 소중한 현재를 망쳐버리는 사람들이 주변에 적지 않습니다.

한국을 빠져나온 사람들 중에서 사연 없는 사람이 어디 있겠습니까? 지나간 과거의 이야기를 곱씹으면서 '자기 자신에게' 그리고 '다른 사람들에게' 끊임없이 되뇌이며 그 사연의 정당성을 인정받으려고 애쓰는 사람들이 있습니다. 한 말 또 하고, 또 합니다. 자기 앞에 있는 사람이 곱지 않은 시선으로 쳐다보아도 아랑곳하지 않고 줄기차게 말을 이어갑니다. 분명히 본인 자신도 상대방의 따가운 눈총을 잘 압니다. 그래도 그렇게 하지 않으면 견디지를 못합니다. 언제나 마지막 후렴구는 똑같습니다. "그래도 어쩌겠어요. 이제는 다 끝난 일인데…" 마치 자기 스스로에게 최면을 거는 사람처럼, 반복적으로 "다 끝났다"라고 말을 하면서도 입만 열면 다시 과거의 기억 속으로 들어갑니다. 본인도 고통스러워합니다.

연습이 필요합니다! 죽기 살기로 놓는 연습을 해야 합니다. 그래야 자유로워질 수 있습니다. 새로운 삶을 시작할 수 있습니다. 마치 등허리에 달라붙은 껌을 떼내려고 온몸을 비틀어 보고, 양손으로 번갈아 가면서 등허리에 붙은 껌을 떼어내려고 애쓰는 노력을 해야 합니다. 이도 저도 안 되면, 나중에는 아무도 없는 한적한 곳으로 가서 옷을 벗어 웬수 같은 껌을 잡아 뜯어냅니다. 마음도 마찬가지입니다. 껌처럼 달라붙은 기분 나쁜 과거의 기억들을 잡아 뜯어내야 합니다. 그러나 떨어내려고 노력하면 할수록 더욱 더 생각나는 것이 과거의 기억이기 때문에 나름대로의 적절한 방법을 찾아내야 합니다.

가끔 아들들하고 심각한 대화를 할 때가 있습니다. 고맙게도 아직은 자기들의 대화 상대가 된다고 인정을 해주는 것 같습니다. 앞으로 살아갈 날들이 창창한 젊은 아이들인데도 불구하고 대화를 할 때 가장 어려운 것 중의 하나가 과거의 일을 잊지 못하는 것입니다. "이제는 다 지나간 것들이니까, 새 마음으로 다시 열심히 하면 잘될 것이라" 말해주면, 어김없이 이렇게 대답합니다. "네 아빠, 저도 잘 알아요. 다 잊었어요. 하지만…." 그 마지막 단어 '하지만'이 항상 문제입니다. '하지만'이라는 단어를 달고 있는 한은 절대로 과거의 기억에서 자유로울 수 없습니다. 뒷일은 하나님께 맡기고 그냥 놓아버리는 것으로 만족한 연습을 해야 합니다.

자신을 '쥐'라고 생각하는 어떤 젊은이가 있었습니다. '고양이 공포증'의 한 증세입니다. 그는 증세가 너무 심해져서 결국 정신병원에 입원하고 말았습니다. 처음에는 좀처럼 병의 진전이 없었지만, 의사 선생님의 헌신적인 노력 덕분에 그 젊은이는 자신이 쥐가 아니라 사람이라는 것을 확신하게 되었습니다. 대단히 만족한 결과를 얻은 의사 선생님은 기뻐서 그 젊은이를 퇴원시켜 주었습니다. "잘 살아요!" 그런데 병원문을 나갔던 그 젊은이가 잠시 후에 다시 의사에게 돌아와서 질문했습니다. "선생님, 이제 저는 쥐가 아니라, 사람이라는 사실을 너무도 잘 알고 있습니다. '하지만', 제가 쥐가 아니라 사람이라는 것을 과연 고양이들이 알까요?" 결국 다시 병원으로 돌아와 치료를 받았다고 합니다.

'하지만'이라는 단어를 계속 사용한다면, 그 사람은 아직 과거의 사람입니다. 신기하게도 과거의 기억을 잊으려고 하면 할수록 계속 마음 깊은 곳에 자리를 잡는 것이 기억입니다. 만약 수술을 해서라도 잊을 수 있다면 그렇게 하고 싶지만 쉬운 일이 아닙니다. 굳이 존재를 인정하거나 부정하면 언제든지 다시 살아나는 것이 기억입니다. 그냥 주님께 맡기는 연습을 해야 합니다. 피하지도 말고, 휘말리지도 말고, 거리를 두고 바라보면서 '그런가 보다' 생각하는 연습을 해야 합니다. 억울했던 것은 억울한 대로, 슬펐던 것은 슬펐던 대로, 나쁜 놈은 그냥 '나쁜 놈인가 보다. 이다음에 하나님 앞에서 크게 경을 치겠구나!' 생각하고 넘어가면 그뿐입니다. 어차피 '금방 다 지나간다'는 생각을 가져야 합니다. 그러면 현재에 집중할 수 있습니다. '그런가 보다!' 자꾸 연습해야 합니다.

나의 눈이 항상
옳은 것은 아니다

사람이 얼마나 간사하고 이기적인지를 보여주는 이야기가 있습니다. 어떤 여자 권사님에게 아들과 딸이 하나씩 있었습니다. 둘 모두를 아주 소중하고 애지중지하게 길렀습니다. 두 자녀는 잘 자라나서 모두 결혼을 해서 자신들의 가정을 갖게 되었습니다. 하루는 권사님이 분가한 딸과 아들이 보고 싶어서 두 사람의 집을 방문하게 되었습니다.

먼저 딸의 집을 찾아갔습니다. 초인종을 누르자 때마침 사위가 문을 열고 나오는데 앞치마를 두르고 있었습니다. 손에는 빨간 고무장갑을 끼고 있었고, 설거지를 하느라고 그랬는지 수세미를 손에 쥐고 나왔습니다.

권사님은 사위의 모습을 보자 대견한 마음이 들었습니다. '얼마나 자기의 딸을 사랑했으면 저렇게 아내가 물 한 방울 손에 묻는 것이 싫어서 설거지를 해줄까!' 참, 사위가 멋있어 보이고 고마웠습니다. 자기 딸은 뭘 하고 있는지 궁금했습니다. 조용히 안방으로 가보니 기가 막힌 모습을 하고 있었습니다. 침대에 벌렁 누워서 포도를 먹으면서 텔레비전을 보고 있었습니다. 깔깔거리면서 텔레비전을 보다가 갑자기 엄마를 보고 일어나 앉으며 말합니다. "엄마 왔어?" 참 행복해 보이는 딸아이의 모습이 싫지 않습니다. 팔자 좋은 딸아이의 모습이 사랑스럽습니다. 하나님이 정말 살아 계시다는 생각이 들었습니다. 뿌린 대로 거두게 하시는 고마우신 분인 것을 알 수 있었습니다.

딸아이의 집에서 하루를 지내고, 다음 날, 부랴부랴 아들 집으로 갔습니다. 아들도 행복하게 잘살고 있을 것이라고 믿었습니다. 대문의 벨을 누르려는데, 공교롭게도 문을 열고 나오는 아들과 마주치게 되었습니다. 허리에 앞치마를 두른 아들이 쓰레기 봉지를 버리려고 나온 것입니다. 손에는 빨간 고무장갑을 끼고 있었고 물방울이 뚝뚝 떨어지는 것을 보니 금방 설거지를 마친 것 같았습니다. 한눈에 봐도 잘 어울리는 모양새입니다. 어쩌다가 한 번 하는 것이 아닙니다. 전문가의 모습입니다. 갑자기 뜨거운 것이 가슴속에서 치밀어 올라왔습니다. '아니! 내가 이놈을 어떻게 길렀는데, 이렇게까지 망가졌는가!' 생각하니 울화통이 터져서 견딜 수가 없었습니다.

'나쁜 며느리는 지금 뭐하나?' 안방으로 달려가 문을 활짝 열어 젖혔습니다. 벌렁 침대에 누워서 포도를 먹으면서 깔깔거리며 텔레비전을 보고 있던 며느리가 놀라서 벌떡 일어서며 급하게 인사를 합니다. "아이고, 어머니 오셨어요!" 어쩔 줄을 몰라 하는 며느리의 얼굴이 며칠 전에 드라마에서 본 마녀의 얼굴과 비슷합니다. 생각 같아서는 뺨을 힘차게 한 대 때려주고 싶었지만, 아들을 위해서 이를 악물고 참았습니다. 말없이 집으로 돌아와서 엉엉 울었습니다. 하나님이 원망스러웠습니다. 자기가 얼마나 교회를 위해 헌신을 하고, 주님의 영광을 위해서 많은 희생을 했는데, 하나님이 어떻게 자기에게 이렇게 감당할 수 없는 시험을 주시는지 견딜 수가 없었습니다.

딸과 아들의 입장이 똑같았는데, 문제는 그 상황을 바라보는 어머니의 눈이 달랐던 것입니다. 딸을 바라볼 때와 며느리를 바라볼 때가 달랐습니다.

사람은 항상 두 개의 눈이 있습니다. 자기를 바라보는 부드러운 눈과 남을 바라보는 날카로운 눈입니다. 사람들은 항상 이 두 눈을 자유자재로 바꾸어가면서 세상을 바라보고 판단을 내립니다. 그래서 우리가 사는 세상은 다툼과 분쟁이 끊이지 않습니다.

저희 집사람의 고모부는 문학적으로 뛰어난 재능을 갖고 계신 분입니다. 한국의 문화방송MBC 사회고발 프로그램의 피디PD를 하시기도 했고, 경영 이사의 자리까지 오른 분입니다. 교회에서도 장로님으로 시무하셨는데 그분의 '매의 눈' 때문에 많은 목사님들이 고생을 하셨습니다. 상황은 전혀 고려하지 않고 날카로운 비판의 잣대로 목회자들을 들여다보니 세상의 부정비리가 전부 목사들의 세상에 있는 것 같았습니다. 늘 하시던 말씀이 "세상에 믿을 목사 한 사람도 없다"였습니다.

제5 공화국이 세워지면서 방송계에 찬바람이 불어 이분도 방송계를 떠나게 되었습니다. 출석하던 교회의 담임목사님의 권유로 신학을 공부하시고, 영국에서 박사학위Ph.D.까지 받으셨습니다. 한국으로 돌아오신 이분은 열심히 목회를 하셔서 큰 교회의 담임목사가 되셨습니다. 그런데 상황은 전혀 고려하지 않고 날카롭게 비판만 하는 장로님들 때문에 목회에 큰 곤욕을 치르셨습니다. 입버릇처럼 늘 하시던 말씀이 "요즘 장로들, 해도 해도 참 너무한다"라는 소리였습니다.

사람은 자리가 바뀌면 바라보는 시각도 바뀌게 됩니다. 15도밖에는 볼 수 없었던 자리에서 45도를 볼 수 있는 자리로 옮기게되면 당연히 예전에는 보지 못했던 30도를 더 볼 수 있게 됩니다. 그래서 세상에 대한 평가가 달라지게 됩니다. 현명한 사람은 자기의 입장만을 고집하지 않고 남의 입장도 고려합니다. '내가 보는 것만이 항상 옳은 것은 아니다'라는 생각을 가지고 살아야 실수를 면할 수 있습니다.

그래도 믿습니다

혼기가 찬 어느 처녀가 결혼을 생각하면서 주변의 남자들을 돌아보았습니다. 뇌리에 떠오르는 두 가지 직업을 가진 사람들 모두가 나름대로 장단점이 있었습니다. 하나는 군인이고, 다른 하나는 목사였습니다. '군인'은 항상 명령을 따라 끊임없이 근무지를 옮겨야 하기 때문에 자칫 잘못하다가는 평생 장돌뱅이처럼 이곳저곳 떠돌아다닐 것 같았습니다. 그리고 '목사'라는 직업은 멀리서 볼 때는 좋았는데, 가까이서 보니까 정말 장난이 아니었습니다. 괜히 목사의 부인이 되었다가는 교인들에게 시달리다가 제 명대로 살지 못할 것 같았습니다. 그래서 군인과 목사는 맞선도 보지 않았을 뿐만 아니라 그들이 있는 곳은 쳐다보지도 않았습니다. 그런데 나중에 이 여인이 사랑에 빠져 결혼한 사람은 공교롭게도 '군목軍牧'이었습니다. 그래서 군인이면서 동시에 목사인 남편을 따라 평생 여러 교회를 발령받아 떠돌아다니면서 성질 고약한 교인들에게 줄기차게 시달렸다고 합니다.

인생이 내가 마음먹은 대로 풀리지 않습니다. 간절히 바라는 것은 언제나 비껴가고, 두려워하는 일들은 어김없이 현실로 일어납니다. 얄궂기 그지없습니다.

윤 권사님이라는 분이 있었습니다. 젊은 나이에 남편을 여의고 혼자되신 분입니다. 남편과 고작 3년밖에 살지 못했습니다. 결혼한 지 3개월 만에 위암이 발견되어 깨소금 쏟아져야 할 신혼을 병치다꺼리로 다 보냈습니다. 남편이 남기고 간 것은 극심한 가난과 자기를 닮은 아들 하나였습니다. 결국, 그 아들 하나만 바라보면서 좋은 세월을 다 보냈습니다. 식구가 많은 가족이 그리워 아들을 일찍 결혼시켰습니다. 며느리는 건강하고 능력 있는 쾌활한 아가씨였습니다. 유능한 외무부 직원이었는데, 퇴근하던 어느 날, 갑자기 돌진해오던 차를 피하지 못하고 큰 사고를 당하고 말았습니다. 아들과 결혼한 지 6개월 만의 참변이었습니다. 며느리는 뇌수술을 9번 정도 더 하고 결국 식물인간이 되고 말았습니다.

윤 권사님은 다시 20여 년을 며느리 병간호로 보내야 했습니다. 설상가상으로 며느리의 홀어머니가 뇌졸중으로 쓰러지는 바람에 그분까지 떠맡아 돌보게 되었습니다. 인생의 절반가량을 병시중으로 다 보낸 불쌍한 권사님이 한번은 당신의 집으로 교구 심방을 간 저에게 핏빛 절규와 같은 넋두리를 쏟아 놓으셨습니다. "목사님, 저같이 기구한 운명을 가진 여자가 또 있을까요? 아무 말이라도 좋으니 저 좀 위로해 주세요!" 바라보는 것만으로도 충분히 참담한 권사님의 남루한 얼굴을 보면서 "하나님이 너무 편파적이라"는 불만이 생겼습니다. 이제 팔순을 바라보는 가엾은 여인에게 제가 해드렸던 궁색한 답변은 위로가 아니라 차라리 저의 간절한 염원이었습니다. "제가 확신하건대, 권사님은 분명히 하나님의 나라에서 그 누구보다도 상급이 많을 것입니다!"

성경에는 이해할 수 없는 '하나님의 정치'에 불만을 제기하는 많은 신앙인들의 항변이 담겨 있습니다. 외세의 위협과 침략으로부터 하나님의 위로와 구원을 구하는 자신의 백성들에게 절망과 패망을 선포하게 하시는 하나님의 역설에 선지자 '예레미야'가 울부짖습니다. 납득이 안가는 시련을 주시는 하나님께 평생을 의롭게 산 동방의 의인 '욥Job'이 분연히 일어나 강력하게 항의합니다. 나쁜 놈들을 벌주시기 위해서 더 나쁜 놈들을 사용하신다는 하나님의 알 수 없는 논리에 선지자 '하박국'이 도전장을 던집니다. "하나님, 뭘 정치를 그따위로 하십니까?" 그들이 하나님께 던진 반역의 물음은 오늘을 사는 우리들의 질문이기도 합니다. 그런데 하나님의 답변은 언제나 똑같습니다.

> 작고 작은 너희가 어찌 나의 생각과 계획을 알겠는가? 너희가 만약 나의 논리가 너희의 것보다 위대하고 정확함을 믿는다면, 그냥 나를 믿고 따르라. 나를 믿는 자! 그를 의인이라 하리니, 의인은 그 믿음으로 말미암아 살 것이다.

하나님의 절대성을 믿는 것이 신앙입니다. 하나님은 무조건 옳습니다. 세상의 모든 일들이 우리의 논리와 부딪치고, 삶이 나를 노하게 만들 때도 하나님은 일점일획도 틀리지 않습니다. 하나님에 대한 절대적인 신뢰가 곧 믿음입니다. 예수님께서 "내가 다시 올 때, 과연 너희 중에서 믿음을 보겠느냐!"라고 탄식하신 이유입니다. 불합리하고 비논리적인 세상에서 "그래도 믿습니다"라는 고백을 읊조릴 수 있다면 당신은 위대한 신앙인입니다.

3장
마음의 돌 내려놓기

상처는 상대방으로 인해서 주어지는 것이 아니라,
자신이 안에서 만들어내는 자생물입니다.
- 마음의 돌 내려놓기 중에서

그래서 그랬구나

우리는 미래를 모릅니다. 어떤 일들이 우리 앞에 펼쳐질지 전혀 예측하지 못합니다. 우리가 알 수 있는 것은 오직 현재뿐입니다. 그러나 현재라는 시간은 살아내기 바빠서 도무지 제대로 간파할 여유가 없습니다. 먹고 살아가는 문제 그리고 자녀들을 잘 양육하는 일도 결코 만만한 과제가 아닙니다. 정신 바짝 차리고 지혜롭게 대응하지 않으면 곧바로 후회하고 아쉬워할 일들의 연속입니다. 어쩌면 이미 지나갔어도 여전히 우리의 뇌리에 남아 사그라지지 않고 기억되는 것이 '과거'인 것 같습니다. 미래의 일들이 현재라는 시간의 파이프를 통해 빠져나가면 순식간에 과거로 바뀌어 버립니다. 과거는 이미 없어진 시간인 것 같지만, 어떤 때는 화석처럼 굳어 '영원한 현재'로 다시 머릿속 한편에 똬리를 틀고 자리 잡습니다. 놀라운 일들이 일어납니다. 그때는 보지 못했는데, 이제야 비로소 보이는 것들이 있습니다. 그리고 알게 됩니다. "아하! 그때 그래서 그랬구나!"

현재의 시간에 분명히 있었던 것인데, '현재'에서는 보이지 않다가 오히려 아련한 '과거'가 된 이후에야 비로소 보이는 것들이 있습니다. 보면서도 보지 못했던 것들을 뒤늦게 깨닫고 알게 됩니다. "그때 그래서 그랬구나!" 어린 아이들을 기를 때는 너무 바쁘고 정신이 없어서 뻔히 아이들의 얼굴을 보면서도 그 얼굴이 그토록 예쁘고 사랑스러운지 몰랐습니다. 아들과 딸이 대학을 마치고 성인이 되어 사회로 나아가게 될 즈음에야 그 여린 얼굴과 고사리 같은 손길이 사무치도록 그리워집니다. 그러나 훌쩍 자라버린 아이들의 얼굴에서는 그 옛날의 예쁜 흔적을 찾아보기 어렵습니다. 아버지와 어머니가 얼마나 자신을 기르시느라 고생을 하셨는지 그때는 알지 못했습니다. 그런데 나도 내 자식을 낳아 길러보고 속을 썩어 보면서 비로소 부모님의 상하고 헤진 마음이 보이기 시작합니다. 못된 말을 퍼붓는 나를 안타까운 눈망울로 바라보시면서 미안해하시던 어머니의 모습이 똑같은 말을 딸아이의 입술을 통해 듣게 될 때, 비로소 어머니의 마음을 알게 됩니다. "그래서 그랬구나!"

전도사 시절, 속 시원하게 "그게 아니라…"고 말도 못 하고, 불분명한 말을 애매하게 빙빙 돌리시던 이해할 수 없는 답답한 목사님이 훗날 내가 직접 그 자리에 앉아 목회를 하게 되면서부터 비로소 이해가 됩니다. 40살 중반에 알 대머리가 되신 아버지의 쓸쓸했던 마음도 알겠고, "에이, 정말 더러워서 못 해 먹겠네"고삐 풀린 말을 내뱉으면서도, 계속해서 회개하고 그 자리를 지키시던 불쌍한 장로님들의 마음도 이제서야 알 것 같습니다.

며칠 전, 한국에서는 현직 대통령이 탄핵을 받아 자리에서 내려오는 가슴 아픈 일이 일어났습니다. "반드시 탄핵을 받아야 한다"라고 주장하던 사람들과 "설마, 탄핵까지 이루어지겠느냐?"라고 반문하던 사람들이 모두 큰 충격을 받은 듯했습니다. 고故 노무현 대통령을 반드시 탄핵해야 한다고 주장하던 중년의 박근혜 국회의원 모습이 떠올랐습니다. 국회에서 노 대통령 직무 정지가 선포되자, 기뻐하며 자리로 돌아가던 박근혜 대통령이 이제는 반대 입장이 되어 더 나쁜 결과의 주인공이 되었습니다. 옳고, 그름을 떠나서 박 대통령은 노 대통령의 마음을 누구보다도 더 잘 아는 사람이 되었을 것입니다.

요즘에는 목회를 무사히 마치시고 은퇴하신 목사님들이 달리 보입니다. 한참 파릇파릇할 때는 "은퇴가 대수냐? 누구나 하는 것인데! 그 보다는 현역에 있을 때, 좀 더 열심히 해야 한다"라고 방정맞은 입질을 해대던 때가 있었습니다. '30주년 성역 찬하 예배', '성역 40년 은퇴 감사 예배' 같은 예배를 드리는 목사님들을 보면, "그렇게 오랫동안 한자리에 편안하게 안주해 온 것을 부끄러워해야 한다"라고 막말을 하기도 했습니다. 그런데 막상 저 자신이 점점 그 순간을 향해 다가가다 보니까, 세상이 내 마음대로만 되는 것이 아니라는 사실을 알게 되었습니다. 어쩌면 그 어른들이 누구보다도 스스로를 자책하고 책망하는 분들이셨을지 모릅니다. 누구보다 더 좋은 결과를 남기려고 애쓰셨을 것입니다. 긴 세월을 한 자리에 머물면서 목회하는 것이 부끄럽고 미안하지만, 다른 분들을 위해서 묵묵히 자리를 지킨 분들도 계시고, 30~40년을 그렇게 보낸 것을 하나님께 감사하는 것이 불편했지만, 함께 신앙의 여정을 걸어온 교우들을 기쁘게 해주기 위해서 그렇게 하신 분들이 많았을 것입니다.

얼마 전, 어느 모임에서 젊은 목사가 "큰 교회에서 호의호식을 누리는 목사들은 반성해야 한다. 우리 같은 젊은 목사들은 변방에서 하나님의 뜻을 위해 희생하고 있다"라고 열변을 토하는 것을 들었습니다. 도둑이 제 발 저리다고 주변을 돌아보니 꼭 저를 향해서 하는 말 같았습니다. 예전에 이런 말을 젊은 사람에게서 들으면 눈을 지그시 감던 연세 드신 목사님의 얼굴이 떠올랐습니다. 저도 한번 따라서 해보았습니다. 그리고 알았습니다. "그래서 그랬구나!" 젊은 목사님들에게 해주고 싶은 말이 많았지만, 그냥 입을 다물었습니다. 유혹과 시련이 많은 이 시대에 변함없는 마음으로 외길을 걸어주신 원로 목사님들이 크게 보이는 이유는 이제 저도 한물갔기 때문일까요?

"이것만은 분명하다"라고 믿었던 것들이 다시 보니 나름대로의 '이유'가 있었고, '사연'이 담겨 있었습니다. 앞으로 남은 목회의 시간 동안 "아하, 그래서 그랬구나!" 얼마나 많은 고백을 하게 될지 모르겠지만, 조용히 겸손하게 살아야겠다는 생각을 다시금 해봅니다.

혀를 잘 길들입시다

우리의 몸에서 가장 물렁물렁하고 연약한 부분은 '혀'입니다. 혀는 섬세하고 예민해서 우리의 몸의 어떤 곳이든지 생채기가 생기면 제일 먼저 가져다가 대는 곳입니다. 동물들도 부상을 입으면 제일 먼저 자신의 혀로 아픈 곳을 핥습니다. 혀는 상처 난 곳을 덮어주고 치료해줄 수 있는 효소와 보호 물질들을 함유하고 있습니다. 우리 몸의 어느 장기보다도 유연성과 복원력이 뛰어납니다. 반면에 우리 몸에서 가장 단단한 곳은 이齒입니다. 얼마나 강도가 센지 웬만한 것은 전부 다 부숴버립니다. 호두나 잣과 같은 단단한 견과류도 일단 이에 걸리면 단번에 박살나고 맙니다. 소갈비나 꽃등심에 들어있는 뼈도 우리의 이에 물리면 그것으로 자끈동 두 도막이 나고 맙니다. 쇠도 이에 걸리면 구부러지거나 일그러지고 맙니다. 위기에 몰리게 되면 사람은 본능적으로 이를 사용합니다. 물어뜯는 힘이 장난이 아닙니다. 이는 정말 한마디로 천상천하 유아독존입니다. 그런데 참 신기한 것은 우리 몸에서 가장 부드럽고 약한 혀와 가장 강하고 딱딱한 이가 함께 입속에서 이웃으로 살아간다는 사실입니다.

한마디로 역설입니다. 아무리 강한 것도 이에 걸리면 단번에 아작나고 마는데, 하물며 부드러운 혀가 이를 감싸고 있으니 참으로 설명하기 난감한 배열입니다. 물론 걱정하는 대로 가끔씩이 이의 횡포 때문에 혀가 직격탄을 맞아 이에 깨물릴 때가 종종 있습니다. 바로 옆에 사는 이웃이라 누구보다도 믿었는데, 이 냉혈한 이가 착하고 부드러운 혀를 갑자기 깨물어버리는 것입니다. 그것도 무자비하게 씹어버립니다. 어떤 때는 이의 저작기능을 돕다가 이 거칠고 무례한 놈에게 물려서 혀의 살점이 뭉텅 떨어져 나가기도 하고, 날카롭게 찢겨서 피를 질질 흘리기도 합니다. 나중에는 혓바늘까지 생겨서 실로 긴 시간을 뜨거운 국물이나 맵고 짠 자극적인 음식은 전혀 혀끝도 대지 못합니다. 그래도 부드러운 혀는 금방 정신을 차리고 뛰어난 복원력을 바탕으로 다시 자신의 일을 재개합니다. 착하다는 말 밖에는 딱히 할 말이 없습니다. 노동의 분량으로 계산한다면, 아마 우리 몸에서 누구보다도 가장 높은 고용비를 받아야 하는 곳이 '혀'입니다.

아무것도 하지 않을 때도 혀는 쩝쩝거리며 입맛을 다십니다. 입속에 충분한 수분을 공급해주기 위해서입니다. 음식을 먹을 때도 혀는 제일 먼저 앞에 나서서 음식의 가치를 평가하고 여러 가지 정보를 얻기 위해 제일 먼저 맛을 봅니다. 뜨거운 것에 제일 먼저 접촉했다가 데이기도 하고, 날카로운 것을 핥다가 베이기 일

수입니다. 짜고, 맵고, 신 것을 멋모르고 접촉했다가 자지러지게 놀라기도 합니다. 아마 음식물에 독극물이 들어 있다면 제일 먼저 돌아가시게 될 곳이 바로 '혀'입니다. 연장 근로수당, 과노동 근로수당 그리고 위험수당을 받는다면 혀는 그 누구보다도 많은 보상을 받아야 합니다. 혀는 날랜 몸뚱이를 바삐 움직여 주인이 하고 싶은 말을 다 할 수 있도록 대변하는 기능도 합니다. 전혀 새로운 장르의 일입니다. 다른 사람을 공격할 때도 혓바닥을 내밀어 상대방을 모욕하기도 하고, 침을 뱉을 때도 앞장서서 그 못된 짓을 합니다. 욕을 할 때도 절묘한 언어들을 구사하며 죄를 짓습니다. 또, 반대로 애정을 표시할 때도 혀를 사용하기도 합니다. 어찌 보면, 혀는 상상할 수도 없는 엄청난 일들을 운명처럼 담당하는 전쟁터의 야전 용사입니다.

이 부드럽고 연약한 혀는 좀처럼 지치지도 않습니다. 온 몸이 잠들었을 때도 잠꼬대를 하면서 꿈속에서도 하고 싶은 말을 합니다. 그 잘나고 딱딱한 이는 시간이 지나면 약해지고 둔해져서 신경이 죽거나 빠지기도 하지만, 혀는 끝까지 살아남습니다. 저는 이가 빠졌다는 소리는 들어봤어도 혀가 빠졌다는 소리는 들어본 적이 없습니다. 혀가 빠지면 그 사람은 이미 죽은 것입니다.

혀의 능력이 막강하기 때문에 성경의 잠언은 언제나 혀를 조심할 것을 권면합니다. "사람이 죽고 사는 것이 혀의 힘에 달렸나니 혀를 쓰기 좋아하는 자는 혀의 열매를 먹으리라"(잠언 18:21). 야고

보 사도도 혀에 대해서 치명적인 일타를 가했습니다. "혀는 곧 불이요 불의의 세계라. 혀는 우리의 지체 중에서 온몸을 더럽히고 삶의 수레바퀴를 불사르나니 그 사르는 것이 지옥 불에서 나느니라"(야고보서 3:6). 사람이 죽어 하나님 앞에 가면 제일 먼저 혀가 심판을 받는다고 합니다. 우리가 하는 악행과 선행의 절반 이상이 다 혀로 만드는 것이기 때문입니다. 일리가 있는 소리입니다.

사람은 혀로 심판을 받기도 하지만, 반대로 혀 때문에 상급을 받기도 합니다. 혀의 진정한 가치는 '말'에 있을 것입니다. 다른 기능들은 짐승들도 할 수 있습니다. 또박또박 자신의 의사를 말로 표현하는 것은 비범한 혀를 가진 사람만의 특징입니다. 혀가 축복을 받아야 인생 전체가 그 덕을 누릴 수 있습니다. 좋은 말, 남을 세워주고 격려하는 말, 위로와 용기를 주어 다시 시작하게 하는 말들은 말 그대로 혀로 만들어낼 수 있는 최고의 보석들입니다. 깊은 영성은 혀가 만들어내는 말을 통해서 시작됩니다. 그러므로 혀를 잘 길들이는 연습을 해야 합니다. 자주 멈추어 세우는 연습도 하고, 적절하게 일하는 훈련도 받아야 합니다. 그래서 잘 정련된 아름다운 혀를 소유할 수 있습니다. 혀는 검보다도 예리해서 수많은 사람들을 찔러 살해할 수도 있고, 세상의 어떤 것보다 힘이 있어서 죽던 사람도 말 한마디로 살릴 수 있습니다. 혀는 곧 힘의 뿌리입니다.

기도와 찬송 그리고 아름다운 말로 혀를 잘 길들여 보시기 바랍니다. 생명이신 예수 그리스도를 다른 사람들에게도 전하기도

눈을 두 번 감았다 뜨세요

하고 아름다운 말로 다른 사람들을 축복하는 좋은 영성 훈련의
시간이 되시기를 기도합니다.

사랑의 빚

세상에서 지면 질수록 부담이 되는 것이 빚입니다. 가랑비에 옷 젖는 줄 모른다고 곶감꽂이에서 곶감 빼먹듯이 야금야금 빚을 지다 보면 나중에는 파산에 이르게 됩니다. 누가 말려주기 전까지는 천문학적인 숫자의 빚을 지더라도 멈출 수 없는 것이 빚의 특성입니다. 빚은 빌리는 사람이나 빌려주는 사람, 모두에게 치명적인 결과를 낳는 경우가 다반사입니다. 재물도 날리고, 사람도 잃게 됩니다. 돈이나 물품으로 빚을 졌든지 아니면 어떤 청탁을 부탁했다든지 빚은 양자 모두에게 큰 불편과 부담을 던져 줍니다.

그러나 세상에는 주고받을수록 서로를 신뢰할 수 있게 만들고, 기쁨과 감동을 주는 빚도 있습니다. 많이 베풀수록 오히려 더 큰 재산이 되고, 그 빚을 빌리는 사람에게도 큰 힘과 용기를 주어 힘든 세파를 헤쳐 나아갈 수 있게 하는 '신비한 빚'이 있습니다. '사랑의 빚'입니다. 사랑의 빚은 파산이 아니라, 새로운 출발과 도약을 가능케 하는 삶의 청량제가 됩니다. 재능을 나누어 주고, 물질과 온정을 베풀어 주면, 그 빚은 큰 사랑이 되어 좌절하고 넘어진 사람을 다시 일으켜 세우는 삶의 밑거름이 됩니다.

류머티스 심근염 때문에 수술을 하고 긴 시간 동안 병 치다꺼리를 하던 시절이 있었습니다. 계속되는 후유증과 합병증 때문에 심신은 다 망가졌고 다시 회복이 될 수 있을지 미래도 막막하기 그지없었습니다. 무엇보다도 너무 오랫동안 수업을 제대로 받지 못해서 교과과정을 따라 갈 수도 없었습니다. 시험을 볼 때마다 꼴찌를 도맡아 하며 절망의 나날을 보내고 있을 때, 한번은 담임 선생님이 저를 당신의 집으로 초대해 주셨습니다. 선생님은 단 한마디의 꾸지람이나 훈시도 없이 당신의 사모님을 통해 구수한 된장찌개 저녁 식사를 베풀어 주셨습니다.

분위기가 어색해서 그랬을까요? 선생님은 다소 과장된 목소리로 황당한 예언 하나를 툭 던지셨습니다. "야! 내가 단언하는데, 이다음에 너 크게 안 되면 내 손에 장을 지진다." 한오라기의 회초리도 감당할 수 없는 병약한 제자에게 베푸시는 선생님의 실속 없는 거짓말이라는 것을 너무도 잘 알았지만, 이상하게도 그 말 한마디가 저의 인생을 바꾸었습니다. 갑자기 길이 보이기 시작했습니다.

그날 저는 선생님에게 사랑의 큰 빚을 졌습니다. 이 빚 덕분에 수렁 같은 세상에서 밖을 나올 수 있었습니다. 훗날 저는 목회를 하면서 힘들고 어려운 사람에게 이 빚을 다시 되갚는 구름다리가 되었습니다.

사도 바울은 로마 교인들을 향해 말했습니다. "사랑의 빚 외에는 아무에게든지 아무 빚도 지지 마십시오. 남을 사랑하는 것은 율법을 다 이룬 것입니다"(롬 13:8). 기독교인으로서 세상의 것들을 빚지거나 빚을 놓는 것은 결코 바람직한 일이 아니지만, 사랑의 빚은 율법을 완성하는 것이라고 극찬을 했습니다. 사랑의 빚을 나눌 것을 강조한 것입니다. 바울 스스로가 이 사랑의 빚으로 만들어진 결과물이었기 때문입니다. 주님과 많은 동역자들이 베풀어준 그 사랑의 빚 때문에 그는 우리가 알고 있는 '사도 바울'이 된 것입니다. 우리 모두는 사도 바울처럼, 주님께 생명을 빚진 사람들입니다.

부활절이 가까워 올수록 사랑의 빚이 주는 의미를 다시 한번 되새겨 보아야 할 것입니다.

눈을 두 번 감았다 뜨세요

척!

어렸을 때 코미디언 중의 한 사람이 매번 입만 열면 "척 보면 압니다"라는 유행어를 퍼뜨려서 대단한 인기를 누린 적이 있습니다. 사람들이 착하고 순수해서 그랬겠지만, 당시에는 엄청난 인기를 누렸던 말입니다. 만약 누가 "어떻게 알았어?" 하고 물어 보면, 상대편에 있던 사람이 얼굴에 경련을 일으키며 발동을 걸어서 "척 보면 압니다" 하고 말을 했는데, 왜 그때는 그 소리가 그렇게 웃겼는지 모든 국민이 남녀노소 할 것 없이 다 따라 했습니다. 어감은 조금 달라졌지만, 이 말은 여전히 많은 영역에서 사용되고 있습니다. 세계 청소년 탁구 대회에서 금메달을 딴 아들의 아버지에게 아나운서가 물었습니다. "아드님이 이렇게 큰 재능을 가지고 있는 것을 언제부터 아셨습니까?" 아버지가 말합니다. "태어날 때, 척 보고 한눈에 알았습니다." 사람들은 직감이 있어서 그런지 그냥 '척' 보면 아는가 봅니다.

이민자들이 가장 많이 보는 것 중의 하나가 한국 드라마 연속극입니다. 한국이 드라마를 참 잘 만들어서 재미있기도 하지만, 고국을 떠나온 지 오래된 이민자들에게는 드라마가 한국의 정서를 여전히 유지하면서 그리움을 달랠 수 있는 유일한 해방구가 되기 때문일 것입니다. 문제는 십여 년이 넘도록 연속극을 매일 보약 달여 먹듯이 장기간 복용하다 보니, 이제는 드라마 한두 편만 보아도 이 드라마가 어떻게 전개될지 한눈에 미리 꿰뚫어보게 된 것입니다. 내공이 장난이 아닙니다. '누가 주인공 여자와 사귀게 될지', '사건의 진범이 누구인지', '앞으로 어떤 반전이 기다리고 있는지' 그리고 '막판에 어떻게 드라마가 끝이 날 것인지'에 이르기까지 척 보면 아는 것입니다. 매일 드라마를 주야로 묵상하다 보니 결국 작가 수준이 된 것입니다.

세상의 모든 일들이 마찬가지입니다. "어떻게 알았어?" 하고 물어보면, 금방, "똥인지, 된장인지 먹어봐야 아나, 그냥 척 보면 알지!" 하고 대답을 합니다. 의사들은 병원에 진료를 받으러온 환자들을 한눈에 척 보면 압니다. 어디가, 어떻게, 얼마나 아픈지 그냥 척 보면 견적이 나옵니다. "내가 그 사람 언제고 그런 실수할 줄 알았어!" 요즘 한국의 대통령 이야기가 나올 때마다 사람들이 자주 하는 소리입니다. 척 보고 한눈에 알았다는 것입니다. 정말 그렇다면, 귀신같은 사람들입니다. 자동차를 정비하시는 분들은 차 소리만 들어봐도 어디에 문제가 있는지 척 하면 삼천리이고, 교회 목사들도 성도들을 한눈에 '척' 보면 어떤 부류의 사람인지 단번에 간파합니다. 성도들도 질세라, 목사들을 척 보면 단번에 알아챕니다. 설교를 할 때도 첫 문장만 들어봐도, 그 목사가 어디로 튈지 짐작이 됩니다. "설교를 맛있는 찰밥으로 만들어줄지, 아니면 부글부글 끓는 죽으로 쑤어서 줄지" 척하고 아는 것입니다.

어떤 일을 습관적으로 반복하게 되면, 그 분야의 전문가가 된다는 소리입니다. 어떤 때는 표현을 잘 못해도, 대부분의 경우는 '척' 보면 압니다. 자신은 믿음이 잘 생기지 않는다고 답답해하시는 분들이 있습니다. 저는 그분이 왜 믿음이 안 생기는지 '척' 보면 알 수 있습니다. 여러 가지 이유가 있겠지만, 우선 대표적인 것이 "결코 믿음이 생길 짓을 하지 않는다는 것"입니다. 드라마를 보는 시간의 절반만 신앙생활에 투자해도 많은 변화가 있을 것입니다. 미국에 와서 제일 답답한 것이 영어를 잘 못하는 것입니다. 그래서 이민 초창기에는 누구나 목숨을 걸고 영어를 배웁니다. 한국에서라면 결코 똑바로 쳐다보지 못할 파란 눈의 원어민 교사들을 이곳 미국에서는 죽기 살기로 노려보며 영어를 배웁니다. 영어를 안 배우면 살 수 없기 때문입니다. 영어를 배우는 자세의 절반만 신앙생활에 쏟아부으면 많은 영적인 기쁨을 얻게 될 것입니다.

목사들 중에도 보면, 잡기雜技에 능한 사람들이 있습니다. 골프도 잘 치고, 볼링도 잘하고, 낚시도 잘하고, 여행도 잘 다닙니다. 미국의 구석구석을 마치 자기 집 안방처럼 한 손바닥 안에 꿰고 있습니다. 게다가 세상 돌아가는 이치도 한눈에 간파하고 있습니다. 정치면 정치, 경제면 경제 그리고 자동차와 주식stock에 이르기까지 모르는 것이 없습니다. 자기 스스로도 '척' 보면 다 안다고 말하면서 뿌듯해합니다. 교단 돌아가는 것도 잘 알고, 앞으로 누가 연회의 감독으로 피택될지 그리고 누가 어느 큰 교회의 담임으로 부임하게 될 것인지에 이르기까지 정말 모르는 것이 없습니다. 딱 하나 모르는 것이 있다면, '목회'를 잘 모릅니다. 이제 그만 똑똑해지고, 자기 시간의 많은 부분을 하나님께 드려야 합니다. 우선 강단 앞에 무릎 꿇고 석고대죄하는 마음으로 반성하며 기도해야 합니다. 기도하다가 집중이 잘 안 돼서 온갖 잡념들이 머릿속을 휘저을 것입니다. 그게 바로 지금 자기 영성의 현주소입니다. 그래도 따지지 말고, 설령 깊은 잠에 빠지는 한이 있어도 조용히 머리 숙이고 많은 시간을 주님께 써야 합니다. 그러면 왜 자신이 지금 이 모양인지 척 보면 알게 될 것입니다. 제 얘기입니다!

책상은 책상이다

　하루하루 권태스러운 생활 속에서 모든 것이 달라져야 한다고 생각한 중년 남자가 있었습니다. 그는 일상의 똑같은 삶에 신물이 나 있었습니다. 어느 날, 그는 여태까지 아무런 비판도 없이 주입식으로 배워왔던 모든 것들을 뒤집어엎기로 결심했습니다. "왜, 사람들은 '침대'를 침대라고 부르는지? 차라리 '사진'이라고 부르면 안 될까?" 그래서 그는 침대를 사진이라고 부르기로 작정했습니다. 그러자 그의 언어가 이렇게 바뀌게 되었습니다. "아! 피곤해. 이제 그만 사진 속으로 들어가야겠군." 남들이 하지 않는 것을 하니까 참 신선하고 좋았습니다.

　탄력을 받은 그는 용기를 내서 눈에 보이는 모든 것들의 이름을 닥치는 대로 바꾸어 부르기로 결심했습니다. 책상은 양탄자, 의자는 시계, 신문은 침대, 거울은 의자, 시계는 사진첩, 옷장은 신문, 양탄자는 옷장, 사진은 책상 그리고 사진첩은 거울이라고 불렀습니다. 그러자 그의 말은 또 이렇게 바뀌었습니다.

이 남자는 오랫동안 사진 속에 누워 있다가 사진첩이 울리면 일어나서 발이 시리지 않도록 옷장 위에 올라섭니다. 그리고 자기 옷들을 신문에서 꺼내 입습니다. 벽에 걸린 의자를 들여다보면서 양탄자 앞 시계 위에 앉아 자기 어머니의 책상이 나올 때까지 거울을 뒤적였습니다.

그는 이런 작업이 너무도 재미있고 신선했습니다. 그래서 온종일 새 단어들을 만들고 암기하는 데 시간을 다 보냈습니다. 나중에는 '자신'은 '발foot'이 되었고, '발'은 '자신'이 되었습니다.

그러다가 문득, '명사'만 바꿀 것이 아니라, '동사'도 바꾸어야겠다는 생각이 들었습니다. 그래서 '울린다'를 '세워 놓는다'로, '시리다'는 '본다'로 그리고 '서 있다'는 '시리다'로 바꾸어 부르기 시작했습니다. 모든 것이 새로웠습니다. 하지만 몇 년 뒤, 그는 자기 주변의 사람들과 더 이상 대화를 나눌 수 없게 되었습니다. 예전에 알았던 본래의 단어들과 표현법을 다 잊어버렸기 때문입니다. 옆에서 어떤 사람이 질문을 하거나, 말을 걸어도 대꾸해줄 수 없었습니다. 철저한 단절이 일어난 것입니다.

스위스의 작가 '페터 빅셀Peter Bichsel'의『책상은 책상이다Ein Tisch ist ein Tisch』라는 책에 나오는 이야기입니다. 주어진 일상생활에 갇혀서 앵무새처럼 똑같은 말만 반복하면서 살아가는 것이 얼마나 무미건조한 삶인지 그리고 새로워져야 한다는 생각 때문에 자신의 주변에 있던 모든 것들을 송두리째 뒤집다가 자칫 더 중요한 것을 잃어버릴 수도 있음을 이 이야기는 가르쳐 주고 있습니다.

　사람은 언제나 두 세계를 살아갑니다. 굳이 이데올로기의 문제가 아니더라도 세상은 언제나 좌파와 우파로 나누어집니다. 너무도 유명한 '로버트 프로스트Robert Frost'의 시 〈가지 않은 길The Road Not Taken〉은 어느 길을 택하든 인생이라는 숲속에 난 두 갈래의 길 중에서 우리는 오직 한 길밖에는 갈 수 없고, 가지 않은 길은 언제나 아쉬움으로 가득 찰 것임을 암시해줍니다. 그러므로 인생을 살아가면서 '취할 수 있는 것'과 '취할 수 없는 것' 그리고 '소중한 것'과 '불필요한 것'을 잘 구분하는 '분별력'과 이 두 가지를 잘 조화시켜 더불어 함께 가면서도 새로운 가치를 창출해낼 수 있는 삶의 지혜가 있어야 할 것입니다.

　지혜자의 마음은 때와 판단을 분변하느니라!(전도서 8:5).

말솜씨, 말 그릇

말 잘하는 사람들을 자주 봅니다. 말솜씨가 장난이 아닙니다. 주옥같은 말을 쉬지 않고 구사합니다. 얼마나 노력을 했으면 저렇게 말을 잘할 수 있을까요? 옛말에 "힘센 아들 낳지 말고, 말 잘하는 아들 낳으라"는 속담이 있습니다. 말이 곧 힘이기 때문입니다. 말을 잘하는 것은 큰 축복 중의 하나입니다. 사람들은 누구나 말을 잘하고 싶어 합니다. 그래서 말 잘하는 화술 책을 사서 읽기도 하고, 언어 교정 학원이나 각종 세미나 그리고 특별강좌에 참석해서 말하는 법을 배우기도 합니다. 아무리 머릿속에 웅대한 생각을 가지고 있고, 가슴속에 피 끓는 열정을 품고 있어도 그것을 남에게 잘 전달할 수 없다면, 아무것도 없는 것과 별로 다르지 않을 것입니다. 영어 단어 중에 '남에게 무엇을 배달하거나 전달해주는 것'을 'delivery'라고 합니다. 공교롭게도 '아기를 출산하는 것'도 같은 단어인 'delivery'를 사용합니다. 아무리 소중한 생명을 잉태하고 있어도 출산을 잘하지 못해서 생명을 낳을 수 없다면 결국 그 생명은 이 세상으로 태어날 수 없을 것입니다. 내 속에 있는 생각을 말로 잘 전달하는 것이나, 귀한 생명을 밖으로 잘 출산하는 것이나 같은 의미라고 생각을 한 것입니다. 지성이면 감천이라고 열심히 말하는 연습을 하게 되면 실제로 말솜씨가 많이 발전하게 됩니다. 실제로 멋진 미사여구로 장식된 조각품 같은 말들을 자유롭게 사용하는 사람들이 주변에는 많이 있습니다. 언어공학적으로 완벽한 말솜씨를 가진 말의 천재들입니다.

한번은 텔레비전을 보다가 깜짝 놀란 적이 있었습니다. 꽃미남처럼 예쁘게 생긴 젊은 남자 배우가 시사 대담 프로그램에 나와서 청산유수처럼 말을 잘하는 것입니다. 얼굴은 계집아이처럼 흠잡을 데 없이 맑고 깨끗합니다. 반면에 상의를 벗으면 말 근육 같은 우람한 몸매가 튀어나옵니다. 소위 '상남자'입니다. 완벽한 외모를 갖춘 사람이 말까지 완벽하게 구사하니 할 말이 없습니다. 물끄러미 텔레비전을 바라보다가 고개를 떨구며 한마디 하게 됩니다. "나, 헛살았다, 헛살았어!" 하나님은 공평하시다고 말들 하는데, 하나도 그런 것 같지 않았습니다. 찜찜한 마음으로 쓴 입맛을 다십니다. 그런데, 며칠 후, 깜짝 놀랄 만한 소식을 듣게 되었습니다. 그 대단한 친구가 상습적인 성폭력으로 입건된 것입니다. 못생긴 남자는 꼴값을 하고, 잘생긴 남자는 얼굴값을 한다더니, 그 말대로 된 것입니다.

요즘에는 뉴스를 보는 것이 겁이 납니다. 높은 도덕적 수준의 말과 행동으로 감동을 주었던 분들이 추한 사건에 연루되어 고개를 떨구는 일들이 너무도 많기 때문입니다. '미투Me too' 운동의 가해자로 고발이 되기도 하고, 마약사범으로 적발되기도 합니다. 억대 도박의 주인공으로 등장하기도 하고, 뺑소니 음주 운전으로 기소되기도 합니다. "절대로 인생을 포기하지 말라"고 열변을 토해서 감동을 주던 사람이 갑자기 스스로 목숨을 끊었다는 황당한 소식이 보도되기도 합니다. 수줍어하면서 예쁜 말만 골라하던 순박한 사람이 험상궂은 조직폭력배들과 연루되어 큰 범죄를 저질렀다는 이야기도 심심치 않게 보도됩니다. 엊그제 텔레비전에 나와서 보여주었던 뛰어난 화술과 언변은 온데간데없습니다. 말과 사람이 함께 가지 못하는 것입니다. 말은 대학병원 수준인데, 정작 말을 하는 사람의 의식은 거의 낙도의 보건소 수준입니다.

'말솜씨'와 '말 그릇'이 다른 것입니다. 부단한 노력과 연습으로 말하는 솜씨는 좋아졌는데 정작 그 말을 담는 그릇은 성장하지 못한 것입니다. 요즘 한국이나 미국이나 많은 정치인들이 말 때문에 큰 곤욕을 치르고 있습니다. 그 사람만의 '어록'이 나올 정도로 멋진 말을 많이 한 사람인데, 한 번의 '쌍말', '막말', '된말'로 여태까지의 모든 이미지를 다 망쳐버리는 경우가 비일비재합니다. 사람이 아무리 말 연습을 통해서 멋진 말솜씨를 갖는다 할지라도, 그 말들을 담을 수 있는 큰 그릇을 갖지 못한다면 말의 누수 현상을 피할 수 없을 것입니다. '이랬다저랬다' 오락가락할 것이고, '슈

크림'처럼 부드럽고 달콤한 말들을 여기저기에 뿌리겠지만, 결국 바람이 불면 모두 날아가 버리고 말 것입니다. 귀에 부드러운 말솜씨만 연습할 것이 아니라, 말들을 담을 수 있는 '그릇'을 키워야 합니다. 그릇은 부드러운 인품, 심성, 남을 배려하고 긍휼히 여기는 마음입니다. 깊고 넓은 그릇을 갖출 때, 그곳에서 나오는 말도 깊고 담백할 것입니다. 귀를 즐겁게 하는 현란한 말을 많이 하는 것이 말을 잘하는 것이 아니라, 몇 마디 안 되는 투박하고 우직한 말이라도 듣는 사람에게 깊은 공감과 깨달음을 줄 때, 우리는 그 사람을 향해 "말을 잘한다"라고 표현할 수 있을 것입니다. 말솜씨가 뛰어난 것이 아니라, 말 그릇이 커야 진정으로 말을 잘하는 사람일 것입니다.

저는 목사이다 보니, 말솜씨가 좋은 사람들이 부럽습니다. 원하든 원하지 않든, 한 주간에도 서너 번씩 사람들 앞에 서서 말을 해야 하다 보니 말에 대한 부담이 장난이 아닙니다. 조상 대대로 말 못하는 은사가 있는지, 저희 집 가문은 말솜씨가 좋은 사람이 단한 사람도 없습니다. 덕분에 항상 말에 대한 열등감을 가지고 살아왔습니다. 매끈하고 논리 정연하게 말하면서도 구수한 재미와 감동을 주는 다른 목사들을 보면 부러움을 넘어서 시기와 질투까지 하게 됩니다. 그런데 신기한 것이 하나 있습니다. 문득 생각해보니, 그런 현란한 말들 중에서 내 인생에 큰 영향을 준 말들은 거의 없다는 사실입니다. 그냥 웃고 넘어가거나 끄덕끄덕하고 지나친 것들이 대부분입니다. 반면에, 내 인생을 바꾼 한마디는 대부분 말 그릇이 큰 사람들을 통해서 이루어졌습니다. 끝까지 시원찮은 내 말을 들어주다가 "힘들겠다. 힘내라!", "잘 될 거야. 내가 같이 있어 줄게", '툭' 던진 그분들의 한마디가 내 인생을 붙잡아주고, 다시 시작할 수 있는 용기를 주었습니다. 훌륭한 말은 말솜씨에서 나오는 것이 아니라, 말 그릇에서 나온다는 것을 다시 한번 깨닫게 됩니다. 말 그릇은 말을 담는 그 사람의 '사람됨'입니다. 누구 말대로 사람이 먼저입니다!

말 그릇을 넓히고 다듬는 훈련을 많이 합시다. 현란한 말솜씨에서 인생의 맛이 나오는 것이 아니라, 말 그릇에서 진한 사골 같은 깊은 맛이 우러납니다. 큰 말 그릇을 가진 분들이 다 되시기를 기도합니다.

정말 쪽팔리는 일

아내가 미국에 온 지 얼마 안 되었을 때, 운전을 하다가 가벼운 접촉 사고를 낸 적이 있었습니다. 물론 집사람의 실수 부분이 크기는 했지만, 상대방 백인 남자의 과실도 결코 만만한 것이 아니었습니다. 그런데 신고를 받고 온 백인 여자 경찰관이 자초지종을 자세히 들어 보지도 않고 백인 남자의 말만 듣고 사고의 원인을 아내의 과실로 몰고 갔습니다. 일을 처리하는 경찰의 태도를 보면서 화가 치밀어 올랐습니다. 그래서 짜증스럽게 경찰에게 항의했지만, 그렇다고 목회자인 사람이 백주 대낮에 경찰관하고 큰 소리로 싸움을 할 수는 없었습니다. 더욱이 경찰국가인 미국에서 그렇게 했다가는 더 큰 문제가 일어날 것 같아서 일단 법원에 이의를 제기하고 판사 앞에서 결정을 내리기로 합의를 보았습니다. 그런데 시간이 지나서 생각을 해보니, 경찰과 실랑이를 벌이느라고 정작 위로해 주어야 할 아내는 신경 쓰지도 못했습니다. 오히려 아내의 부주의한 모습을 심하게 나무라고 책망하기까지 했습니다. 정말 인간이 부족해도 한참 부족했습니다. 젊은 아이들의 말처럼 쪽팔리는 일입니다.

나중에 사고 소식을 들은 교회 성도들이 여러 반응을 보였습니다. "목사님, 저도 당해봐서 아는데요. 정말 인종차별이 심하다니까요!"(공감파), "아이고 목사님, 얼마나 속상하셨을까? 사모님도 놀라셨지요? 경찰도 난감했을 겁니다(두루두루 인정파), "혹시, 사모님이 먼저 잘못하신 것 아닙니까?"(밉상파), "정확한 사실을 먼저 알아야 합니다. 사모님이 받았어요 받쳤어요?"(시시비비파), "목사님, 게네들이요, 그 자리에서 결정할 수 있는데, 그러지 않은 것은 분명한 책임회피입니다"(음모론파), "아니, 그래도 그렇지 목사가 욕하면서 경찰한테 대들면 됩니까?"(제삼의 불똥파), "그 경찰놈 이름 기억하시죠? 그 XX 누굽니까? 확 창세기를!"(막가파), "괜찮습니다. 그래도 큰 문제 안 만들고 좋게 끝나서 다행입니다"(좋은게 좋은파), "사람 안 다친 게 제일입니다. 다 하나님의 은혜입니다"(은혜 지상주의파), "보험처리 되지요? 이참에 자동차 다른 부분까지 '확' 다 고쳐 버리세요"(이참에 실속파), "목사님, 저도 그랬어요! 제가 댈러스로 가다가… 사실은 그날 안 가려고 했는데요… 목사님도 제 성격 아시잖아요"(주저리주저리파). 사람들이 모두 자기 생각만 말하는 데 관심이 있었습니다.

연세 드신 장로님의 부인 한 분이 제 아내의 손을 꼭 잡아주며 한마디 위로의 말을 건넸습니다. "얼마나 놀랬누. 그래도 주눅 들지 말고 계속 운전해야지. 안 그러면 노년에 나처럼 무력한 노인

네가 돼요. 힘내세요!" 이사람 저사람 눈치 보느라고 잔뜩 얼어있던 집사람이 그 권사님의 말씀에 비로소 닭기 똥 같은 눈물을 조용히 뚝뚝 떨궜습니다. 아내가 정말 듣고 싶었던 위로의 말을 마침내 들은 듯했습니다. 사람들이 한 사건을 바라보는 시각이나 생각이 어쩌면 이렇게 다를 수 있을까요? 이분들이 매일 아침 하나님께 이렇게 기도할 것을 생각하니 갑자기 하나님이 안쓰럽게 느껴졌습니다. "하나님, 당신은 입 다무시고 조용히 우리가 드리는 기도나 응답해 주시기 바랍니다." 나도 모르게 이런 생각이 들었습니다. '내가 하나님이 아니길 정말 다행이다.' 힘든 일이 있을 때 제일 먼저 위로를 해 주어야 할 사람이 배우자인데, 미안해하는 아내의 입장은 아랑곳하지 않고 "내일 주일인데 시끄러운 문제 일으켰다" 하고 성질을 냈던 생각을 하면 지금이라도 쥐구멍에 들어가서 '도기다시'를 하고 다시는 나오고 싶지 않은 것이 저의 마음입니다. 제 자신에게 자괴감을 느낍니다.

사람은 기본적으로 이기적입니다. 항상 자기의 생각과 판단에 사로잡혀 살아갑니다. 교정하고 바로 잡으려는 노력이 없다면, 죽는 순간까지 자기 자신만 생각하다가 삶을 마감하게 될 것입니다. "다른 사람의 암癌보다도 나의 감기가 더 아프다"라는 말이 있습니다. 항상 자기의 문제만이 절대적이고, 자기의 생각이 최우선이라고 생각을 하면 다른 사람을 품어줄 자리가 없게 됩니다. 기독교의 황금률은 "남에게 대접을 받고자 하는 대로 남에게 대접하라"(마태 7:12)입니다. 귀하게 대우받기를 원하면 먼저 남을 귀하게 여기면 되고, 사랑받고 싶으면 먼저 남을 사랑하면 됩니다. 하나님이 만드신 법은 공평해서 사람이 무엇으로 심든지 그대로 거두게 하십니다.

특히, 5월은 '가정의 달'입니다. 사랑하는 가족들에게서 정말 듣고 싶은 위로와 격려의 말 그리고 칭찬과 사랑의 말을 듣지 못한다면, 그 사람은 정말 소망이 없는 사람입니다. 같은 교회 안에서도 마찬가지일 것입니다. 먼저 함께 살아가는 사랑하는 사람들에게 사랑과 배려의 손길을 내밀지 못한다면 그것은 정말 쪽팔리는 일입니다.

듣는 마음 Listening Heart

다윗의 뒤를 이어 왕위에 오른 솔로몬은 풀어야 문제들이 산적해 있었습니다. 우선 자신의 왕위 계승에 대한 정통성도 세워야 하고, 강력한 정적들도 물리쳐야 했습니다. 백성들의 민심도 자기에게로 돌려야 했고, 긴 세월 동안 원수처럼 지내왔던 주변 국가들과도 새로운 외교의 방향을 모색해야 했습니다. 그리고 무엇보다도 이스라엘 역대 최고의 왕이었던 아버지 다윗의 부담스러운 그늘에서 벗어나야만 했습니다. 아버지처럼 막강한 군사 통제력이나 카리스마를 갖지 못했던 솔로몬은 왕위 등극 초창기부터 적지 않은 두려움에 시달려야 했습니다.

솔로몬은 왕위에 오른 후 제일 먼저 '기브아' 산당을 찾았습니다. 그리고 일천 일 동안 하나님께 번제를 드리며 기도하는 데 집중했습니다. 그는 거의 삼 년의 시간 동안 하루도 거르지 않고 하나님께 자신의 한 가지 소원을 기도했습니다. 많은 사람들은 솔로몬이 '지혜Wisdom'를 구했다고 알고 있습니다. 그러나 그것은 오해입니다. 솔로몬이 구한 것은 '지혜호크마'가 아니라, '듣는 마음레브 쇼메아'이었습니다. 많은 백성들의 소송과 재판을 잘 판결해주고, 공명정대하게 국정을 이끌어가기 위해서는 자신이 먼저 남의 말을 귀담아 들어야 한다고 생각한 것입니다.

제일 먼저 하나님의 말씀을 경청하고, 신하들과 백성들의 말에 귀를 기울이는 자세를 통치자의 기본 덕목으로 본 것입니다. 하나님이 솔로몬의 기도를 듣고 기뻐하셨습니다. 그의 순수하고 겸손한 마음을 하나님이 먼저 보신 것입니다. 비상한 두뇌 회전이나 덕지덕지 행운으로 도배된 욕심을 구하지 않고, 하나님과 백성들의 마음을 먼저 들려고 하는 솔로몬을 보시고 하나님이 흡족해하셨습니다.

솔로몬은 자신의 기도와 다짐대로 왕위에 오른 후 첫 번째로 처리한 재판에서 아주 절묘하게 한 불쌍한 어머니의 마음을 듣고 그녀의 아들을 찾아줍니다. 두 창기 어머니 중에서 생모를 가리는 재판에서 솔로몬은 자식의 소유권을 포기하면서까지 아기를 살리려는 어머니의 마음을 듣고 그녀가 아이의 친어머니임을 판결해 줍니다. '지혜'로 문제를 푼 것이 아니라, '듣는 마음Listening Heart'으로 답을 찾은 것입니다.

요즘에는 말의 홍수 시대를 살고 있습니다. 누구나가 다 말을 하고 싶어 합니다. 특히, 이민자들은 말이 고픈 사람들입니다. 낯선 땅에서 한恨이 많은 사람들이다 보니 말을 한번 시작하면 도무지 멈출 줄을 모릅니다. 모든 사람들이 자기 말만 하려고 하지, 남의 말을 도통 들어주려고 하지 않습니다.

저는 이번 주 월요일에 애틀랜타로 왔습니다. 그리고 며칠 동안 제가 이곳에서 어떻게 목회를 시작해야 할지 곰곰이 생각해보았습니다. 걱정스러운 일들도 많고, 반대로 잘 풀릴 것 같은 일들도 꽤 있었지만, 저는 제일 먼저 하나님께 '듣는 마음'을 달라고 기도했습니다. 듣고 알아야 목회를 잘 시작할 수 있기 때문입니다. 애틀랜타 교회를 통해서 하나님께서 이루고자 하시는 꿈을 듣게 하시고, 또 성도들의 마음과 아픔을 듣게 해달라고 기도했습니다. 자기의 생각과 말보다 하나님과 이웃의 마음을 먼저 귀담아듣는 자세가 신앙인이 되는 첫 번째 발걸음이라고 굳게 믿습니다.

적정 거리

태양이 1미터만 앞으로 나와 있어도 지구의 모든 동식물들은 다 타 죽는다고 합니다. 반대로 1미터만 뒤에 있어도 모든 것들이 다 얼어 죽습니다. 그러니까 태양과 지구는 가장 적절한 거리에 놓여 있는 것입니다. 태양만 그런 것이 아니라 존재하는 모든 것에 자기만의 적정 거리가 있습니다. 이 거리를 지키지 못하면 언제든지 치명적인 결과를 낳게 됩니다.

아무리 텔레비전이 좋아도 적정 거리를 유지해야 합니다. 너무 가까이 가서 시청하게 되면 시력을 망칠 수도 있습니다. 자동차도 서로 간의 적정 거리를 유지해야 합니다. 같은 방향이라고 좋아서 너무 붙게 되면 서로 부딪쳐서 큰 사고가 일어날 수 있습니다. 고슴도치들도 서로 간에 안전거리를 유지해야 합니다. 서로 반갑다고 너무 붙게 되면 서로를 자신의 가시로 찌를 수 있습니다. 그렇게 되면 소중한 사이인데도 돌이킬 수 없는 아픔과 상처를 낳게 됩니다. 적당한 거리를 유지해야만 '사이좋게' 지낼 수 있

눈을 두 번 감았다 뜨세요

습니다.

사람의 관계도 마찬가지입니다. 친하다고 해서 너무 가까이 가게 되면, 지나치게 익숙해지고 격이 없어져서 서로를 막 대하게 됩니다. 반대로, 그런 것이 무섭다고 해서 멀리 거리를 두고 팔짱만 끼고 있다 보면, 서로 간의 이질감이 심해져서 평생 친해질 수 없습니다. 이래저래 적정 거리를 유지하는 것은 결코 쉬운 일이 아닙니다.

어렸을 때, 우리의 어머니들은 자녀들에게 "친구하고 사이좋게 놀아라" 하고 신신당부하셨습니다. '사이좋게'라는 말은 '사이'와 '좋게'라는 두 단어의 합성어입니다. '사이'는 두 사람 간의 거리를 의미합니다. '좋게'라는 말은 원만한 관계를 지칭합니다. 즉, 서로 간의 거리를 잘 유지해야 좋은 관계를 유지할 수 있다는 말입니다. 친구지간에도 좋은 거리를 유지해야 '사이좋게' 지낼 수 있습니다.

우리 신앙인들도 적정 거리를 잘 유지해야 건강한 신앙을 가질 수 있습니다. 너무 세상에 가까이 다가가게 되면 세상의 한 부분이 되어 성도가 반드시 가져야만 하는 '거룩성'을 상실하게 됩니다. 나중에는 '맛을 잃은 소금'처럼 되어 길거리에 버려지게 됩니다. 반대로, 세상과 등을 지고 신령하게만 살려고 해도 문제가 일어납니다. 무가치한 망령 같은 존재가 되고 맙니다. 사람은 사람

냄새가 나야합니다. 우리가 살아가는 삶의 현주소는 '우주'가 아니라 '세상'입니다. 종교개혁자 '마틴 루터'의 말처럼, 신앙인은 한 눈으로는 세상을 바라보고, 또 다른 한 눈으로는 하나님의 나라를 골고루 바라보는 사람들입니다.

세상에 존재하는 모든 것들에게는 적정 거리가 있습니다. 왕과 신하 사이에도 거리가 있고, 친밀한 부부지간이라도 거리가 있습니다. 부모와 자식, 스승과 제자 그리고 목사와 성도 사이에도 반드시 지켜야 할 적정 거리가 있습니다. 이 거리를 무시하게 되면 항상 후회하는 일이 생깁니다. 할아버지가 손주에게 너무 엄하게 되면 남처럼 불편한 관계가 되고, 반대로 너무 가까이하면 손주가 버릇이 나빠져서 나중에는 할아버지의 수염을 뽑고 상투를 잡아 흔들게 됩니다. 항상 적정 거리를 간파하고 그것을 함부로 뛰어넘지 않는 지혜가 있어야 할 것입니다.

사람을 얻는 사람

어떤 사람의 처지가 안 되고 애처로울 때 '불쌍하다'라는 표현을 자주 사용합니다. 어떤 백과사전에서는 이 '불쌍不雙'이라는 단어의 어원을 '쌍이 없다'라는 뜻으로 정의합니다. 도움을 줄 은인恩人이 없고, 인생을 함께할 동지同志가 없고, 삶을 따뜻하게 데워 줄 연인戀人이 없는 사람을 들어 '불쌍하다'고 표현합니다. 그러니까 이 단어는 '힘든 상황'이나 '딱한 처지'를 지적하는 용어가 아니라, 그 난국을 헤치고 나올 수 있도록 도와줄 '사람'이 없는 것을 이르는 말입니다. '일'에 초점이 맞추어진 것이 아니라, '사람'에 초점이 맞추어진 용어입니다. "백지장도 맞들면 낫다"라는 속담이 있는데 그렇게 맞들어줄 사람이 없는 것입니다. 손뼉도 두 손바닥이 마주쳐야 소리가 나는데 안타깝게도 한 손바닥밖에 없는 사람입니다. 정말 불쌍한 사람입니다.

시간이 지나면 지날수록 '사람'이 소중하다는 생각을 절감하게 됩니다. '인사人事가 만사萬事'라는 옛 어른들의 생각이 절대적으로 옳습니다. 사람에게서 물질도 나오고, 재능도 발견되고, 조직과 구조도 만들어집니다. 사람이 근본입니다. 행복이나 감동은 물질 자체에서 나오는 것이 아니라, 그 물질을 나눌 사람에게서 옵니다. 결국 사람이 전부입니다. 힘이 되어줄 수 있는 유능한 벗들을 많이 가지고 있는 사람은 이미 그 자체만으로도 성공한 사람입니다. 이민 사회 속에서 소위 성공했다는 사람들을 자주 보게 됩니다. 크고 화려한 집과 막대한 부동산을 소유했습니다. 자녀들도 괄목상대할 만한 위치에 올려놓았습니다. 아무것도 없는 황무지 '타인의 땅'에서 동분서주하며 피눈물 나는 노력으로 이룬 결실입니다. 정말 대단합니다. 박수 쳐줄 만합니다.

자기 스스로도 대견한지 만나는 사람들마다 습관적으로 자신의 드라마틱한 영웅담을 늘어놓습니다. 세종대왕도 울고 갈 대단한 '용비어천가'입니다. 그런데 참 안타까운 것은 그 사람의 주변에 사람이 없습니다. 그의 말에 함께 맞장구쳐주고 진심으로 기뻐해 줄 사람이 없습니다. "또 시작이구나!" 그냥 피곤한 얼굴로 마지못해 들어주는 사람들이 있을 뿐입니다. 눈치라도 있으면 좋으련만, 자기 잘난 것밖에는 보이지 않습니다. 정말 '불쌍한 사람'입니다. 자기 생각에는 독불장군처럼 혼자서 일어난 것 같아도 곰곰이 생각해 보면, 분명히 오늘의 자신이 있기까지 음으로 양으로 도와준 수많은 사람들이 있었을 것입니다. 그런데 그 소중한 사람들을 자기 인생의 자리에서 다 지워버리고 혼자만 빛을 내려고 하니 결국 외톨이가 되고 만 것입니다. 지금이라도 더 늦기 전에 성공을 팔아 사람들을 다시 모아야 합니다. 성공은 물질이 아니라 사람을 통해서 결정되는 것입니다.

자수성가自手成家라는 말은 처음부터 가능한 말이 아닙니다. 다윗이 이스라엘 최고의 성군이 될 수 있었던 이유는 그를 위해서라면 목숨도 기쁨으로 버릴 수 있는 소중한 벗들이 있었기 때문입니다. "고향의 물을 마시고 싶다"라는 다윗의 말에 그날 밤 목숨을 걸고 전투를 벌여가며 다윗의 고향에서 물을 길어 온 소중한 부하들이 있었기에 그는 큰 뜻을 이룰 수 있었습니다. "이것은 물이 아니라 벗들의 피이다" 감동해서 그 물을 자신이 마시지 않고, 하나님의 제단에 부어 드리면서 다윗은 누구보다도 세상 사는 기쁨을 느꼈을 것입니다. 박해자 바울이 기독교 최고의 사도로 변신할 수 있었던 배후에도 수많은 동역자들의 눈물과 기도와 헌신이 있었습니다. 성경에 기록된 그의 서신들은 항상 '인맥 종합상자' 같은 묘한 느낌을 줍니다. "나를 위해서라면 목숨도 버릴 사람들입니다!" 사도 바울의 이 증언 속에서 그가 얼마나 축복받은 사람인가를 확인하게 됩니다.

중세시대 말기에 350년간 피렌체를 중심으로 화려한 르네상스 문화를 이끌었던 '메디치 가문Medici Family'의 수장들이 한 말이 생각납니다. "사람을 얻는 자, 곧 천하를 얻으리라." 부정적인 측면도 있겠지만, 메디치 가문을 등지고는 예술, 경제, 정치 등 어느 분야에서도 결코 뻗어갈 수 없을 만큼 그들은 막강한 힘과 사람들을 보유하고 있었습니다. 그들은 모든 것을 이루는 힘이 눈에 보이는 물질이나 현상이 아니라, 사람이라는 분명한 철학을 가지고 있었습니다. 르네상스는 바로 그 사람들이 함께 열어간 역사입니다. 사람이 이 세상을 풀어가는 열쇠입니다. 사람 얻는 기쁨으로 살아가면 절대로 후회하지 않는 인생의 족적을 남기게 될 것입니다.

사람을 바꾸는 말

세상에서 제일 싫은 것 중의 하나가 '설교 타입'으로 훈계하듯 말하는 것입니다. 아무리 좋은 말도 설교식으로 이야기하면 마음의 문을 닫게 됩니다. 게다가 꾸짖기까지 하면 다시는 만나고 싶지도 않습니다. '공자'가 제자들에게 훈계하듯 목사가 주일설교를 하게 되면, 교인들의 모습은 천태만상이 됩니다.

지루해서 온몸을 꽈배기 트는 사람들, 몰래 하품을 참기 위해 혀를 깨물며 인내력을 키우는 사람들, 정신이 이미 다른 곳으로 출장 나간 사람들, 세파에 지친 육신을 쏟아지는 잠으로 달래는 사람들 그리고 주보에 글을 쓰고 주고받으면서 옆에 앉은 아내나 남편과 끊임없이 이야기꽃을 피우는 사람들에 이르기까지 실로 다양한 몸짓들이 성전 안 여기저기서 연출됩니다. 그들의 몸짓 속에는 간절한 메시지가 담겨 있습니다. "목사님! 제발 설교 좀 간단하게 해 주십시오."

대부분 목사님들의 큰 착각 중의 하나는 강단에서 외치는 말을 성도들이 잘 들을 것이라는 생각입니다. 특히, 강단에서 찌르는 말로 엄하게 훈계하면 교인들이 변할 것이라고 믿습니다. 그래서 매 주일 설교 시간마다 지적하고, 때리고, 찌르고, 달달 볶습니다. 그러나 말 귀에 세레나데입니다. 현명한 목사님들은 빨리 깨닫습니다. 뾰족한 말은 절대로 사람을 변화시키지 못합니다. 오히려 부드럽게 세워주는 말속에서 변화의 조짐을 발견하게 됩니다.

느려터진 지렁이도 뾰족한 것으로 찌르면 아파서 꿈틀거립니다. 뾰족한 말로 찌르면 사람을 변화시킬 것 같아도 순간적으로 반사적인 행동만 보이지, 결코 변하지는 않습니다. 차라리, 찌르는 말보다는 '격려하는 말'이나 '칭찬하는 말'이 더 사람을 변화시킵니다. "야! 살 좀 빼라. 양돈養豚 사업하냐?" 아무리 찔러도 그 사람은 절대로 그 말에 찔려 살을 빼지 못합니다. 생각해 보십시오. 그런 말을 듣는다고 해서 빠질 살이라면 애당초부터 몸에 달고 다니지도 않았을 것입니다.

"이놈아, 너도 빼라", "사돈 남 말하네", "사람이 외모가 중요한 게 아니라 능력이 중요하지 내가 너보다는 성공하지 않았냐?" 이도 저도 아니면, "그래, 너는 말라서 좋겠다." 비꼬는 말을 던질 것입니다. 모두가 방어적이거나, 되받아치는 말들뿐일 것입니다. 그런 말을 하게 만드는 것이 정말 그 사람을 사랑하고 도우려는 말일까요? 그냥, 심심풀이 땅콩으로 찌르는 말이거나, 아니면, 그 사람을 주눅 들게 만들려는 속셈이 깔린 말일 것입니다.

이렇게 말하면 어떨까요? "야, 너 요즘 왜 이렇게 살 빠졌어. 어디 아팠어?", "너, 요즘 몰라보게 예뻐졌다. 운동하냐?", "그래 너는 이렇게 조금 마른 게 더 예뻐!" 이런 말을 듣는 당사자는 자신을 확인해 보기 위해서라도 거울 앞에 설 것입니다. 칭찬은 멀쩡한 돼지도 마르게 하고, 밤새워 개가 짖으면서 과잉 충성하게 만들고, 산더미만 한 고래도 춤을 추게 합니다. 정말 그 사람이 살이 빠져 예쁜 모습을 갖기를 원한다면 꼭 뾰족한 말이 아닌 뭉뚝한 말을 하십시오. "아니 집사님, 왜 이렇게 뒤태가 예뻐요. 나는 웬 처녀가 지나가나 했네." 그 집사님은 그날로 아름다운 처녀로 거듭날 것입니다.

> 혀는 몸의 작은 지체이지만, 엄청난 일을 할 수 있습니다. 보십시오, 아주 작은 불이 굉장히 큰 숲을 태웁니다(약 3:5).

그럴 수도 있겠구나!

　　인도의 시성詩聖이라고 불리는 '타고르Rabindranath Tagore'가 청년의 시절에 경험했던 이야기입니다. 하루는 자신의 집에서 일하는 늙은 하인이 아무 말도 하지 않고 일하러 오지 않았습니다. 덕분에 해야 할 많은 일들이 어긋나고 말았습니다. 기분이 많이 언짢았는데 이 종은 아무런 연락이 없습니다. 하루 종일 마음을 추스르며 분노를 다잡고 있었는데 저녁 무렵이 되었을 때에야 비로소 이 종이 어슬렁거리며 나타났습니다. 그는 주인인 타고르에게 와서 "왜, 자신이 늦을 수밖에 없었는지?" 일언반구의 말이나 변명도 없이 곧장 창고에서 빗자루를 꺼내 급하게 마당을 쓸기 시작했습니다. 마치 자기의 잘못을 빨리 덮으려고 하는 약삭빠른 모습처럼 보였습니다. 타고르는 화가 치밀어서 그 늙은 하인의 빗자루를 빼앗아 마당에 내동댕이치며 소리를 질렀습니다. "당장 그만둬요! 여기가 당신이 오고 싶으면 오고, 오기 싫으면 오지 않는 그런 곳인 줄 알아요? 당신 같은 사람은 여기서 일할 자격도

눈을 두 번
감았다
뜨세요

없어요. 내일부터는 올 필요 없습니다. 당신은 오늘로 해고입니다!"

그러나 노인은 아무 말도 하지 않고 다시 빗자루를 쥐어 들어 묵묵히 마당을 쓸려고 했습니다. 타고르는 한층 더 핏대를 올리며 큰 목소리로 고함을 지르기 시작했습니다. "당신 지금 나를 무시하는 거지? 그만두라는 말을 못 들었어요? 당장 끌어내기 전에 빨리 이 집에서 나가요!" 그러자 노인은 빗자루를 든 손을 가지런히 모으며 말했습니다. "주인님, 한 번만 용서해 주십시오. 아무 말씀도 못 드리고 이렇게 뒤늦게 나타난 것은 모두 저의 잘못입니다. 그런데 주인님, 어젯밤에 제 딸아이가 세상을 떠났습니다." 노인은 참았던 눈물을 터뜨리며 흐느껴 울기 시작했습니다. 깡마른 손으로 얼굴을 가리고 흐느끼는 노인을 보면서 타고르는 마치 몽둥이로 뒤통수를 얻어맞은 기분이었습니다.

어떤 일이 일어났을 때, 자초지종을 충분히 알아보지 않고 자기 마음대로 판단하고 마음의 문을 닫아버리게 되면 사람이 얼마나 옹졸해지고 잔인해질 수 있는지를 타고르는 그날 깨달았다고 합니다. 그 사건 이후로 그는 자신의 감정을 표현하기 전에 항상 먼저 일의 시시비비를 따져보는 습관을 가졌다고 합니다. 그리고 늘 "그럴 수 있겠구나!"라는 말을 입술로 중얼중얼 읊조리며 살았다고 합니다. 옛말에 "핑계 없는 무덤이 없다"라는 속담이 있습니다. 황당하고 말도 안 되는 일이라고 매몰차게 몰아붙였는데, 나중에 그 속사정을 듣고 보니 충분히 이해가 되는 경우가 많이 있습니다. 이유가 어찌 되었든 화를 내고 공격적으로 남을 정죄하게 되면 반드시 후회하는 일이 생기게 됩니다.

어렸을 때 아버지는 항상 어린 저에게 당신의 등허리에 올라가서 허리를 밟도록 시키셨습니다. 요통이 심하셨던 것 같습니다. 초등학교 때는 그런대로 괜찮았습니다. "아이쿠, 시원하다! 우리 아들이 최고다" 말씀하시는 아버지를 기쁘게 해드리려고 즐겁게 그 일을 했습니다. 또 허리를 밟아드리고 나면 용돈도 자주 주셨는데 기분이 아주 쏠쏠했습니다. 그러나 중학생이 되면서부터는 할 일도 많아져서 그랬는지 그렇게 시간을 보내는 것이 쉽지 않았습니다. 철이 아직 덜 들어서 그랬을 것입니다. 짜증스러운 목소리로 "아버지 그러지 말고 병원을 가세요." 신경질을 내면 아버지는 언제나 부드러운 목소리로 말씀하셨습니다. "우리 아들이 밟아주는 것이 세상에서 제일 시원해." 청년이 되어서도 그 일은 계속되었습니다. 하지만 그때는 안쓰러운 마음이 더 강했습니다. 아버지의 허리가 내 몸무게를 이길 수 없을 만큼 연약해졌기 때문입니다.

손으로 살살 아버지의 등을 주물러드리면 아버지는 자꾸 올라가서 밟으라고 하셨습니다. "아버지, 허리 부러져요!" 더 힘껏 허리를 손으로 눌렀지만, 아버지는 만족스럽지 못하셨던 것 같습니다. "그러지 말고 내일 저랑 병원에 같이 가세요"라고 권하면, 아버지는 그 소리가 듣기 싫으셨는지, "이제 다 됐다. 어이구, 시원하다" 허세를 부리시고는 당신의 일을 하셨습니다. 몇 십 년이 지나서 아버지의 모습이 제 모습이 되었습니다. 이제는 아들들이 멀리 타주에 있기 때문에 아내에게 "등허리로 올라가서 허리를 밟으라"고 자주 부탁을 합니다. "그러지 말고 카이로 프랙터에게 가라"는 아내의 말을 모르쇠로 일관하면서 "당신이 밟아주는 것이 이 세상에서 가장 편안하다"고 아부성의 발언을 합니다. 아내가 올라가서 2~3분 밟다가 내려옵니다. 그러면 또 아첨과 거액의 매수를 해서 몇 번을 되풀이합니다.

딱딱한 바닥에 엎어져 아내에게 밟히면서 비로소 40년 전에 아버지의 마음을 느끼게 됩니다. "이래서 그랬구나. 아버지가 이 기분이었어!" 좀 더 열심히 밟아 드렸어야 했는데, 쓸쓸한 미소를 짓습니다. 곰곰이 생각해보니 우리 집이 가문 대대로 허리 병이 있었던 것 같습니다. 이제는 많이 치료를 해서 좋아졌지만, 그래도 여전히 허리가 시원찮습니다. "남의 신발을 신고 1마일을 걸어보기 전까지는 그 사람에 대해서 함부로 판단하지 말라"는 말이 있습니다. 그 당사자가 되기 전까지는 그 사람의 입장을 이해한다는 것이 결코 쉽지 않을 것입니다. 언제부터인지 저도 타고르가 했다는 그 '입 연습'을 따라서 하고 있습니다. "그럴 수 있겠구나!" 자꾸 반복해서 그 말을 되뇌이자 세상의 모든 일들이 "정말그럴 수도 있겠다"는 생각이 들었습니다.

"그럴 수 있겠다"라고 생각을 하면 이상하리만큼 마음이 넓어집니다. 과연 그럴 수 있는지, 여러분도 한번 해보시기 바랍니다.

"그럴 수도 있겠구나!"

이름 모를 사람들의 헌신

　프랑스에 '잔 루이즈 깔망Jeanne Louise Calment, 1875. 2. 21.~1997. 8. 4.'이라는 여성이 있었습니다. 이분은 공식기록 사상 세계 최장수 인물입니다. 122년 164일을 사신 분입니다. 1세기 전의 세계적인 화가 '반 고흐Vincent Van Gogh'의 어린 연인이었다고 합니다. 85세부터 취미로 펜싱을 배우기 시작했고, 102살까지 자전거를 탔다고 합니다. 또, 117살까지 담배를 피웠다고 하니 굉장한 노익장입니다.

　한 번은 '깔망' 할머니가 75세가 되었을 때, 홀로 사는 것을 안타깝게 생각한 같은 동네에 사는 부동산 업자가 깔망 할머니에게 다음과 같은 제안을 했다고 합니다. "할머니는 돌봐 줄 가족도 없고, 일정한 수입도 없으니, 제가 할머니께서 사시는 동안까지 생활비와 주택 유지비를 제공하겠습니다. 대신 할머니가 돌아가실 때는 할머니의 집을 저에게 유산으로 넘겨주십시오." 깔망 할머니는 너무도 반가운 제안에 감사해하며 얼른 계약서에 서명했습니다. 아마도 부동산 업자는 유달리 연약해 보이는 깔망 할머니가 짧게는 5년 안에 그리고 적어도 10년 안에는 유명을 달리하실 것이라고 생각했던 것입니다.

그러나 깔망 할머니는 질겼습니다. 좀처럼 돌아가실 조짐이 보이지 않았습니다. 시간이 갈수록 부동산 업자가 몸이 달았습니다. 하지만 계약서까지 만든 판국에 자신의 약속을 파기할 수는 없었습니다. 불쌍한 노인에 대한 배려와 약간의 흑심으로 시작된 예상치 못한 자선은 그렇게 진행되었고, 결국 43년 만에 끝이 나고 말았습니다. 그러나 죽은 사람은 깔망 할머니가 아니라, 이 부동산 업자였습니다. 그도 그럴 것이 이 부동산 업자가 깔망 할머니에게 처음 그 제안을 할 때의 나이가 야심과 패기로 가득 찬 41살의 나이였는데, 이제는 84세가 되어 늙어 죽은 것입니다. "사람이 온 순서는 있어도 갈 순서는 모른다"라는 말이 맞습니다. 결국 이 부동산 업자는 본의 아니게 같은 마을에 사는 불쌍한 독거노인이었던 깔망을 이 세상의 어느 아들보다도 극진하게 보살피다가 먼저 하늘나라로 간 것입니다.

황당하고 헛웃음이 나오기도 하지만, 또 한편으로는 참 훈훈한 감동을 주는 에피소드입니다. '최장수 노인 깔망'이라는 말을 들을 때마다 제일 먼저 떠오르는 이 부동산 업자는 어쩌면 이 세상의 어떤 아들보다도 훌륭한 아들이었을 것입니다. 본의든 본의가 아니든, 욕심으로 충만한 이 세상 속에서 자신의 반평생을 불쌍한 독거노인을 위해 헌신한 이분의 노력이 아니었다면, 깔망 할머니는 결코 자신의 천수를 다 누리지 못했을 것입니다.

예수님의 십자가를 떠올릴 때면, 비록 반강제였지만, 예수님의 십자가를 대신 짊어져야 했던 구레네 사람 '시몬'이 생각납니다. 그리고 오병이어의 기적 이야기를 접할 때면, 항상 보리떡 다섯 개와 물고기 두 마리를 헌신한 이름 모를 어린아이가 생각납니다. 사도 바울의 선교 사역도 보면, 언제나 '이름 모를 사람들'의 눈물 어린 헌신이 숨어 있습니다. 이들의 헌신과 참여가 있었기에 우리가 기억하는 위대한 이야기들이 전해질 수 있었습니다.

우리가 미국의 애틀랜타에 살면서 어떤 이유로든 함께 연루되어 아름다운 신앙의 이야기를 엮어갈 수 있다면, 그 헌신이 엄청난 축복이었음을 알게 되는 날이 곧 올 것입니다.

이왕이면

인생을 잘 풀어가는 사람일수록 '덕분에Thank to'라는 말을 많이 쓰고, 인생의 고전을 면치 못하는 사람일수록 '때문에because of'라는 말을 많이 사용합니다. 두 단어가 모두 자기 인생에 대해서 주체적이지 못하고 다른 사람에게 의존적이고 책임을 전가하는 듯한 느낌을 줍니다. 그러나 '덕분에'라는 말은 듣는 사람에게 보람과 행복감을 선사하지만, '때문에'라는 말은 '불쾌감'과 '죄책감'을 느끼게 합니다. 말은 배의 '방향키'와 같습니다. 큰 배가 작은 '키'의 움직임에 따라서 이리저리 방향을 바꾸는 것처럼, 사람은 작은 혀의 조정에 따라서 인생 전체가 오락가락하게 됩니다. 그러므로 이왕이면 부정적인 표현보다는 긍정적인 표현을 사용하는 것이 좋습니다. 같은 말이라도 조금 밝게 표현하면 본인 자신에게도 좋고, 주변에 있는 모든 사람들에게도 인생의 청량감을 느끼게 할 수 있습니다.

미국에 온 이민자들은 분명히 그런 중대한 결정을 하게 만든 동기가 있을 것입니다. 어떤 경우는 '사람' 때문이기도 하고, 또 다른 경우는 중대한 '사건' 때문일 것입니다. 그러나 곰곰이 생각해 보면, 그것이 어떤 이유에서건 반드시 긍정적인 면과 부정적인 면이 동시에 있을 것입니다. 안정되고 익숙한 터전을 버리고 새로운 땅으로 거처를 옮길 때는 분명히 상처와 아픔을 준 사람이 있었을 것이고, 또 그 와중에도 새로운 기회의 땅으로 이주할 수 있도록 도와주고 격려한 사람이 있을 것입니다. 사람의 뇌는 감정을 처리하는 용량에 한계가 있어서 '감사하는 마음'과 '원망하는 마음'을 동시에 담을 수가 없다고 합니다. 반드시 어느 한쪽에 더 강조점을 두게 되어 있습니다. 어느 한 쪽을 택하게 되면, 반드시 다른 한 쪽을 잃어버리게 되어 있습니다. 그래서 선택이 중요합니다.

미국에서 목회를 하면서, 입만 열면 과거 이야기를 하시는 분들을 자주 보게 됩니다. 어떤 분들은 '아무개 덕분에' 힘들고 어려운 일들을 잘 이겨내고 이 애틀랜타에 정착하게 되었다고 말씀하시는 반면에, 또 다른 분들은 '아무개 놈 때문에' 내 인생이 더 뻗어가지 못하고 망가져서 이렇게 애틀랜타에 처박히게 되었다고 푸념을 합니다. 그분들의 인생에서 어떤 일이 일어났는지 알 수는 없지만, 분명한 것은 두 사람 모두 지금 이곳 애틀랜타에 뿌리를 두고 살아가고 있다는 사실입니다. 그분들의 경제 수준이나 사회적 위치를 정확하게 알 수는 없지만, '덕분에'라는 생각을 가지고 살아가시는 분들과 '때문에'라는 말을 입에 달고 사시는 분들은 '삶의 질'에 있어서 엄청난 차이를 경험하게 될 것입니다.

돈을 들이지 않고 누구나 쉽고 공평하게 사용할 수 있는 것이 '말하는 것'입니다. 사람이 사용하는 단어와 말투를 들어보면 그 사람의 인생을 어느 정도 가늠할 수 있습니다. 어차피 자신의 생각을 표현할 것이라면, '이왕이면 다홍치마'라는 말이 있는 것처럼, 온화하고 진취적으로 말을 하는 습관을 가져야 합니다. "말이 곧 그 사람이다"라는 속담처럼, 듣는 사람에게 깊은 감동과 자부심을 심어주는 사람들이 행복한 인생을 살아갑니다. 감사하고 행복하게 해 주는 말을 자주 하는 사람은 인생이 밝은 쪽으로 풀려가는 경우가 많고, 남에게 책임을 전가하고, 현실을 부정하고 남을 탓하는 사람은 신기하게도 인생이 점점 더 꼬여가는 것을 자주 보게 됩니다. "말 한마디가 천 냥 빚을 갚는다"라고 했습니다. 시기에 적절하고 잘 표현된 아름다운 말 한마디는 그 가격이 천 냥이 될 수도 있다는 뜻입니다.

살아있는 유기체 안에서 절대로 죽은 것이 나올 수 없습니다. 살아있는 사람에게서 나오는 말에는 생명력이 있습니다. 말이 아무것도 아닌 것 같아도 시간이 지나서 보면, 그 말대로 되는 경우를 자주 보게 됩니다. 말이 곧 생명이기 때문입니다. 말 한마디 한마디로 인생을 뜨개질합니다. 온화하고 따뜻한 말로 인생을 한 올 한 올 엮어 가면 반드시 멋진 인생의 의복을 입게 될 것입니다.

이왕이면 같은 말이라도 남에게 행복을 줄 수 있는 말씨를 연습해야 할 것입니다. 예전에는 온화하고 따뜻한 말을 사용하기보다는 다시 거칠고 투박하더라도 설득력 있게 그리고 효과적으로 말하는 것이 중요하다고 생각했습니다. 그런데 시간이 지나서 되돌아보니, 온화하고 생명력 있는 말이 사람들에게 더 큰 영향과 감동을 주는 것을 알게 되었습니다.

며칠 전 예전에 섬기던 교회의 성도님 두 분이 저에게 각각의 기도를 부탁하셨습니다. 두 분 모두 쉽지 않은 병에 걸려서 힘든 시간을 보내고 계셨습니다. 큰 병에 걸렸으니 감정이 불규칙하고 표현이 고를 수 없다는 것을 충분히 이해합니다. 그러나 같은 말이라도 '아' 다르고 '어' 다르다는 것을 느끼게 됩니다. 한 사람은 "목사님이 멀리 가셨지만, 그래도 미국에 계신 덕분에 이렇게 기도를 부탁드리게 되어서 참 감사합니다"라고 말씀하셨고, 또 다른 한 분은 "목사님이 우리를 버리고 좋은 곳으로 가셨기 때문에 우리들이 이렇게 방황합니다"라고 표현하셨습니다. 목사이기 때문에 감정 표현 없이 공평하게 두 분을 위해 기도해드렸지만, 저 개인적으로는 천당과 지옥을 경험했습니다.

긍정적인 사람은 항상 긍정적인 표현을 합니다. 반면에 부정적인 사람은 어떤 상황 속에서도 부정적으로 말합니다. 말은 습관입니다. 그리고 그 표현 습관은 그 사람의 인생을 예상하지 못한 방향으로 이끌고 갈 것입니다. '덕분에'와 '때문에'는 모두 다른 사람에게서 그 원인을 찾는 표현이지만, 그 말을 듣는 사람은 전혀 다른 감정을 갖게 됩니다. 모든 말에는 그 말이 갖는 '연비'가 있습니다. 연비가 높은 표현법과 낮은 표현법이 있습니다. 말의 연비가 높은 말을 사용하는 사람이 사랑받는 인생을 살게 됩니다. 정말 그런지 확인해 보고 싶다면, 지금 당장 옆에 있는 사람에게 이렇게 말 해보시기 바랍니다. "내가 이렇게 된 것이 모두 다 당신 덕분입니다", "내가 이렇게 된 것이 모두 다 당신 때문입니다." 작은 단어 하나의 차이이지만, 엄청나게 다른 결과를 상대방의 얼굴에서 확인하게 될 것입니다. 이왕이면 좋은 표현을 합시다.

내 안에 너 없다

자신을 항상 '조명 받지 못한 천재'라고 믿었던 당찬 신념의 사나이 '구스타프 말러Gustav Mahler'는 비엔나의 어느 사교장에서 훗날 자신의 운명을 광풍의 소용돌이로 몰고 갈 치명적인 매력을 지닌 '알마 쉰들러Alma Schindler'라는 여인을 만나게 됩니다. 말러는 그녀를 처음 보는 순간 온몸이 얼어붙는 듯한 전율을 느끼게 됩니다. "이 세상에는 날개 없는 천사가 진짜 있다"라는 것을 그날 알게 됩니다. 말러는 그녀에게 총 350통의 연서를 썼다고 합니다. 작곡을 하고 감미로운 멜로디를 끊임없이 만들어내는 음악가였으니 얼마나 멋진 연애 문구들을 만들었겠습니까? 그중에 대표적인 말이 '내 안에 너 있다You are within me'입니다. 100년 후에 간질간질한 애정 멜로드라마 속에서나 나올 법한 닭살 돋는 표현을 그는 거침없이 사용했던 것입니다. 당시 비엔나 황궁의 오페라 감독직을 맡을 만큼 장래가 촉망받는 사람이었으니 그런대로 이 매력적인 요정 알마의 마음을 사로잡았을 것입니다.

알마도 음악적인 재능이 뛰어난 여성이었고 언제고 기회가 오면 자신도 작곡을 배워 반드시 위대한 곡을 만들겠다는 야심까지 갖고 있었습니다. 게다가 잘난 남자가 "내 안에 너 있다"라고까지 하면서 대쉬하는데 굳이 마다할 이유가 없었습니다. 결국 두 사람은 20살의 나이 차이를 극복하고 결혼하게 됩니다. 이런 경우 두 사람이 행복하게 잘 먹고 잘사는 것으로 끝이 나면, 한편의 멋진 드라마가 될 것입니다. 그러나 현실 세계에서는 좀처럼 그런 드라마가 존재하지 않습니다. 처음에 두 사람은 두 딸을 낳으며 그런대로 행복하게 살았습니다. 그런데 큰 딸아이가 5살에 천연두에 걸려 죽고, 말러가 예상치 못한 심장병에 걸리면서 그들의 사랑도 물 건너가게 됩니다. 훗날 20세기 최고의 '팜므파탈'로 불리우게 될 뇌살적인 매력을 가진 알마는 큰 딸아이의 죽음과 함께 찬란한 남성 편력의 역사를 펼치게 됩니다.

알마는 자신을 고귀한 귀족 가문의 후손이라고 소개했지만, 사실 그녀의 집은 대대로 장인의 가정이었습니다. 어머니 또한 부유한 가정에서 성악을 공부한 음악도가 아니라 아버지의 파산 때문에 힘겹게 자라났으며, 곧잘 노래를 부르던 파출부의 도움으로 음악을 배운 삼류 가수였습니다. 그리고 그녀는 언제나 정결한 요조숙녀처럼 행동했지만, 실제로는 분리파의 초대 의장이었던 '구스타프 크림트Gustav Klimt'의 연인이었습니다. 크림트는 성적으로 문란한 사람이었고 죽은 후에도 14명의 사생아들이 발견될 만큼 난봉꾼이었습니다. 알마는 19살에 이미 그에게 첫 순정을 바친 것입니다. 얼마 지나지 않아 크림트에게 버림받게 된 알마는 황궁 극장의 극장장이었던 '맥스 벌크하르트'와도 염문을 뿌렸고, 자신에게 피아노를 가르쳐주었던 비엔나의 유명한 지휘자 '젬린스키Zemlinsky'와도 부적절한 관계를 갖게 됩니다.

알마가 마음을 잡고 현모양처처럼 현숙하게 살았던 유일한 시기는 1902년에 말러와 결혼을 하고 난 후 5년 남짓한 기간뿐이었습니다. 보수적이고 자기중심적이었던 말러는 연애할 때를 빼놓고는 결코 낭만적이거나 감성적이지 못했습니다. "내 안에 너 있다"라고 달콤한 말을 날리던 그는 더 이상 존재하지 않았습니다. "이제는 내 안에 너 없다"가 된 것입니다. 이미 잡은 고기라고 생각했는지 말러는 알마를 정결한 아내로만 대했습니다. 그러던 차에 큰 딸이 죽으면서 낙심한 알마는 심경에 큰 변화를 경험하게 됩니다. 멈추었던 팜므파탈의 숙명적인 길을 다시 걷게 됩니다. 게다가 치명적인 심장병에 걸린 남편에게서는 더 이상 성적인 매력을 느낄 수 없었습니다. 그녀는 얼마 후 자신보다 23살이 어린 젊은 건축가 '그로피우스'와 열애에 빠지게 됩니다. 참 신기한 것은 "말러를 버리고 자신과 결혼을 하자"라는 그로피우스의 달콤한 유혹을 거절하고 알마가 끝까지 말러의 곁에 머문 것입니다. 비록 외도를 하더라도 자신의 자리는 말러 옆이라고 생각한 것 같습니다.

아내의 부정을 알게 된 말러는 절망하면서도 죽는 순간까지 모른 척하며 지냅니다. 대신에 그는 배신의 아픔과 상처를 자신이 작곡한 여러 개의 교향곡 속에 담아 표현합니다. "오! 리레Lyre, 오직 너만이 이 뜻을 이해할 것이다"라든지, "너를 위해 살고 너를 위해 죽는다, 알미치알마의 애칭"라는 알쏭달쏭한 글귀들을 곡 속에 새겨 넣으며 작곡 활동을 하다가 결국 외로운 인생을 끝맺게 됩니다. 남편의 죽음과 함께 알마는 고삐 풀린 망아지처럼 수많은 남성들과 어울리며 숱한 염문을 뿌리게 됩니다. 그녀는 그로피우스와 결별하고, 죽은 남편 말러의 주치의사, 황궁의 작곡가, 생물학자 크레머 그리고 7년 연하의 젊은 화가 코코쉬카Kokoschka와도 사랑에 빠집니다. 주목해 볼 만한 것은 그녀와 사랑에 빠진 남성들은 모두 불행하게 최후를 맞이하게 됩니다. 남자를 파멸로 이끄는 팜므파탈의 치명적인 운명을 그대로 보여준 것입니다.

이런 생활에 진력이 났는지 알마는 다시 전 애인이었던 그로피우스에게로 돌아와 그와 결혼을 하고 '마농'이라는 또 다른 딸을 낳게 됩니다. 그리고 얼마 지나지 않아 재충전을 했는지, 다시 당시의 유명한 소설가였던 젊은 베르테르와 사랑에 빠집니다. 베르테르가 성공적인 소설로 유명작가가 되자, 알마는 그로피우스와 이별하고, 베르테르와 결혼하게 됩니다. 그리고 미국으로 망명해 84세의 나이로 삶을 마감할 때까지 뉴욕의 사교계를 휘저으며 '죽음의 여신'이라는 이름으로 불리우게 됩니다. 아무리 도도한 남자라도 알마를 만나면 금방 그녀의 매력에 취해 정신을 잃는다고 합니다. 그녀는 청력이 나빠서 남자들과 대화를 할 때면, 자신의 얼굴을 항상 남자의 얼굴 가까이에 들이대는 습관이 있었다고 하

눈을 두 번 감았다 뜨세요

는데, 그러면 모든 상황은 자동 종료되었다고 합니다. 그녀의 화장에서 풍겨나오는 고혹적인 매력에 남자들은 정신줄을 놓았던 것입니다.

"도대체 얼마나 잘난 여성이기에 그랬을까!" 그냥 호기심과 상상력으로 끝을 냈어야 하는데, 바보처럼 그녀의 사진을 찾아봤다가 저의 조급하고 경거망동한 행동을 크게 후회한 적이 있기는 했지만, 그녀는 분명 한 시대를 풍미했던 대단한 여성임에는 틀림이 없습니다. 갑자기 그녀에게 묻고 싶어졌습니다. 과연 한순간이라도 행복을 느낄 수 있었던 남성이 있었는지? 그녀는 남자 자체의 가치보다는 그가 가진 명성이나 재력을 더 사랑한 여성입니다. 그녀는 어쩌면 예수님께서 수가성에 만났던 여인(요한 4장)의 전형적인 후예입니다. 수많은 남성들의 품에 안기면서도 끝까지 그녀의 이름을 '알마 말러'라고 고집한 것을 보면, 그녀가 사랑한 유일한 남자는 '말러'뿐이었을지도 모릅니다. 말러가 연애 시절에 했던 말, "내 안에 너 있다"를 드라마 '파리의 연인'에서 탤런트 이동건이 김정은에게 달콤하게 해주었던 것처럼, 결혼 후에도 계속 달달하게 속삭여 주었다면, 알마의 인생도 다른 모습으로 바뀌지 않았을까요? 여러 가지 핑계를 대며 너무 각박하고 재미없게 살지 말고, 사랑하는 사람에게 늦기 전에 말해 보시기 바랍니다.

"야! 내 안에 너 있다."

아직 남은 만남이라도
잘 해보고 싶습니다

한국의 광화문에 있는 교보문고 앞을 지나는데 광고탑에 이런 글귀가 적혀 있었습니다. "만남에 대한 책임은 하늘에 있지만, 관계에 대한 책임은 사람에게 있다." 몇 발자국 떼다가 깊은 여운이 남아 다시 한번 뒤돌아보았습니다. 정말 가슴에 와닿는 말입니다. 반 백 년이 넘는 세월을 이 땅에 살면서 헤아릴 수 없는 수많은 사람들을 만났습니다. 그중에는 차라리 만나지 않았으면 좋았을 사람들도 있지만, 반대로 어떤 사람들은 가슴 벅찰 만큼 감사하고 소중한 만남이기도 했습니다. 조금 일찍 만났더라면 분명히 내 인생의 방향을 송두리째 바꾸어버렸을 만한 거인巨人들과의 만남도 있었고, 대충 지나치며 빨리 뇌리에서 지워버렸어야 했을 잔챙이들과의 만남도 있었습니다. 좀 더 깊이 오랫동안 만나고 싶었던 사람이지만 아쉽게도 너무 빨리 기억의 뒤안길로 사라져버린 분들도 있고, 금방 잊혀질 사람인 줄 알았는데 주야장천 평생 동안 지속적으로 함께 동행하게 된 사람도 있습니다. 조

238
눈을 두 번
감았다
뜨세요

금 다른 시기에 만났으면 그 가치와 의미가 다르게 느껴졌을 사람도 있고, 정말 간절히 피해가고 싶은 사람인데 운명처럼 자꾸 조우하게 되는 사람들도 있습니다. 그러고 보면, 만남은 사람의 생각이나 뜻대로 되지 않는 '하늘의 섭리'인 것 같습니다.

불가佛家에서는 만남을 인연因緣이라고 합니다. 어쩔 수 없는 불가항력적인 운명으로 받아들입니다. 어떤 경우는 전생의 필연적인 업보業報로까지 말하면서 만남의 절대성을 강조합니다. 우리 기독교 신앙에서도 만남을 하나님의 절대적인 은혜로 간파합니다. 모든 역사적인 사건의 배후에는 언제나 하나님이 섭리하신 만남이 선행합니다. 사울과 사무엘의 만남, 다윗과 밧세바의 만남 그리고 베드로와 예수님의 만남 등은 역사의 새로운 도전이나 전환을 이루어 왔습니다. 만남을 통해 인생 대역전을 경험하기도 하지만, 반대로 인생의 몰락을 예고하는 전주곡이 되기도 합니다. 망가졌던 인생을 살던 사람이 예상치 못한 만남을 통해 모두가 동경해 마지않는 삶으로 상승하기도 하고, 소위, '잘 나가던 사람'이 단 한 번의 불행한 만남을 통해 예상치 못한 인생의 나락으로 추락하기도 합니다. 만남이 극과 극의 결과를 낳을 수 있다는 말입니다. 그러므로 사람들은 누구나 축복된 만남을 동경합니다. 디딤돌이 되고 도약대가 될 수 있는 만남을 간절히 소망합니다. 그러나 그런 만남이 누구에게나 주어지는 것은 아닙니다. 만남의 복잡한 메커니즘mechanism을 도무지 설명할 수 없기에 사람들은 일찌감치 만남을 '인간의 노력'이라기보다는 '하늘의 책임'이라고 선을 그어 자신들의 불운에 대해 스스로 면죄부를 주려고 한 것 같습니다.

어쩌면 지금 나의 모습은 어떤 만남들을 경험해 왔는지를 보여 주는 성적표입니다. 사람은 만남을 통해서 끊임없이 창조되는 존재들입니다. 내가 만나는 사람이 곧 나의 모습입니다. 사람은 개인적인 성격이나 직업 그리고 사회적인 위치에 따라 다소 차이는 있지만, 보통 하루에 수백 번의 만남을 갖게 됩니다. 내가 계획하고 의도했던 만남도 있지만, 전혀 예상하지 못했던 만남도 있습니다. 어쩌면 내가 준비하는 만남도 처음 시작은 예상하지 못했던 만남에서 비롯된 것들입니다. 그러므로 만남의 책임이 하늘에 있다고 말하는 것은 정확한 지적일지도 모릅니다. 하지만 그 만남을 토대로 새로운 인생을 열어가는 것은 전적으로 이 땅에 발을 딛고 살아가는 사람의 몫입니다. 아무리 유익하고 축복된 만남이라 할지라도 그 만남을 계속해서 망쳐버리는 사람이 있는가 하면, 반대로 시작은 불편하고 불행한 만남이었다 할지라도 나중은 아름다운 관계로 승화시켜가는 사람이 있습니다. '만남' 하나하나를 씨실과 날실로 삼아 아름답게 수놓아가는 사람입니다. 생각보다 인생은 공평해서, 총체적으로 보면, 좋은 만남과 나쁜 만남이 얼추 비슷하게 주어집니다. 평생 나쁜 만남만 있는 사람도 없고, 좋은 만남만 있는 사람도 없습니다. 중요한 것은 그 만남들을 소재로 삼아 '어떤 관계를 만들고, 어떻게 인생을 키워 나아가느냐?' 하는 것입니다. 그것은 전적으로 그 인생의 주인 되는 사람의 노력에 달려 있습니다.

돌이켜 인생을 반추해보면, 저의 만남 속에는 반성하고 바로잡아야 할 만남들이 너무도 많이 있습니다. 너무도 철이 없고, 이기적이고, 근시안적이어서 그런 실수들을 했을 것입니다. 조금만 자존심을 낮추고 겸손했더라면 달라졌을 관계가 너무도 많이 있습니다. 그냥 져주면 되는 것을 악을 쓰고 이겨서 다시는 돌아올 수 없는 레테의 강을 건넌 만남도 수두룩합니다. 다시는 보지 않겠다는 마음으로 매몰차게 말을 하고 등을 돌려 버렸는데, 내 인생의 둥지 안에 똬리를 틀고 함께 살아가는 사람들도 수두룩합니다. 영원히 함께 살았으면 좋겠다는 마음으로 간과 쓸개까지 다 내어주며 깊은 애정을 쏟았는데 어느 날 갑자기 바람과 함께 사라져버린 관계들도 헤아릴 수 없이 많습니다. 어떤 사람은 '형편없는 사람'이라고 가볍게 대하기도 했는데, 훗날 그 사람이 내 인생 줄을 단단히 쥐고 있는 황당한 경험을 하기도 했습니다. 인생의 승패는 좋을 수도 있고, 나쁠 수도 있는 만남들을 어떻게 좋은 관계로 바꾸어 가느냐에 달려 있습니다. 이미 잃어버린 만남은 어쩔 수 없지만, 아직 남아 있는 만남만큼은 소중하게 지켜야겠다는 생각을 밤새 해보았습니다. 제가 한국에 왔다는 소식을 어디에서 들었는지 웬수 같은 친구 놈 하나가 새벽부터 전화를 걸어왔습니다. 항상 이기적이고 목적 지향적인 친구라 외면해왔는데 다시 생각해 보니, 소중한 벗임에 틀림이 없습니다. 크게 달갑지는 않았지만, 제가 낼 수 있는 가장 부드러운 목소리로 따듯하게 전화를 받았습니다. "사랑하는 친구야! 오랜만이야. 정말 반가워!" 이제 저도 '사람이 되어가는' 것일까요? 아니면 '사람, 완전히 버린' 것일까요? 그냥 하루하루 주어지는 만남에 충실하겠다는 다짐을 다시 한번 해봅니다.

마음의 돌 내려놓기

어떤 일에 사람처럼 집착하고 미련을 갖는 존재도 없을 것입니다. 그냥 편하게 놓아버리면 될 텐데, 놓지 못해서 강박증이나 정신 불안에 시달립니다. 손에 쥐고 있는 화투, 술, 마약을 용기를 내서 쓰레기통으로 집어던지면 그뿐일 텐데, 끝까지 손에쥐고 있다가 도박 중독에 걸리고, 알코올 중독자가 되고, 마약쟁이가 됩니다. 미움의 감정도 그냥 흘려보내면 그뿐일 텐데, 그것을 버리지 못해서 증오와 분노를 곱씹으면서 눈물로 남은 시간을보냅니다. 사람만큼 어리석고 우둔한 존재가 없는 것 같습니다.

목회를 하다 보면, 볼 때마다 똑같은 소리를 반복하시는 분이있습니다. 처음에는 안타까운 마음에 눈물을 흘리며 힘든 사연을함께 나누기도 합니다. 그러나 매번 같은 이야기를 반복해서 듣다 보니, 그분이 참 딱하다는 생각이 듭니다. 수십 년 전에 일어났던 일을 만나는 사람들에게마다 사골탕 끓이듯이 우려내고 또 우려냅니다. "이제는 다 지나간 일이니, 이제 그만 모든 아픔을 내려 놓으시라"고 위로도 하고 함께 기도를 드리지만, 그분은 다음 날이 되면, 당신의 아픈 사연들이 마치 간밤에 일어났던 일인 것처럼 새롭게 재현해냅니다. 그분에게 상처와 아픔을 준 사람은 나쁜 사람일지 모르지만, 여전히 그 무거운 마음의 돌을 짊어지고 있는 것은 그분이 어리석기 때문입니다.

어느 연구기관의 조사에 의하면, 사람들이 경험하는 고통의 90%는 본인 자신의 노력과 의지로 충분히 해결될 수 있는 것들이라고 합니다. 세상 사람들이 잘 쓰는 말처럼, 그냥 "운이 나빴다"라고 받아들이고 넘어가면 될 텐데, 왜 그리도 이 간단한 이치를 행동으로 옮기기가 어려운지 모르겠습니다. 날밤을 새우며 위장에 구멍이 날 정도로 고민하고 씨름합니다. 상처는 눈덩이처럼 점점 더 커지고 부풀려져서 거대한 고통의 돌로 마음 한가운데 자리 잡게 됩니다. 그런데 그 당시에는 죽을 것 같고, 견디기 어려운 고통이었지만, 시간이 지나서 다시 되돌아보면, 그저 '쓴웃음' 한 번이면 족했을 것들이 대부분입니다.

사실 상대방이 나에게 무엇을 잘못했기 때문에 내가 마음에 큰 돌을 짊어지게 된 것이 아니라, 내가 그 돌을 짊어지기로 결정했기 때문에 고통 받는 경우가 대부분입니다. 그 사람의 성격이나 사고방식이 그렇게 결정했기 때문입니다. 만약, 자신이 원하는 대로 다시 일들이 잘 풀리고 회복된다면, 과연 그 사람은 자신이 가지고 있는 그 '상처'와 '아픔'을 깨끗이 잊어버릴 수 있을까요? 그렇지 않을 것입니다. 안타깝지만, 자기 원대로 모든 일들이 다 회복되어도 그는 여전히 '고통'을 되씹으면서 원망을 반복할 것입니다. 상처는 상대방으로 인해서 주어지는 것이 아니라, 자신이 안에서 만들어내는 자생물입니다.

우리는 '상처'가 외부에서 침입해 들어오는 것이 아니라, 내가 스스로 내 안에서 만들어낸 감정이라는 것을 인정해야 합니다. 그래야 마음의 돌을 내려놓을 수 있습니다. 나의 끊임없는 '집착'과 '상념'이 '나'를 몰아붙이고 강압하면서 내 안에 큰 상처와 흠집을 만들어내는 것입니다. 우리는 그 감정의 근원을 남의 언사言事에서 찾을 것이 아니라, 나의 왜곡되고 편협한 속사람에게서 찾아야 할 것입니다. 평생 동안 남을 원망하고 탓하며 미움과 증오의 돌을 마음에 담고 살아간다면, 별 무리 없이 불행한 인생의 주인공이 되고 말 것입니다. 이유가 어찌 되었든 노력하고 연습해서 '마음의 돌'을 내려놓아야 합니다. 그래야 생존할 수 있습니다. "주님, 이 무겁고 고통스러운 돌을 내려놓을 수 있는 용기와 지혜를 주십시오." 기도해야 합니다. 주님의 도우심을 경험하게 될 것입니다.

쾌도난마快刀亂麻는 없다

중국 남북조 시대에 '북위北魏'의 실권자였던 권신 '고환'에게는 여러 명의 아들이 있었습니다. 어느 날, 고환은 아들들을 한 자리에 불러 모아 그들의 성품과 재주를 알아보고자 엉망으로 뒤얽힌 삼실 한 뭉치를 던져주며 잘 풀어보라고 명령을 내렸습니다. 아들들은 진땀을 흘리며 비비 꼬인 삼실을 푸느라고 고생을 했습니다. 엉클어진 실타래에서 간신히 한 실마리를 찾아 한 올을 풀고 나면, 또 다른 올의 실마리를 찾기 위해 실타래를 엎치락뒤치락해야 했는데 그러면 아까 풀었던 실오라기가 다시 뭉쳐서 꼬이고 말았습니다. 형제들이 충혈된 눈으로 실을 푸느라고 고생하고 있을 때, 갑자기 둘째 아들이었던 '고양高洋'이 날카로운 칼을 뽑아 복잡하게 얽힌 삼실 뭉치를 단칼에 잘라버렸습니다.

답답한 마음으로 아들들을 바라보고 있던 아버지 고환의 눈이 휘둥그레져서 고양에게 왜 그런 짓을 했는지 물었습니다. 고양은 아버지에게 "어지러운 것은 단칼에 베어버려야 합니다"라고 단호하게 말했습니다. 여기에서 '쾌도난마快刀亂麻', '난자수참亂者須斬'이라는 말이 나왔습니다. 즉, "날랜 칼로 복잡하게 헝클어진 삼을 벤다"는 뜻으로 "어지럽게 뒤얽힌 일이나 사건을 재빠르고 명쾌하게 처리한다"라는 의미로 자주 사용됩니다. 말이 어눌하고 행동이 굼떠서 발달장애를 가지고 있었던 것으로 알려진 고양이었지만, 아버지는 그날 그의 당찬 행동을 보면서 그에게 큰 기대를 갖게 됩니다. 고양은 아버지의 기대대로 훗날 '북제北齊'를 건국하고 초대 황제가 됩니다. 구태의연하게 남의 밑에서 신하로 전전하기보다는 명쾌하게 자기 나라를 세우고 중국 전체를 다스리고자 하는 대망을 품었던 것입니다.

저는 판단력이 둔하고 결단력이 없어서 그런지 상대적으로 이 '쾌도난마'라는 말을 좋아하고 늘 염두에 두면서 살아왔습니다. 의식적으로 "아니다" 싶으면 단칼에 날려버렸고, 너무 깊이 생각하면서 복잡하고 혼란스럽게 살기보다는 용기를 내서 잽싸게 결단하는 방법을 택해 왔습니다. '어차피 할 것이라면 버벅거리지 말고 확실하고, 화끈하고, 분명하게 결단하자'라는 생각을 가지고 살아왔습니다. 그런데 오십 중반이 되어 지나온 삶을 되돌아보니, 아이러니하게도 삶의 결과는 그렇게 명쾌하지 못했습니다. 후회와 아쉬움의 연속이었습니다. 그래서 이제는 '쾌도난마'나 '난자수참' 그리고 '속전속결速戰速決'같은 말들을 가장 조심하고 멀리하게 되었습니다. 저는 후배 목사들에게 조언을 할 기회가 생기면, 항상 '즉문즉답'을 피하고, "함부로 가위질하지 말라"고 권합니다. "한마디 하기 전에 꼭 열 번 생각하라−言前+思"는 말도 해줍니다. 제 책상에는 '일언일실−言−失'이라는 말도 붙여 놓았습니다. 깊은 생각 없이 과감하게 저질러버리면, 반드시 후회하게 되는 것을 알았기 때문입니다.

제가 잘해서 그렇게 조언하는 것이 아니라, 너무나도 못해서 그렇게 조언하는 것입니다. 쾌도난마로 다져진 저의 삶의 방식 때문에 신앙생활을 하고, 목회를 하는 데 엄청난 피해와 돌이킬 수 없는 실수들을 경험해 왔습니다. '이것이 무조건 옳다'라는 판단으로 과감하게 말을 하고 행동으로 옮겼는데, 시간이 지나고 나서 뒤돌아보면 그 외에 다른 길과 방법들이 많았다는 것을 알게 됩니다. 너무 빠른 판단과 행동 때문에 눈이 어두워져서 주변을 제대로 살피지 못했던 것입니다. 우리 신앙인들은 아무리 길이 안 보이고 가능성이 없는 것 같아도 함부로 단죄하거나 부정적으로 결정해서는 안 됩니다. 차라리, "좀 더 기도해 봅시다", "기도하면서 하나님의 뜻을 찾아봅시다", 겸손하게 시간을 갖는 연습을 해야 합니다. "눈에 흙이 들어와도 저 사람은 안 된다"라고 함부로 칼질을 해서는 안 됩니다. 하나님께서는 그런 사람들을 들어 당신의 역사를 이루어 가시는 경우가 허다하기 때문입니다. 깊이 묵상하는 연습을 해야만 합니다.

저는 한국의 시사 프로그램 중에 '쾌도난마'라는 방송을 자주 봅니다. 속시원하게 문제가 되는 사람이나, 사건의 관계자들을 불러서 그들의 의견이나 입장을 들어보고 그 자리에서 명쾌하게 판단을 하는 시사 토론방송입니다. 언제나 청량음료 같은 명쾌한 답을 시청자들이 갖게 합니다. 그런데 시간이 지나고 보면 대부분의 판단이 너무 조급했다는 생각을 하게 됩니다. 그때는 분명히 그 판단이 옳은 것 같았고, 전부인 것처럼 보였는데, 나중에 보니 감추어진 부분들이 더 많았습니다. 세월은 언제나 '세상에 결코 명쾌한 것은 없다'는 결론을 유감없이 보여주었습니다. 명쾌하게 세상을 풀어갈 것처럼 보였던 '북제'의 황제 '고양文宣帝'은 등극하면서부터 너무 잽싸게 판단하고, 사람을 죽이고, 전쟁을 벌였다가 결국 실패의 실패를 거듭하면서 알콜 중독자로 생을 마감하게 됩니다. 역사는 그를 "기상천외한 일만 벌이다가 가장 외롭게 죽어간 제왕"으로 기억하고 있습니다.

오늘은 '이웃 초청 전도주일'입니다. 주보에 '고양'의 이야기를 적은 이유는 우리가 함부로 전도 대상자들을 정해서 기한 안에 초청해 보고, "된다", "안 된다", "그분은 꼭 필요한 사람이다", "그 사람은 절대 아니다"라고 판단하지 않기를 바라는 마음에서입니다. 오늘 이후에도 변함없는 열정으로 한 영혼이라도 소중하게 여기고, 끝까지 품는 마음을 가져야 할 것입니다. 오늘 '전도주일'을 위해 함께 수고하고 애써주신 성도님들께 깊은 감사를 드립니다.

끝까지 잘합시다

유동범 씨가 지은 『천재들의 우화』에 보면, '생각의 차이'라는 글이 있는데, 이런 이야기가 등장합니다.

어느 날 '공자'가 국가의 하급관리로 있는 자신의 조카 '공멸'에게 이렇게 물었습니다. "네가 지금 국가의 관리로 일하면서 얻은 것이 무엇이며, 잃은 것이 무엇이냐?" 그러자, 조카 '공멸'이 대답했습니다. "저는 이 하급관리직을 맡는 바람에 얻은 것은 하나도 없고, 잃은 것만 세 가지 있습니다. 첫째는 허드렛일이 너무 많아서 공부할 시간이 없었습니다. 둘째는 하급관리이기 때문에 급료가 너무 적어서 친척들을 제대로 대접할 수 없었습니다. 여유 없는 생활 때문에 사람 구실도 할 수 없었습니다. 셋째는, 공무公務가 너무 많아서 친구들과도 사이가 멀어졌습니다."

얼마 후, 공자는 조카 공멸과 똑같은 하급관직에서 일하고 있는 제자 '자천'에게 같은 질문을 했습니다. "네가 지금 국가의 관리로 일하면서 얻은 것이 무엇이며, 잃은 것이 무엇이냐?" 그러자,

제자 '자천'이 이렇게 대답했습니다. "저는 이 하급관리직을 맡고 잃은 것은 하나도 없고 세 가지를 얻었습니다. 첫째는 일이 너무 많아서 그동안 배운 것들을 실행해볼 수 있는 좋은 기회를 가졌습니다. 둘째는 보수가 적은 것은 사실이지만, 적은 박봉을 아껴서 친척을 대접하니 더욱 친근해질 수 있었습니다. 셋째는 너무 많은 공무 가운데서 여가를 내 친구들과 교제를 하게 되니 우정이 더욱 두텁고 깊어졌습니다." 생각의 차이가 어떤 삶의 모습과 태도를 만들어내는지 보여주는 좋은 글입니다.

똑같은 일이라고 할지라도 생각에 따라서 정반대의 경험을 하게 됩니다. 어쩌면 주어진 현실보다도 그 현실을 해석하는 능력이 우리에게 더 필요한지도 모릅니다.

지긋지긋한 무좀 때문에 시달리던 목사님이 계셨습니다. 다 나은 듯하면 재발을 반복하고, 툭하면 다른 발가락으로 전이가 되었습니다. 밤새워 발가락을 긁기도 하고, 피가 나도록 손가락으로 문대보았지만 아무런 효과가 없었습니다. 신경이 극도로 예민해진 목사님은 할 수만 있다면 발이라도 잘라버리고 싶었습니다. 어느 날 목사님은 용기를 내어 큰 종합병원을 찾아갔습니다. 의사 선생님에게 죽을 것 같은 고통을 호소했습니다.

그런데 의사 선생님은 의외로 담담했습니다. 무표정한 얼굴로 한마디 던졌습니다. "목사님, 너무 괴로워하실 것 없습니다. 이제 조금 있으면 무좀이 저절로 없어질 것입니다. 연세가 이제 일흔이신데, 무좀도 먹을 것이 없어서 다 도망갑니다. 발에 땀이 나지 않을 텐데 강력한 무좀인들 먹을 것이 없는데 버티겠습니까? 무좀이 있으시다는 것이 아직 목사님이 젊다는 증거입니다. 조금만 참으세요. 금방 다 없어집니다." 뜻밖의 말을 듣고 나자 오히려 무좀이 고마워지기 시작했습니다. 아직 자신이 젊다는 것을 대변해 준다니 놀랍고 고맙기까지 했습니다. 그리고 보니, 주변에 있는 친구들은 정말 무좀이 없었습니다. 저녁에 집으로 돌아와 발을 씻으면서 목사님이 혼잣말로 중얼거렸습니다. "무좀아, 고마워!"

　한 해를 마감하는 연말이 되었습니다. 이제 곧 '헌해'가 가고 '새해'가 올 것입니다. 시간에 무슨 '헌것'이 있고 '새것'이 있겠습니까? 모두가 다 경험해보지 않은 새로운 시간들의 연속이지요. 그러나 그럼에도 불구하고 시간의 한 공간에 선을 그어 헌해와 새해를 구분한 것은 힘들었던 삶에 종지부를 찍고, 새로운 각오와 다짐으로 새롭게 인생을 재출발해보려는 우리 선조들의 지혜가 아닌가 생각해 봅니다. 이제 두 주만 더 지나면 2016년 새해를 맞이하게 됩니다. 올해는 힘들고 어려웠던 시간의 연속이었다고 무조건 진저리를 치며 힘들어하기보다는 어려웠던 시간 속에서도 '의미 있는 것들'과 '감사했던 것들'을 다시 한번 헤아려보고 지혜롭게 삶을 재평가하는 시간을 가져야 할 것입니다. 용기를 내서 끝까지 이 해를 '유종지미有終之美'한다면, 올해의 쓰디쓴 교훈들이 내년에는 오히려 큰 양약이 될 것입니다. 심기일전해서 끝까지 잘합시다!

소통의 시간

사람은 자신의 감정이나 생각을 표현해야 살 수 있는 존재이기 때문에 소통Communication은 가장 중요한 삶의 요소 중 하나입니다. 피가 통하지 않으면 혈관이 터져서 죽는 것처럼, 대화가 막히고 소통이 되지 않으면 속이 터져서 죽습니다. 입으로 하는 언어가 아니더라도 몸짓이나 감정을 통해서 기본적인 소통이 이루어지지 않으면 힘들고 답답한 불협화음의 인생을 살게 됩니다. 지금은 돌아가신 소설가 '마광수' 교수의 꽁트 중에 〈개미〉라는 작품이 있습니다. 글 속에는 'E'라고 하는 한 중년 남성이 등장하는데, 주변 사람들과 좀처럼 소통을 하지 못합니다. 어느 날 그는 개미 한 마리를 기르기로 결심합니다. 개나 고양이 같이 남들이 평범하게 기르는 애완동물 말고, 뭔가 좀 특이한 것을 기르고 싶었습니다. 그래서 그는 주변에서 쉽게 찾아볼 수 있는 조그만 개미가 아니라, 야산에서 발견한 조금 크고 잘생긴 개미를 사육하기 시작했습니다.

친근하게 그 개미에게 이름도 지어 주었습니다. '페이'입니다. 그는 페이와 친해지기 위해서 온갖 노력을 다했습니다. 그런데 도무지 E의 마음을 페이가 알아주지 않습니다. 그는 개미와 소통하기 위해서 동물학 서적을 찾아 읽기도 하고, 서커스 팀에서 동물들을 훈련시키는 사람들을 찾아 상담을 나누었습니다. 그는 개미와 소통하기 위해서 거의 대부분의 시간을 개미하고만 보냈습니다. 속이 터지는 사람들은 아내와 가족들입니다. 재능이 있는 아내 덕분에 먹고 사는 데는 문제가 없었지만, 가족들과는 전혀 대화를 하지 않는 E를 가족들은 답답해하다가 결국 정신병원으로 데리고 가서 진료를 받게 합니다. 그러나 조사 결과는 정상으로 나왔습니다. E는 그날부터 한술 더 떠서 개미에게 '춤을 추는 법'을 가르치겠다고 허구한 날 방구석에 틀어박혀서 개미하고만 시간을 보냅니다.

7년 4개월 후, 개미는 놀라움게도 춤을 추기 시작했습니다. 그의 말에 맞추어 개미가 움직이기 시작한 것입니다. E는 이 사실을 세상에 알리고 싶었습니다. 먼저 신문에 기사를 내면 세상 사람들이 놀랄 것이라고 생각을 했습니다. 그래서 개미를 작은 성냥갑에 넣어 신문사를 향해 갑니다. 그런데 E는 신문사로 가는 도중에 심한 공복감을 느끼게 됩니다. 그는 한 경양식 집에 들어가서 음식을 주문하고 기다립니다. 잔뜩 기대감에 부풀어 있던 E는 음식을 기다리는 짧은 시간도 참을 수가 없었습니다. 그는 웨이터를 불러 자신의 개미 '페이'를 자랑하고 싶었습니다. E는 성냥갑을 열어 개미를 밖으로 나오게 했습니다. 그리고 웨이터를 불러 말했습니다. "헤이, 이게 뭐지?" 그러자 웨이터는 당황해서 연실 머리를 굽실거리며 말했습니다. "손님, 정말 죄송합니다. 청소를 깨끗이 하느라고 했는데 그만…." 그리고는 오른손 엄지손가락으로 페이를 꾹 눌러 비벼버리고 말았습니다. 그동안의 노력이 허사로 끝나게 된 것입니다.

짧은 글이지만 등장하는 모든 사람들이 자기 속에 갇혀 살아갑니다. 자기 이외에는 관심이 없습니다. 자기의 생각을 남에게 말하지도 않고 들으려고 하지도 않습니다. 다른 사람의 입장을 고려하거나 배려하지도 않습니다. 그냥 자기 생각에 옳다고 생각되는 대로 행동할 뿐입니다. 철저한 소통의 부재만이 존재합니다. 한 사람의 자랑거리가 다른 한 사람에게는 감추어야 할 과실 거리가 됩니다. 한 사람의 특별한 아이디어가 다른 사람들에게는 정신검사를 받아야 할 질병으로 인식됩니다. 개미와 사람은 과연 제대로 소통한 것일까요? 개미도 자기 생각대로 움직인 것이 E가 볼 때는 춤추는 것으로 비쳐진 것은 아닐까요? 어쩌면 마광수 교수는 엄지손가락에 짓이겨져 사라져버리는 개미에게서 우리의 안타까운 소통 부재를 찾으려고 했던 것은 아닐까요?

성탄절은 하나님이 사람과 위대한 소통을 이루신 날입니다. 주님이 화려한 하늘 보좌를 버리시고 천하디 천한 베들레헴 시골의 한 마구간에 화육하신 날입니다. 어떤 존재도 소외되지 않고 당신과 소통할 수 있도록 최대한 당신을 낮추신 날입니다. 짐승의 여물통인 구유로 강림하셔서서 당신보다 더 낮은 자가 없도록 하셨습니다. 하늘에는 영광이 그리고 땅에는 기쁨이 충만하게 임하면서 하늘과 땅이 하나로 만나는 새로운 역사를 이루셨습니다. 동방박사로 상징되는 이방인, 목자들로 대변되는 천민들 그리고 무기력한 유대인 요셉 부부의 만남이 성탄을 통해 이루어졌습니다. 가장 낮은 자리에서 사람과 짐승이 소통하고, 어둠과 빛이 만나는 거룩한 밤을 성취하셨습니다. 그러므로 어떠한 장벽이나 장애도 성탄절에는 존재할 수 없게 하셨습니다. 오늘, 우리가 살고 있는 이 소통 부재의 시대에 성탄절은 더욱더 깊은 의미로 다가오는 것 같습니다. 자기를 낮추어 세상과 소통하는 주님의 위대하심을 조금이라도 배울 수 있는 시간이 되기를 간절히 소망합니다.

눈을 두 번
감았다
뜨세요

사랑의 언어

결혼 전문가 '게리 채프먼Gary Chapman'이 쓴 『5가지 사랑의 언어』(생명의 말씀사)에 보면, 사람이 사랑을 표현하는 다섯 가지 언어가 있다고 합니다.

첫 번째는 '인정하는 말'입니다. 사람은 누구나 인정을 받고 싶어 합니다. 남편은 아내에게서 "당신은 정말 멋져요"라는 말을 듣고 싶어 하고, 여자는 남편에게서 "오늘 화장 정말 끝내주는데"라는 찬사를 듣고 싶어 합니다. 저희 집 아들이 세 살 때 방귀를 한 번 뀔 때마다, 제가 "우리 아들, 잘하는데" 하며 멋모르고 계속 칭찬을 했다가, 아들이 속옷에 똥을 싸는 바람에 아내와 다투었던 적이 있었습니다. 사람은 누구나 다 자신을 인정해 주는 말을 듣고 싶어 합니다. 인정해주는 말을 해주는 것이 사랑의 표현입니다.

두 번째로, 사랑의 언어는 '함께 하는 시간'입니다. 사랑하면 함께 있고 싶어집니다. 함께 손을 잡고 산책도 가고, 쇼핑이나 여행을 하고 싶어 합니다. 두 사람이 오붓하게 함께 앉아 커피라도 나누고 싶어 합니다. 함께 시간을 보낼 수 있을 때 사람들은 그것을 사랑이라고 느끼게 됩니다. 세 번째로 '선물'은 멋진 사랑의 언어가 될 수 있습니다. 사랑하면 주고 싶어집니다. 반지, 목걸이, 귀걸이를 선물하고, 양복이나 장갑 같은 것도 선물합니다. 아내를 사랑한다고 하면서 금반지를 사서 옆집에 사는 미스 리에게 가져다주면 그 남자의 사랑은 현재 미스 리에게 있는 것입니다. 반대로 남편을 위해서 맛있는 팥죽을 쒀서 옆집에 사는 김 씨 아저씨에게 가져다주면, 그 사랑도 심각한 문제가 있습니다.

사랑의 언어 네 번째는, '봉사'입니다. 사랑은 섬기는 것입니다. 사랑을 하게 되면 사랑하는 사람을 위해서 자연히 봉사하고 희생하게 됩니다. 무슨 대단한 것을 해주었기 때문에 사랑을 느끼게 되는 것이 아니라, 잘하지 못하지만 대신 요리를 해주고, 설거지를 해주는 것만으로도 충분히 사랑을 느낄 수 있다고 합니다. 수줍음을 많이 타는 저는 아내가 저 대신에 잘못 사온 물건을 반품만 해주어도 깊은 애정을 느끼게 됩니다.

마지막으로 대표적인 사랑의 언어는 '육체적 접촉'입니다. 등을 쓰다듬어 주고 손을 잡거나 껴안아 주는 것은 사랑의 좋은 언어입니다.

물론, 이것들 외에 사랑을 표현하는 또 다른 방법들이 있을 수 있습니다. 그러나 게리 채프먼은 눈으로 볼 수 없는 추상적인 개념인 '사랑'을 우리의 눈으로 보고, 느끼고, 경험할 수 있도록 구체적으로 시각화하는 데는 이 다섯 가지의 언어가 가장 대표적인 것들이라고 말합니다. 그런데 이 다섯 가지 언어들 중에서도 사람에 따라서 '사랑'을 느끼고 이해하는 방식이 모두 다르다고 합니다. 예를 들어서, 어떤 사람은 '인정하는 말'보다는 선물을 받을 때 사랑을 받는다는 느낌을 가질 수 있고, 또 어떤 사람은 함께 있는 시간보다는 자신을 위해서 무엇인가를 봉사해주는 모습에서 사랑을 느끼게 된다고 합니다. 육체적인 접촉을 사랑으로 이해하는 '짐승티브한' 남편의 사랑 표현법보다는 생활 속에서 격려해주고 칭찬해주는 말을 진실한 사랑으로 느끼는 아내들도 많이 있습니다. 그래서 사랑은 '사랑을 하는 사람의 언어'로 이해해서는 안 되고, '사랑을 받는 사람의 언어'로 이해해야 진실한 사랑이 될 수 있다는 것입니다.

그러고 보면, 예수님은 이 사랑의 다섯 가지 언어를 당신의 삶 속에서 그대로 실천하신 분입니다. 예수님은 세리나 창기 같은 소외된 사람들을 외면하지 않으시고 그들에게 인정하는 말을 통해 새로운 존재로 태어나게 하신 분입니다. 의기소침해하는 나다나엘을 향해 "간사함을 찾아볼 수 없는 진정한 유대인"이라고 칭찬을 해 주셨고, 열정을 가지고 주를 그리스도라고 고백한 베드로를 향해 '반석'이라고 인정해 주셨습니다. 어린아이들을 천국에서 가장 큰 자들이라고 세워 주셨고, 옥고獄苦를 치르고 있는 세례 요한에 대해서는 "여자가 낳은 사람 중에 가장 큰 자"라고 위로해 주셨습니다. 예수님은 또한 당신의 삶을 소외되고 천대받는 사람들과 동고동락하는 데 전부 사용하셨습니다. 제자들을 사랑하실 때도 끝까지 사랑하셔서 부활 후에도 일일이 찾아가 다시 그들을 격려하시고 회복시켜 주셨습니다. 제자들은 등을 돌렸지만, 예수님은 끝까지 그들과 함께하셨습니다.

예수님은 온갖 이적과 기사를 통해 고난 받는 사람들이 간절히 소망하는 것들을 이루어 주셨습니다. 치유해주시고 회복시켜 주셨습니다. 예수님은 어찌 보면 당신 자체가 온 인류를 위한 위대한 선물이셨습니다. 또한 예수님은 섬김과 봉사로 점철된 인생을 사셨습니다. 항상 낮은 자리, 말석에 앉으셨습니다. 당신 스스로도 "내가 온 것은 섬김을 받으려 함이 아니라, 도리어 섬기러 오신 것이라"고 말씀하셨습니다. 사람들을 고칠 때도 주문을 외우고 도술을 부려 신통력으로 사람들을 고치신 것이 아니라, 자신의 침으로 진흙을 이겨 소경의 눈에 발라 보게 하신 분이시고, 각종 병자들을 당신의 손으로 강한 '스킨십'을 통해 고치신 분입니다. 십자가에 달려 죽으시는 마지막 순간이 다가올 때는 손수 제자들의 발을 씻기셨습니다. 자신을 팔러가는 유다에게도 제일 먼저 떡을 떼어주셨습니다. 이 떡을 먹고 회개하기를 바라는 마음이 아니셨을까요? 예수님은 게리 채프먼이 말하는 다섯 가지 사랑의 언어를 그대로 몸으로 옮기신 분입니다.

성탄절을 맞아 하늘 보좌를 버리시고 천한 짐승의 구유로 강림하셔서 자신의 높이를 한껏 낮추신 아기 예수님을 생각하면서 사랑이 무엇인지를 다시 한번 깨닫게 됩니다.

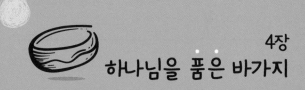

4장

하나님을 품은 바가지

우리는 바가지처럼 연약한 사람들이지만,
그 안에 꿈과 소망을 담고 있는 하나님의 자녀들입니다.

－하나님을 품은 바가지 중에서

하나님을 품은 바가지

예전에 '한명회韓明澮'라는 인기 연속 사극이 있었습니다. 한명회는 조선 전기의 문신 중의 한 사람으로 '계유정난'을 성공시키고 당시 왕이었던 어린 단종을 밀어내고, 그의 삼촌이었던 '수양대군'을 세조로 옹립한 정권찬탈의 중심인물입니다. 출산 달을 다채우지 못하고 일곱 달 만에 태어나서 칠삭둥이라는 별명으로 불린 그는 못생긴 얼굴에, 작고 왜소한 체구를 가진 실로 보잘것없는 인물이었습니다. 마른 '탈바가지' 같은 얼굴로 극 중에서 그가 늘 하던 말이 있었습니다. 항상 작은 손바닥을 펼쳐 보이며 "온 세상이 이 손안에 있소이다!" 하고 허세를 떨었습니다. 웃는 모습마저 안동 하회탈을 닮은 비루한 몰골이었지만, 한명회는 분명히 세상을 품은 큰 인물이었습니다.

사람은 '무엇을 품느냐'에 따라서 그 가치가 결정됩니다. 겉으로 보이는 외모가 그 사람의 실체가 아니라, 그 안에 담겨진 '꿈'과 '소망'이 바로 그 사람의 진면목입니다. 옛날 우리나라에 '규사硅砂'가

발견되어 유리그릇이 본격적으로 사용되기 전까지 서민 문화를 대표하는 그릇은 '바가지'였습니다. 지붕 위에 주렁주렁 매달려있는 '박'을 따서 그것으로 여러 가지 용도의 바가지들을 만들어 사용했습니다. 뒤주에는 '쌀바가지', 부엌에는 '물바가지' 그리고 축사에는 '쇠죽바가지'가 있었습니다. 밥도 바가지에 담아 먹고, 국도 바가지에 담아 먹었습니다. 간장, 고추장, 된장, 소금에 이르기까지 모든 양념들도 모두 바가지에 담아 보관했습니다. 심지어는 화장실의 분뇨통에 쌓인 대소변을 밭의 거름으로 주려고 퍼다 나를 때도 '똥바가지'를 사용했습니다. 실로, 찬란한 바가지 문화를 이루어왔습니다.

바가지가 너무 연약해 보이고, 도처에 수두룩하게 널려 있어서 그랬는지, 사람들은 이 바가지를 우습게 보는 경향이 있었습니다. 그래서 사물을 낮잡아 볼 때, 그 단어 뒤에 항상 이 '바가지'라는 말을 붙여 사용했습니다. '고생바가지', '주책바가지', '쭈그렁바가지' 그리고 얍삽하고 예의를 모르는 사람을 '싹바가지'라고 불렀습니다. 주로 안 좋은 말을 할 때 이 바가지라는 단어를 사용했습니다. 또한, 이 바가지의 주름진 속을 벅벅 긁으면, 귀신도 듣기 싫어서 도망간다는 미신이 있었습니다. 그래서 '굿'이나 각종 민간 주술에서는 잡귀를 쫓으려고 이 바가지를 벅벅 긁는 의식이 있었습니다. 여기에서 파생된 표현법이 '바가지 긁는다'입니다. 아내가 듣기 싫은 잔소리를 따발총처럼 퍼붓게 되면 대부분의 남편들은 그 소리가 듣기 싫어서 "바가지 좀 그만 긁으라"고 화를 내며 잡귀처럼 도망치게 됩니다. 그 말도 바로 이 바가지에서 유래되어 나온 것입니다.

그리고 부당한 손해나 억울한 피해를 보았을 때도 "바가지를 썼다"라는 말을 사용했습니다. 그러고 보면, 우리네 인생사는 한마디로 삶의 애환을 담고 있는 '바가지 역사'라고 해도 과언이 아닐 것입니다. 깨어지기 쉽고, 무시만 당해온 서민들의 바가지이지만, 이 바가지가 위대한 것은 그 연약한 외형 속에 민초들의 끈끈한 생명을 담아 왔기 때문입니다. '바가지 문화'를 가지고 있는 우리 한국인들은 이 이민의 현장 속에서도, 인종적으로 보면 아주 작은 규모의 소수민족이고, 어떤 때는 깨어지기 쉽고, 무시도 당하고, 소외되는 듯하지만, 실제로는 어느 민족보다도 현명하고 정이 많은 사람들입니다. 영향력도 강합니다.

미국만 하더라도 우리 한국 사람들이 들어가는 곳에는 언제나 눈부신 발전과 도약이 일어났습니다. 어떤 때는 그 영향력이 나쁘게 나타난 적도 있지만, 대부분은 모든 민족에게 건강한 자극과 도전을 주는 생명력 있는 사람들이었습니다. 우리 한국인들에게는 5,000년 역사의 민족혼이 담겨 있고, 수많은 국난을 지혜롭게 극복해온 높은 역경지수와 풍부한 경험들이 있습니다. 때문에 어떠한 고난 속에서도 세상을 품는 지혜와 능력이 뛰어납니다. 이 재능과 유산을 더불어 사는 다른 민족의 형제들과도 함께 나누어야 할 것입니다.

기독교 역사상 최고의 사도인 바울은 병든 몸과 열악한 환경 속에서도, "자기는 연약한 질그릇이지만, 그 안에 보배를 가졌다"라고 말합니다. 그의 자부심과 긍지를 느낄 수 있는 당찬 자기 선언입니다. 우리는 바가지처럼 연약한 사람들이지만, 그 안에 꿈과 소망을 담고 있는 하나님의 자녀들입니다. 하나님을 품은 위대한 바가지들입니다. 이 점을 늘 명심해야 할 것입니다.

죽음을 이길 수 있는 길

죽음학Thanatology 교수들이 모여 일반인들도 쉽게 이해할 수 있도록 '죽음'에 대한 정의를 내렸습니다. '생명체의 모든 세포들이 더 이상 반응하지 않는 현상', '뇌나 심장 같은 주요 장기가 기능을 멈추는 것', '더 이상 호흡과 신진대사가 일어나지 않는 것' 그리고 '다른 존재와 생명 에너지를 나누거나 반응하지 못하는 것' 등등을 죽음이라고 결론을 내렸습니다. 결국 한마디로 정리하면, 죽음은 '모든 생명 현상의 종료'입니다. 죽으면 더 이상 반응하지 못할 뿐만 아니라 종국에는 그 생명체가 부패하기 시작해서 사멸되어 없어지고 맙니다. 그래서 사람들은 은연중에 죽으면 끝이라는 생각을 합니다. 죽음은 두려운 것이고 사람이 이 땅에서 맞을 수 있는 최악의 재앙이라고 생각을 합니다.

또한, 죽음을 직면할 수밖에 없는 우리 인생의 불가항력적인 운명에 대해서도 몇 가지로 명확하게 정리를 했습니다.

첫째로, 사람은 누구나 죽는다는 것입니다. 사람은 한 번 태어났으면 반드시 죽습니다. 언제 죽음이 찾아올지 정확하게 예측할 수는 없지만 죽음을 피할 수는 없습니다. 그 누구도 예외는 없습니다.

둘째, 그 누구도 대신 죽어 줄 수 없다는 것입니다. 세상에는 다른 사람이 대신해줄 수 있는 것들이 많이 있습니다. 돈이나 권력을 통해서 하기 싫은 것을 피해갈 수 있고, 다른 사람에게 떠넘길 수도 있습니다. 술자리에서는 사랑하는 연인을 보호하기 위해서 대신 술을 먹어주는 '흑기사'가 될 수도 있습니다. 그러나 죽음의 문제만은 아무도 대신해줄 수 없습니다. 부모와 자식 지간이라도 각자에게 부여된 죽음은 반드시 자기가 감당해야만 합니다.

셋째, 죽음은 예행연습이 없습니다. 한 번 죽으면 그것으로 이 땅에서의 인생은 끝이 납니다. 연습으로 한번 죽어보는 것은 불가능합니다. 인생이 단 한 번뿐이기에 '일생一生'이라고 합니다. '이생二生'이라는 말은 존재하지 않습니다. 어떤 사람들은 '전생前生'과 '후생後生'을 통해 '윤회輪廻' 이야기를 하는데, 그것은 증명할 수 없는 개인의 생각이거나 논리일 뿐입니다. 설사 다른 몸으로 다시 인생을 반복하는 기회가 주어진다고 해도 그것은 이전 또는 이후의 삶과는 전혀 상관없는 또 하나의 다른 개체로서의 인생일 뿐입니다.

넷째, 언제 죽을지 아무도 모른다는 것입니다. 오는 것은 순서가 있어도 가는 것에는 순서가 없습니다. 아들을 먼저 앞세우는 아버지도 있고, 할머니보다 먼저 생을 마감하는 손녀도 있습니다. 죽음에는 순서가 없습니다. 그래서 "나중에 잘 해보자"라는 말처럼 어리석은 말이 없습니다. 사람은 그 누구도 미래를 장담할 수 없기 때문입니다.

다섯째, 죽음은 경험할 수 없는 것이기에 항상 두렵습니다. 연세가 드신 어른들은 "나는 이제 살 만큼 살았다"라고 허심탄회하게 말씀을 하지만, 막상 죽음 앞에 놓이게 되면 젊은 사람들과 마찬가지로 두려움에 사로잡힙니다. 경험해보지 않은 것이기 때문에 여유를 부리거나 요령을 피울 수가 없습니다. 죽음 앞에서는 아이나 어른이나 모두 똑같습니다. 경험해보지 못한 미지의 세계는 언제나 두렵습니다. 그래서 사람은 죽음 앞에서 솔직해집니다. 죽음 앞에서 거짓말을 하거나 욕심을 부리는 사람은 아무도 없습니다. 그런 것들은 남들보다 더 잘 살고 많이 가지려는 욕심이 있을 때 하는 짓들입니다. 죽음 앞에서는 모든 것을 내려놓게 됩니다. 야심이나 욕심이 모두 부질없는 것들입니다. 그래서 죽음을 바로 앞에 두고 있는 사람들의 이야기는 귀담아들을 필요가 있습니다. 마지막 유언은 대부분 진실이기 때문입니다.

하나님은 우리가 인생을 잘 살 수 있도록 하시기 위해서 죽음을 준비하셨다고 합니다. 사람은 죽음이라는 막다른 길을 경험할 때만 자신의 한계와 부족을 깨닫게 됩니다. 겸손해지고 진실해질 수밖에 없습니다. 죽음이 있다는 것을 알 때, 사람은 생명을 소중하고 가치 있게 사용하게 됩니다. 좀 더 희생하고 헌신하면서 책임 있는 삶을 살려고 노력하게 됩니다. 죽음이 두려운 또 하나의 이유는 '심판judgement'이 있기 때문입니다. 죽는 것으로 모든 것이 끝이 난다면 차라리 죽음으로 세상을 마감하고 싶은 사람들이 적지 않을 것입니다. 그런데 성경은 "사람이 한번 죽는 것은 정한 이치요 그 후에는 심판이 있느니라"(히 9:27)고 말합니다. 싫어도 죽은 후에는 하나님 앞에서 심판을 받아야 한다는 것입니다. 게다가 우리는 항상 죄를 먹고, 마시고, 호흡하는 사람들이니 정말 걱정이 이만저만이 아닙니다. 어떤 사람들은 "그것은 골수 기독교인들의 뻔한 이야기가 아니냐?"라고 코웃음 치고 지나칠 수 있겠지만, 그 또한 아직 경험해보지 않은 것이기에 아니라고 자신할 수 있는 일도 아닙니다. 정말 심판이 있다면 그보다 더 큰 재앙은 없을 것입니다.

'예수 그리스도'가 귀한 이유는 바로 이 때문입니다. 그분은 우리의 구세주가 되실 뿐만 아니라, 우리의 변호인이 되셔서 심판의 날에 우리를 끝까지 변호하고 지켜주실 중재자이십니다. 우리의 죄와 치부가 낱낱이 드러날 때, 예수님께서 재판장을 향해 이렇게 선언하신다고 합니다. "이 사람의 죄를 위해서 내가 대신 십자가를 지고 죽은 것이 아닙니까!" 예수님의 이 지지 발언 앞에 그 누구도 더 이상 우리를 정죄하지 못한다고 하니 이보다 더 신나고 뿌듯한 일이 어디 있겠습니까? 죽을 수밖에 없고, 죄 가운데서 살 수밖에 없는 무력한 우리에게 이보다 더 큰 복음은 없을 것입니다.

저의 아버지께서 폐암으로 하나님의 나라에 가시던 날, 마지막으로 남기셨던 말씀이 있습니다. 이미 굳게 닫히신 눈이었는데 "아아! 아름답다. 주님 감사합니다!" 마지막 말씀을 큰 숨과 함께 내쉬면서 이 땅에서의 삶을 마감하셨습니다. 우리 가족은 그날, 예수님을 아주 열심히 믿기로 결심을 했습니다. 죽음을 이길 수 있는 유일한 길이 예수 그리스도를 통해서임을 확신했기 때문입니다.

예수에 강한 교회

제가 예전에 살던 미국 중남부 지역의 한 작은 동네에 친절하기로 소문난 자동차 머플러 가게American Muffler가 있었습니다. 직원들 모두가 상냥한 것은 말할 것도 없고, 모든 장비와 시설들이 최신식이었습니다. 가게 안은 우리 집 안방보다 더 깨끗했고, 테이블에는 온갖 종류의 신문과 잡지들이 가지런히 놓여 있었습니다. 무엇보다 인상적이었던 것은 가게 안에 진열된 커피였습니다. 수십 여 종의 최고급 커피 메이커들이 예쁜 테이블 위에 오와 열을 맞추어 반듯하게 정돈되어 있었습니다. 버튼만 누르면 여러 종류의 커피를 골고루 맛볼 수 있었습니다. 그윽한 커피 향기가 언제나 가게 안을 진동했습니다. 제 기억으로는 향이나 맛에 있어서 커피 전문점인 스타벅스Starbucks에 결코 뒤지지 않았습니다. 자동차 머플러 가게가 이런 엄청난 분위기를 연출할 수 있다는 것이 놀랍기만 했습니다.

화장실도 아늑했습니다. 방향제 냄새가 향긋했습니다. 도대체 누가 화장실 청소를 하는 것일까요? 침대만 들여다 놓으면 웬만한 집의 거실이나 침실 수준이었습니다. 화장실에서 나오기 싫을 정도였습니다. 게다가 이 가게의 최고 강점은 사장님입니다. '베이커'라는 이름의 이 중년 남성은 가만히 있어도 웃는 얼굴입니다. 저보다 더 성직자 같습니다. 언제나 친절하고 온화합니다. 부지런하고 세밀하기까지 해서 손님들이 가게 안으로 들어오면 제일 먼저 반갑게 뛰어나와서 인사를 합니다. 심하게 벗어진 머리를 조금만 더 노력해서 가발로 가린다든지, 불룩하게 튀어나온 배를 절반만 접어 넣을 수 있다면 천사라고 해도 결코 과언이 아닙니다. 저는 베이커 씨가 얼굴을 찡그리거나 화를 내는 모습을 단 한 번도 본적이 없습니다. 그는 날개 없는 천사였습니다. 물론 날개가 있어도 심하게 튀어나온 배 때문에 날기는 쉽지 않았을 것입니다.

대부분의 마을 주민들은 이런 멋진 머플러 가게가 우리 동네에 있다는 사실을 자랑스러워했습니다. 그런데 이 가게는 아주 사소한 문제를 하나 가지고 있었습니다. 그것은 머플러 수리를 잘하지 못하는 것이었습니다. 단번에 수리를 끝낸 적이 거의 없었습니다. 최소한 두 번은 찾아가야 제대로 고칠 수 있었습니다. 공정이 그렇게 복잡한 것도 아닌데, 왜 그런지 잘 모르겠습니다. 머플러를 새것으로 교환하면, 한 달도 지나지 않아서 가래 끓는 소리가 나기 시작했습니다. 기존의 머플러에 구멍이 나거나 용접한 부분이 떨어졌을 경우에는 훨씬 더 심각한 증세들이 나타나곤 했습니다. 그곳은 겨울철에 유난히 눈이 많이 내려서 제설작업을 하느라고 염화칼슘을 아스팔트 바닥에 많이 뿌렸는데, 그래서 그랬는지 머플러가 일 년이 멀다 하고 문제가 발생했습니다. 저도 여러 번 그 가게에서 머플러를 교체했습니다. 그런데 한 번도 단번에 끝난 적이 없었습니다.

어떤 때는 수리를 받은 지 일주일도 지나지 않았는데 차가 심하게 떨렸습니다. 오순절 마가의 다락방에 임했던 성령의 뜨거운 역사가 제 차 안에서 다시 재현된 것입니다. 기분이 언짢아서 강한 어조로 불만을 표시했더니, 아니나 다를까 베이커 아저씨가 직접 나와서 정중하게 사과합니다. 얼마나 미안해하는지 오히려 제가 더 미안해서 몸 둘 바를 모를 지경입니다. 수리하는 동안 다시 가게 안에서 두 시간을 기다리며 환상적인 커피와 스낵을 즐겼습니다. 사장은 직원들이 밖에서 수리를 하는 동안 자주 와서 미안한 마음을 표시했습니다. 정말 천사 같은 사람입니다. 그런데 문제는 보름 있다가 다시 머플러에 문제가 생긴 것입니다. 이번에는 뭐가 잘못된 것인지 모르겠지만, 머플러가 과열되면서 잘못하면 화재가 날 뻔한 것입니다. 베이커 씨는 이번에도 코가 땅에 닿을 정도로 머리를 숙여 사과했습니다.

이번에는 미안함이 극심했는지 머플러를 고치는 내내 사무실로 들어오지 않고, 직원들 옆에 서 있었습니다. 굳은 얼굴로 직원들에게 잘 고치라고 신신당부를 했습니다. 안타깝게도 두 번 더 이런 과정을 거치고 나서 모든 수리를 마감할 수 있었습니다. 물론 그곳에 다시 갈 때마다 저는 최고의 극빈 대우를 받았습니다. 알고 보니 저만 그런 경험을 한 것이 아니었습니다. 그 지역에 사는 많은 사람들이 저와 똑같은 경험을 했습니다. 저는 마지막으로 애프터 서비스를 받은 이후로 다시는 그 머플러 가게에 가지 않았습니다. 머플러 가게의 생명은 머플러를 잘 고쳐주는 것이지, 다른 훌륭한 서비스를 제공해주는 것이 아니기 때문입니다. 가장 중요한 것을 놓쳐버리면, 아무리 다른 서비스를 잘해도 그곳은 이미 무가치한 곳이 되고 말 것입니다. 결국 그 가게는 얼마 후 문을 닫고 말았습니다.

가장 중요한 것은 가장 중요한 것을 가장 중요하게 지키는 것입니다.

교회도 마찬가지입니다. 오늘날 많은 교회들이 여러 가지 이유로 바쁘고 복잡합니다. 교회 본연의 사명과 부가적인 섬김을 구분하지 못할 때가 많이 있습니다. 어떤 때는 정치를 위한 여론몰이의 장이 되기도 하고, 사회봉사 기관으로 전용되기도 합니다. 사회 정의 구현을 위한 약자 보호 센터가 되기도 하고, 특히, 이민 사회 속에서는 정보 수집과 인간관계 형성의 가장 중요한 장소가 되기도 합니다. 또 어떤 때는 물건들을 사고파는 매매의 장소가 됩니다. 물론 그렇게 하는 데는 나름대로의 이유와 논리가 있을 것입니다. 그러나 아무리 생각해보아도, 교회가 할 수 있는 가장 중요한 것은 '예수 그리스도'를 잘 전하는 것입니다. 예수를 잃어 버린 교회는 아무리 다른 것을 잘하여도 결국에는 공허한 존재로 전락하고 말 것입니다. 교회의 생명은 '예수' 안에 있기 때문입니다. 우리 교회는 예수에 강한 교회가 되었으면 정말 좋겠습니다.

우리의 생각이
언제나 옳은 것은 아닙니다

이해하기가 정말 어려웠던 책이 한 권 있습니다. 재미교포 작가인 김은국 씨가 쓴 『순교자The Martyred』입니다. 이 책은 김은국 씨가 1964년에 발표한 데뷔 작품입니다. 아쉽게도 지금은 타계하셔서 더 좋은 작품활동을 할 수 없게 되었습니다. 덕분에 이 책은 고인이 남긴 작품 중에서 가장 뛰어난 역작이 되고 말았습니다. '순교자'가 처음 출간될 때 많은 사람들은 이 책이 남녀 간의 로맨스나 자극적인 현장 묘사가 없이 이미 지나간 일들을 역추적해 나아가는 형식이라 세간의 큰 주목을 받지 못할 것이라고 생각했습니다. 그러나 이 책은 모든 사람들의 예상을 깨고 미국에서 20주 동안 연속으로 베스트셀러가 되는 기염을 토했습니다. 먼저 영문판이 나오고 나중에 한국어로 번역이 된 이 책은 한국 사람으로서는 최초로 노벨문학상 후보가 되는 영예를 누리기도 했습니다.

'순교자'는 6.25 한국동란 중에 실제로 일어났던 사건을 배경으로 해서 쓴 작품입니다. 유엔군의 개입으로 인해 북쪽으로 후퇴하게 된 인민군들이 개성 부근의 한 교회에 목사 14명을 붙잡아 놓고 배교를 강요합니다. 모진 고문에도 굴하지 않고 끝까지 자신의 신앙을 지킨 12명의 목사들을 총으로 처형해버린 인민군들은 일말의 양심이 있었던지 믿음의 길을 포기한 신 목사와 겁에 질려 이미 정신줄을 놓아버린 한 목사를 살려주고 북으로 철수합니다. 더 이상의 살해는 자신들에게 도움이 안 된다고 생각한 것입니다. 인민군들이 물러가자 몰려든 마을 사람들 앞에서 신 목사는 처절한 양심고백을 하게 됩니다. 한 치의 동요됨도 없이 마지막 순간까지 흔들리지 않고 자신들의 믿음을 지킨 12명의 목사님들 이야기를 전해주기도 하고, 온갖 고문 앞에서도 뜻을 굽히지 않고 저항하다가 미쳐버린 불쌍한 한 목사님의 이야기도 흐느끼며 증언했습니다.

아울러 그는 비겁하게 살아남은 자신의 형편없는 모습도 가감없이 진술했습니다. "죽는 것이 너무도 무서워서 어쩔 수 없이 예수를 부인하고 목숨을 구걸했다"라고 자신의 허물을 눈물로 사죄합니다. 폭포 눈물을 쏟으면서 자신의 배교를 고백하고 용서를 구하는 신 목사를 보면서 마을 주민들은 혼란에 빠집니다. 당시 상황이 너무도 공포스럽고, 살고 싶은 욕구 때문에 어쩔 수 없었다는 그의 변명을 충분히 이해하지만, 소위 목사라는 작자가 평소 자신의 목숨보다 더 귀하다고 말해왔던 예수를 너무도 쉽게 헌신짝 버리듯이 버렸다는 사실이 너무도 허망하고 충격적이었습니다. 절망스러웠습니다. 동료 목회자들이 외마디 비명을 지르며 죽음으로 믿음을 사수할 때, 자기 혼자 살아보겠다고 믿음을 등진 나약한 신 목사를 마을 사람들은 역겨워하며 경멸의 눈으로 바라보았습니다. 쓰레기 같은 신 목사에게는 용서도 아까웠던 것입니다.

그런데 이 책의 주인공인 '이 대위'가 등장하면서 이 책은 대반전을 맞이하게 됩니다. 이 대위가 볼 때 신 목사라는 인물은 절대로 배교를 하거나 목숨 따위에 집착할 사람이 아닙니다. 그래서 그는 진실을 파헤치려고 노력합니다. 결국 이 대위는 신 목사의 증언이 거짓이라는 사실을 알게 됩니다. 실제로는 정반대입니다. 12명의 목사들은 제발 살려달라고 애걸복걸했습니다. 목숨만 살려주면 예수 따위는 안중에도 없다고 애원했습니다. 그들은 옆에 있던 동료 목사들을 서로서로 욕하고 헐뜯으면서 정말 개같이 죽어갔습니다. 정신줄을 놓은 한 목사도 그들 중의 하나였습니다. 그는 바지에 대소변을 보며 너무도 무서워서 떨다가 실성해버린 것입니다. 하지만 신 목사는 전혀 달랐습니다. 너무도 의연했습니다. 그는 끝까지 예수를 버리지 않았습니다. 오히려 자기만 죽이고 다른 목사들은 살려 달라고 부탁을 하기까지 했습니다. 감동한 인민군 장교는 이 신 목사와 미쳐버린 한 목사를 살려주고 나머지 비겁하고 역겨운 목사들을 전부 총살시켜 버린 것입니다.

그런데 이 소설에서 혼란스러운 부분은 여기서부터입니다.

정작 살아남은 신 목사는 사람들 앞에서 거꾸로 증언을 합니다. 12명의 목사는 거룩한 순교자들이라고 말하고 자신은 배교자라고 말해버린 것입니다. 그는 그 이유를 이렇게 말합니다. "모두가 절망하고 있던 현실 속에서 그 많은 목사들마저 그렇게 믿음을 버렸다고 한다면, 성도들은 어디에 소망을 두고 살아갈 것인가!" 전쟁과 가난 그리고 배고픔 속에서 성도들이 꿈꿀 수 있는 것은 오직 하나님의 나라인데 목사들이 그것을 그렇게 쉽게 버렸다고 한다면 성도들은 너무도 불쌍하지 않겠느냐고 주장합니다. 신 목사의 논리는 한편으로는 이해가 되면서도, 또 다른 한편으로는 실제로 그가 배교를 한 것 같은 느낌을 줍니다. 소설 중에서 신 목사는 간절한 기도에도 불구하고 자기 아들이 죽는 모습을 보면서 믿음이 흔들리는 듯한 모습을 보이기도 합니다. 신 목사는 살아남은 후에 오히려 배교를 하는 듯한 애매한 모습을 보입니다. 그러나 나중에 중공군들의 개입으로 다시 군인들이 38선 이남으로 후퇴하게 되었을 때 다시 한번 신 목사의 목사다움이 빛을 냅니다. 주인공인 이 대위가 신 목사에게 함께 남쪽으로 내려가자고 할 때, 신 목사는 끝까지 남아 주님의 양들을 돌보겠다고 말합니다.

신 목사는 이 대위에게 마지막으로 이런 말을 남깁니다. "인간을 사랑하시오, 대위. 그들을 사랑해주시오. 용기를 가지고 끝까지 십자가를 지시오." 물론, 작품 속에 등장하는 신 목사의 신앙은 분명히 문제가 될 만한 요소들이 있습니다. 그래서 이 소설이 처음에 한국에 들어갔을 때, 한국 교회들은 단체로 불매운동을 벌이기도 하고, 소설을 영화로 제작했을 때도 법적으로 상영을 하지 못하도록 데모를 벌이기도 했습니다. 그러나 분명한 사실은 신 목사가 처음부터 끝까지 성도들의 편에 서려고 노력했다는 사실입니다. 성도들의 소망과 기대를 지켜주기 위해서 그는 죽음의 공포도, 배교자가 되는 고통도 그리고 거짓말쟁이가 되는 비겁함도 주저하지 않고 감내했습니다. 끝까지 홀로 십자가를 지는 신 목사를 통해 작가 김은국은 독자들로 하여금 진정한 순교자가 누구인지를 묻고 싶었던 것입니다. 하나님의 편에서 자신의 목숨을 버리는 것도 순교이지만, 사람들의 편에 서서 끝까지 자기를 부정하는 것도 어쩌면 더 큰 의미의 순교일 수 있다는 것을 그는 보여주려고 한 것입니다. 언제나 지배 이데올로기 속에서 모든 것을 한쪽 면으로만 보려는 우리 현대인들에게 진리는 언제든지 다른 편에도 숨어 있을 수 있다는 사실을 이 책은 보여줍니다. 우리가 한쪽에 치우친 시각으로 남을 함부로 평가하거나 폄훼해서는 안 되는 이유를 다시 한번 생각하게 하는 좋은 책입니다.

어머니 같은 하나님의 사랑

법과 질서의 나라라고 하는 미국에서도 교도소만큼은 좀처럼 통제를 할 수 없어 골머리를 썩는다고 합니다. 몸과 마음이 피폐한 재소자들이 모여 있다 보니 끊임없이 사건과 사고가 일어납니다. 한번은 오클라호마 연방 교도소에서 어머니날Mother's Day을 맞아 재소자들에게 감사의 카드를 쓰도록 했다고 합니다. 식당 입구에 예쁜 카드들을 비치해두고 자유롭게 가져가서 어머니에게 사랑과 감사의 편지를 쓰도록 했습니다. 처음에는 큰 기대를 하지 않았는데, 뜻밖의 결과를 얻게 되었습니다. 너무 난폭하고 거칠어서 좀처럼 통제를 할 수 없었던 재소자들이 편지를 쓰면서 눈물을 흘리기도 하고 깊은 한숨을 쉬며 머리를 숙이고 자숙하는 모습을 보인 것입니다. 많은 재소자들이 유순해지기도 하고 마음에 평화를 얻었습니다. 교도소 내의 폭력과 범죄율이 갑자기 절반으로 뚝 떨어졌습니다.

교도관들은 신이 났습니다. 그래서 어머니의 날에만 카드를 쓸 것이 아니라, 차라리 매년 5월 한 달 전체를 어머니에게 감사 카드를 쓰는 달로 정하자고 결정을 했습니다. 그 결과 너무도 흡족한 결과를 거둘 수 있었습니다. 그러자 교도관들은 다시 한번 모여서 열띤 토론을 벌이게 되었습니다. 어머니날이 있는 5월에만 그렇게 할 것이 아니라, 아버지의 날Father's day이 있는 6월에도 카드를 준비해서 똑같은 효과를 얻자는 데 합의를 보았습니다. 교도관들은 기대를 가지고 멋진 아버지의 날 카드들을 비치해 두었습니다. 그 결과, 5월에 떨어졌던 범죄율이 6월에 다시 급상승하는 반전을 맞이하게 되었습니다. 대부분의 재소자들은 복도에 비치된 카드를 가지고 가지도 않았을 뿐만 아니라, 오히려 진열대를 부수기도 하고 아버지에 대한 분노의 반응을 보였습니다. "자신들이 누구 때문에 이곳에 오게 되었는데, 그런 카드를 쓰느냐?"라고 화를 냈다고 합니다. 어머니의 사랑이 아버지의 것보다 우성이라는 것을 보여주는 불편한 진실입니다.

　하나님은 세상의 모든 사람들에게 당신의 존재를 알려주려고 어머니를 선물로 주셨다고 합니다. 이 세상의 사람들은 누구나 어머니를 가지고 있습니다. 어머니가 없이 세상에 온 사람은 단 한 사람도 없습니다. 출생은 본질적으로 어머니의 희생을 전제로 합니다. 열 달 동안 거동하기도 힘든 불편한 몸으로 자신을 헌신하신 어머니 덕분에 우리는 모두 탄생의 기쁨을 경험하게 됩니다. 생명의 출발점은 항상 어머니입니다. 그리고 그 어머니로부터 젖과 사랑을 먹으면서 세상을 배우게 됩니다. 아기들은 어머니를 통해서 세상을 보는 눈을 갖게 됩니다. 모세의 출애굽은 어쩌면 히브리 어머니 요게벳을 통해서 이미 예정된 사건이었습니다. 솔로몬의 왕위 계승도 그의 지혜가 아닌 어머니 밧세바의 열정 덕분이었습니다. 디모데가 바울의 각별한 사랑을 받게 된 것도 결국 어머니와 할머니의 열정 덕분이었습니다. 그래서 유대인들은 언제나 유대인의 정체성을 아버지가 아닌 어머니에게서 찾았습니다. 어머니가 유대인이면 인종이나 피부색에 상관없이 그를 유대인으로 인정을 했습니다.

　성경에는 하나님의 아버지적인 모습이 많이 드러나 있지만, 실제로 당신의 자녀들을 지키시고 인도하시는 모습 속에는 어머니의 모습이 더 강하게 드러납니다. 죄를 짓고 수풀 속에 몸을 숨긴 가련한 아담과 이브의 하체를 짐승의 가죽으로 가려 주십니다. 풀잎을 엮어 부끄러운 하체를 숨겼지만, 강한 햇빛 때문에 애써 만든 풀잎 옷이 말라비틀어집니다. 그러면 또 반복적으로 풀잎을 엮어서 속옷을 만들어 가립니다. 그들의 딱한 몸짓을 보시면서 아버지 같은 하나님이시라면 "내가 그래서 선악과 열매를 따 먹지 말라고 했잖아!" 버럭 소리를 지르시며 치도곤을 내셨을 것입니다. 하지만 하나님은 세심하게 그들의 옷을 짐승의 가죽으로 지어 만들어 입히셨습니다. 어머니 같은 하나님의 따뜻한 마음을 느낄 수가 있습니다. 하나님은 "졸지도 않고 주무시지도 않는 불꽃과 같은 눈으로"(시 121:4) 당신의 자녀들을 돌보십니다.

눈을 두 번
감았다
뜨세요

밤을 새워가며 자식을 돌보는 사람은 어머니입니다. 출애굽한 이스라엘 백성들을 낮에는 구름기둥, 밤에는 불기둥으로 섬세하게 인도하십니다. 세밀한 어머니의 눈이 아니면 불가능한 일입니다. 하나님은 암탉이 자신의 날개 아래 병아리를 모으듯이 당신의 자녀들을 모으려고 얼마나 노력했는지 모른다고 한탄하셨습니다 (마 23:37). 따뜻한 어머니의 마음입니다. 로뎀나무 아래에 엎드려 죽기를 청하며 절망하는 엘리야를 하나님은 천사의 부드러운 손길로 어루만지시고, 떡과 포도주를 먹이시며 위로하고 격려하십니다. 아버지 같은 성격으로 그를 대하셨다면 결과는 너무도 자명합니다. "이놈의 새끼! 안 일어나? 형편없는 놈 같으니라구!" 불호령을 내리셨을 것입니다. 아버지 같은 근엄함과 강인함이 항상 성경의 전면에 드러나 있는 것은 사실이지만, 그럼에도 불구하고 어머니 같은 하나님의 부드러운 손길이 맛깔스럽게 숨어있기에 성경은 항상 읽을 때마다 포근함을 줍니다. 그래서 성경은 읽어볼수록 참 신비로운 책입니다.

대인大人과 소인小人

어머니 한 분이 어린아이 셋과 함께 레고랜드Legoland 놀이터에 왔습니다. 입장권을 사려고 줄을 섰는데 가격이 장난이 아닙니다. 부담을 느낀 어머니가 자신과 남편을 위해서는 대인 표를 사고, 세 아들 중에 둘은 많이 커서 대인 표를 사야 하는데 모두 소인 표를 샀습니다. 아이들과 함께 입장을 하는데 그중에 큰아들을 보면서 수상하게 여긴 검표원 백인 아주머니가 큰아들에게 몇 살인지를 물었습니다. 옆에 있던 어머니가 얼른 말을 가로채서 마음속에 준비하고 있던 말을 했습니다. "He is twelve." 그러자 아이가 정색을 하면서 엄마를 보고 말합니다. "No, mom! I am thirteen." 어머니의 얼굴이 홍당무처럼 빨개졌습니다. 어머니는 큰아들을 보면서 꾸짖는 목소리로 나무랍니다. "In America, your age is twelve, and in Korea, you're thirteen." 그러자 이 눈치 없는 아들이 엄마를 보고 심각하게 말합니다. "No, mom, in Korea, I am fourteen, I am thirteen, here." 오히려 당황한 사람은 표를 점검하던 백인 아주머니였습니다. 그냥 들어가라고 가족들에게 손짓을 했는데, 어머니는 자기의 부끄러움을 감추려고 했는지 계속 아들과 설전을 벌였습니다. 어머니는 '대인'이 되려고 하는 아이를 자꾸 '소인'이 되라고 강요하고 있었습니다.

아마도 미국에 살면서 이런 이야기들을 한번쯤 들어 보았을 것입니다. 얍삽한 어머니라고 쉽게 비난하고 넘어갈 수도 있겠지만, 어느 한편으로는 공감되는 부분이 많이 있습니다. 대인과 소인의 표값 차이가 무려 40불을 넘기 때문입니다. 생각해보나 마나 세 아이들의 입장료가 상당히 부담스러웠을 것입니다. 그래서 그 자리에서 창피를 무릅쓰고 '지나치게 정직한 아들'과 말다툼을 벌인 것입니다. 만약 우리에게도 이런 순간이 온다면 우리는 정직하게 망설이지 않고 한 살 차이 밖에는 나지 않는 아이를 위해 대인 표를 살 수 있을까요? 한 명도 아니고 서너 명이 있을 때도 그렇게 할 수 있을까요? 그때 상황을 봐서 결정하겠다는 부모님들이 적지 않을 것입니다. 그런데, 만약 그 입장권이 나이를 묻는 것이 아니라, 아이의 '인격'이나 '됨됨이' 그리고 '가능성'을 묻는 것이라고 한다면, 우리는 모두 망설이지 않고 '대인 표'를 달라고 말할 것입니다. 설사 매표소 직원이 "아닙니다. 한 살 차이라면 아직 소인 표를 사는 것도 괜찮습니다" 하고 권한다면, 오히려 "우리 아이를 뭘로 보느냐?" 하고 난리를 치면서 화를 낼 것입니다. 입장권은 값싼 소인 표를 끊어도 인물값은 비싼 '대인 표'로 사고 싶은 것이 우리들의 솔직한 모습일 것입니다.

한국 사람들은 '소인배小人輩'라는 말을 아주 듣기 싫어합니다. '소인배'는 '소인'을 낮추어 이르는 말로 '마음 씀씀이가 좁고 간사한 사람'을 이르는 말입니다. 오직 자신의 이득만을 추구하고 남의 행복이나 공익共益에 대해서는 관심이 없습니다. 작은 이득에 집착하고 항상 불로소득을 좋아합니다. 자신의 능력보다도 더 많은 이득을 기대합니다. 자신의 실수와 부족에 대해서 언제나 관대하고, 다른 사람에 대해서는 그가 아홉 가지 장점을 가지고 있어도 한 가지 단점이 보이면 그것을 집요하게 물어뜯습니다. 자신이 받은 은혜는 쉽게 잊어버리고 누려야 할 권리만을 주장합니다. 문제 해결을 위해서 마음을 열고 대화하기보다는 남에게 책임을 전가하기 바쁩니다. 강자에게는 비굴하고 약자에게는 잔인할 만큼 군림하려고 합니다. 합리적인 해결책이나 논리를 따르기보다는 관계에 연연하며 다른 사람의 권세를 빌어 자신의 위치를 지키려고 노력합니다. 한마디로 철저하게 이기적인 사람들이 소인배입니다. 반면에, 대인大人은 개인의 사사로운 이익보다는 공익을 먼저 생각합니다. 항상 자신을 되돌아보는 삶을 살아갑니다. 깊은 반성을 통해 자신을 연마하고 다듬는 사람들입니다. 자신의 한계와 부족을 잘 인정하고 남을 존중할 줄 아는 사람입니다. 언제나 책임감을 잃지 않으며 약자들이 소외되는 것을 용납하지 않습니다. 그래서 '대인'은 자주 '군자君子'라는 말로 불립니다.

우리의 자녀들을 대인으로 기르기를 원한다면 먼저 부모들이

눈을 두 번 감았다 뜨세요

대인이 되어야 합니다. 이타적이고 공익을 먼저 생각하는 사람들이 되어야 합니다. 그래야 자녀들도 그 모습을 닮게 되어 있습니다. 특히 어머니가 생각이 넓어져야 합니다. 많은 교육학자들이 주장하는 것처럼, 아이들의 교육에 절대적인 영향을 끼치는 것이 아버지보다도 어머니 쪽이기 때문입니다. 유대인들은 타민족과 결혼을 하게 되면 어머니 쪽이 유대인이면 그 자녀들을 유대인이라고 간주합니다. 아버지 쪽은 계산하지 않습니다. 사도 바울이 자신의 동역자요 아들이라고 말했던 '디모데'는 아버지가 헬라인이었지만, 어머니 계열이 유대인이었기에 유대인으로 간주되었습니다. 어머니가 자식의 교육에 절대적인 영향을 준다고 믿었기 때문입니다. 구약 성경 최대의 사건이라고 불리는 '출애굽Exodus'이 가능했던 이유는 모세에게 젖을 먹인 유모였던 '요게벳Jochebed'이 실제로 모세의 생모였기 때문입니다. 친어머니가 심어준 히브리 민족관이 훗날 하나님의 부르심 속에서 강렬하게 타올랐던 것입니다. "각자가 자기 소견을 따라 마음대로 행동하던" 몹쓸 시대였던 '사사시대'를 종식시키고 국가의 기틀이 잡히고 질서가 바로 선 '왕정 시대'를 열었던 위대한 제사장 '사무엘'이 그와 같은 대업을 이룰 수 있었던 이유도 그의 어머니 '한나'의 믿음과 헌신이 있었기 때문입니다. 어머니의 위대한 역할은 아무리 강조해도 결코 지나치지 않을 것입니다. 이 땅에 존재하는 모든 어머니들을 마음속 깊이 축복하고 응원합니다.

어떻게 하면
영성을 기를 수 있을까요?

한 젊은 목회자가 목회를 배우겠다고 찾아왔습니다. 오래동안 미국인 회중을 섬기다가 얼마 전에 한인교회로 파송을 받았습니다. 한국 사람이지만, 너무 오랜 시간을 미국인들과만 지내왔기 때문에 다시 한인들 틈바구니로 들어가려니 두려운 마음이 들었던 것 같습니다. 소위 부흥한다는 한인교회들을 찾아다니면서 목회의 방법이나 비결을 묻고 배우고 있었습니다. 그의 열정이 부럽고 훌륭해 보였습니다. 그는 저에게 "선배님, 어떻게 하면 좋은 영성을 기를 수 있겠습니까?" 하고 물었습니다. 아무리 생각해 보아도 제가 그런 멋진 질문을 대답해 줄 만한 형편이 아닌지라, 여러 차례 손사래를 치며 "나에게 물을 질문이 아니다"라고 회피했습니다. 하지만 끈질긴 그의 고집 앞에 결국 그 질문에 답을 해줄 만한 좋은 목사님 몇 분을 소개해주는 것으로 그와의 만남을 마무리를 지었습니다.

혼자 멍하게 앉아서 "어떻게 하면 좋은 영성을 기를 수 있을까" 질문했던 그의 물음을 되새겨 보았습니다. 결코 쉬운 대답이 아

눈을 두 번
감았다
뜨세요

니었습니다. 불가佛家에서 하는 것처럼, 머리를 깎고 산속으로 들어가 염불을 외워 보라고 조언을 해줄 수 있는 것도 아니고, 돌팔이 무속인들이 하는 푸닥거리를 해보라고 조언을 해줄 수 있는 것도 아니었습니다. 목회를 통해 체득한 선배로서의 '실용적인 지혜'를 구하는 그에게 무책임하게 "기도원으로 들어가 당장 작정기도를 해보라"고 할 수도 없고, 그렇다고 나도 충분하게 갖지 못한 영성을 주절댈 자신은 더더욱 없었습니다. 그래도 뭔가를 이야기해 주어야 나중에 '날탕'이라는 비난을 듣지 않을 것 같아서 궁색한 답을 찾다가 생각나는 것이 있어, 한마디 해주었습니다. "네가 하기 싫은 것만 골라서 해. 그러면 깊은 영성의 세계로 들어가게 될 거야!"

한참 동안 생각에 잠겨 있던 그가 한마디 남기고 자리를 떴습니다. "너무 훌륭하신 말씀입니다." 사라지는 그의 뒷모습이 저보다도 이미 몇 배나 더 영성이 깊어 보였습니다. 얼떨결에 한 말이기는 했지만, 생각해보니 그 말이 답일지도 모른다는 생각이 들었습니다. 사람은 근본적으로 이기적인 존재라 항상 자기가 하고 싶은 일만 합니다. 편하고, 쉽고, 자신이 환하게 드러나는 일만 하고 싶어 합니다. 조금만 힘들고 손해를 보는 것 같으면 쉽게 외면해버리는 것이 사람들의 기본적인 마음입니다. 우리가 소위 '영성이 깊은 분'이라고 존경하는 사람들은 대부분 인간의 본성에 거스르는 삶을 산 사람들입니다. 나병환자의 종창을 자신의 입술로 빨아 고름을 빼낸 사람, 살을 에는 듯한 추위 속에서 자신도 추울 텐데, 입고 있던 옷과 한 끼 남은 마지막 식량을 다른 사람을 위해 선뜻 내어 준 사람 그리고 모두가 생존하기 위해서 발악을 하는 강제 포로수용소 안에서 즉결처분의 위기에 놓인 동료를 위해 자신이 대신 처형을 당하겠다고 생명을 내어놓은 사람에 이르기까지 깊은 영성의 사람들은 모두 인간의 기본적인 욕구와 본능을 뛰어넘은 사람들입니다.

이렇게 이해하면 쉽습니다. 나의 몸을 즐겁게 하고, 편안하게 하는 것은 대부분 영성의 성장을 방해하는 것들입니다. 예배를 드리고 각종 집회에 참여해서 말씀을 묵상하고 자기반성을 하는 것은 피곤한 일입니다. 졸린 눈으로 새벽에 나와 주님께 기도를 드리는 일도 쉽지 않고, 남을 구제하고 섬기고 봉사하는 일도 결코 쉬운 일이 아닙니다. 남에게 말을 하는 것보다 들어주는 것이 훨씬 힘들고, 대접을 받는 것보다 대접을 하는 것이 더 어렵습니다. 그런데 영성은 항상 어렵고 불편한 편을 택할 때 성장하게 됩니다.

며칠 전, 우리 교회를 섬겼던 전도사님 한 분을 만나 커피를 나누는 시간을 가졌습니다. 그는 민족중흥의 역사적 사명을 띠고 줄기찬 노력으로 아이를 다섯이나 생산한 보기 드문 애국자입니다. 그와의 대화 중에 가족들 사진을 보려고 스마트폰을 훑어보다가 감동적인 장면을 보게 되었습니다. 둘째 딸아이가 자기의 거실에 '노숙자들을 위한 선물 봉지Goody Bag' 250개를 잘 정리해 놓고 있는 사진이었습니다. "이 많은 선물 봉지들을 무엇에 쓰려고 준비했어?" 저의 질문에 그는 작년 성탄절에 노숙자들에게 주

눈을 두 번 감았다 뜨세요

려고 자기 가족들이 함께 준비한 것들이라고 대답을 했습니다.

온 가족이 벌써 4년째 이 사역을 함께 해오고 있답니다. 각 봉지 안에 아내가 만든 샌드위치 빵과 과자들을 정성스럽게 집어 넣고, 감자 칩chip과 음료수 그리고 자질구레한 스낵들도 함께 곁들여 넣습니다. 그 봉지들을 차에 싣고 거리로 나아가 온 가족이 노숙자들에게 친절하게 나누어줍니다. 물론, "주님은 당신을 사랑하십니다"라는 말과 함께 짧은 복음을 전한다고 합니다. 참으로 감동스럽습니다. 어느 정도 규모가 있는 단체들만이 할 수 있는 일이라고 제쳐두었는데, 이 사역을 한 가족이 일심 단결해서 감당해내고 있는 것입니다. 그것도 가난한 전도사 월급을 모아서 말입니다. "돈이 수월찮게 들 텐데" 걱정하는 저를 향해 전도사님이 일침을 가합니다. "그냥 하면 주님이 다 채워 주십니다." 다시 한번 안경을 고쳐 쓰고 그의 얼굴을 쳐다보았습니다. 거룩해 보였습니다. "자기 하고 싶은 것 다 하고 나서, 주님의 일을 하려고 하면, 할 수 있는 것이 이 세상에는 하나도 없습니다." 가만히 보니, 이 전도사님이 말만 바뀐 것이 아니라, 행동하는 모습도 많이 변화되어 있었습니다. '원래 이런 사람이 아니었는데!' 생각하면서, 그를 쳐다보다가 깨달았습니다. "거룩한 사람이 거룩한 일을 하는 것이 아니라, 그냥 거룩한 일을 하면 거룩한 사람이 되는구나!"

영성은 항상 자신을 내려놓는 삶에서부터 시작됩니다.

기起승承전轉예수

글을 쓰는 것은 큰 기쁨입니다. 자기가 가졌던 생각이나 느낌을 한적한 곳에서 조용히 앉아 정리하다 보면 살면서 본의 아니게 놓쳐버린 것들을 다시 한번 되돌아보게 됩니다. 너무 바쁘다는 핑계로 아무 생각 없이 포기해버리고, 정당화하고, 외면해버린 기억의 편린들을 다시 반추해보면서 반성의 시간을 갖게 됩니다. 글을 쓰다가 어떤 때는 어설픈 미소를 짓기도 하고, 진지해보기도 하고, 쓸쓸한 상처 때문에 얼굴을 찌푸리기도 합니다. "좀 더 감사를 표했어야 하는데!" 바보처럼 너무 쉽게 잃어버렸다는 자책의 마음을 갖기도 하고, 옹졸하고 모자란 생각 때문에 저질렀던 실수들을 뒤늦게 후회해 보기도 합니다. 어떤 때는 "그때는 그럴 수밖에 없었다"라고 스스로에게 위로와 격려를 보내며 자기 합리화의 시간을 갖기도 합니다. 글쓰기는 너무 삭막해지고 각박해진 삶을 다시 한번 여유 있게 만드는 회복의 시간입니다. 시간에 몰려다니면서 잔머리 밖에는 굴릴 줄 몰랐던 치졸한 나에게 글쓰기는 언제나 작지만 깊은 생각을 해볼 수 있는 은총을 허락

합니다.

잃어버린 나를 다시 찾게 해주고, 논리적으로 사고하는 방법을 가르쳐 줍니다. 미래를 다시금 재조명해볼 수 있는 통찰의 시간도 제공해 줍니다. 글을 잘 쓰고, 못 쓰는 것은 그다지 문제가 되지 않습니다. 중요한 것은 글을 쓴다는 사실입니다. 글을 쓰면 항상 생각하게 되고, 지나온 삶을 뒤돌아보게 되고, 아직 도래하지 않는 미래를 흐릿하나마 그려볼 수 있게 됩니다. 무엇보다도 바쁘게 돌아가고 있는 지금 이 시간을 잠시 동안 멈출 수 있는 지혜를 얻게 됩니다. 결국 내가 누구이며, 어디로 가고 있고, 무엇을 위해 살고 있는지를 깨닫게 해줍니다. 왜 "펜pen이 칼sword보다 강하다"라고 했는지를 확인하게 됩니다. 학창시절에 글쓰기를 할 때 선생님들에게 늘 지적을 받던 것 중의 하나가 '일관된 논리consistent logic'의 부족입니다. 글은 항상 논리적이어야 합니다. 글을 통해 쓰는 사람과 읽는 사람이 만날 수 있어야 합니다. 횡설수설하면 모두를 피곤하게 만들 수 있습니다. 그래서 글쓰기는 반드시 '기승전결起承轉結'의 원칙하에서 진행되어야 합니다.

기승전결의 기起는 생각의 발상입니다. 자기가 쓰려고 하는 글의 내용과 의도 그리고 자료들을 구상하고 정리하는 단계입니다. 달리기로 말하면 출발점입니다. 글로 이야기하면 서론에 해당합니다. 무엇을 쓰려고 하는지, 왜 쓰게 되었는지, 어떻게 쓸 것인지 그리고 그것이 어떤 결과를 낳을 것인지에 대해서 논리적으로 취지를 적는 것입니다. 그리고 승承은 그 단계를 이어서 본격적으로 진행되는 글쓰기 과정입니다. 우리가 살고 있는 시대를 진단하고, 벌어지고 있는 여러 가지 사건들이나 논리들을 일목요연하게 정리해서 상식적으로 공감하고 납득할 수 있는 동의를 얻어내야 합니다. 전轉은 말 그대로 전환입니다. 자기가 말하고자 하는 것을 피력하는 순서입니다. 자기주관이 있어야 하고, 사람들을 설득하거나 공감하게 할 수 있는 분명한 자기 논리가 있어야 합니다. 자기주장이 없다면 그것은 의미 없는 글자의 나열에 불과할 것입니다. 마지막으로 결結은 글의 완성입니다. 분명한 방향 제시와 의식의 변화를 촉구할 수 있는 결말이 있어야 합니다. 짬뽕인지, 짜장면인지, 아니면 절반씩 섞은 '짬짜면'인지를 분명히 해야 합니다. "아무 거나 먹겠다"라고 하면서 결말을 맺으면 그것은 글도 아닙니다.

글만 그런 것이 아니라, 생각하는 것이나 말하는 것 그리고 일하는 모습도 모두 기승전결의 원칙하에서 이루어져야 합니다. 어쩌면 우리 인생 전체가 '기승전결'일지도 모르겠습니다. 요즘에 유행하는 말 중에서 '기승전 밥'이라는 말이 있습니다. 어떻게 시작하고, 논리를 전개해 나아가든, 결국 마지막의 답은 '밥'으로 끝이 난다는 뜻입니다. 이 사람은 먹는 것에 최고의 관심을 가지고 있다는 뜻입니다. '기승전 돈', '기승전 성공', '기승전 이성', '기승전 자식'이라는 말들이 모두 가능할 것입니다. 얼마 전에 예쁜 여자 배우 한 사람이 텔레비전에 나와서 토크쇼를 하는 것을 본 적이 있습니다. 이 예쁜 배우는 안타깝게도 어떤 주제로 말을 하던 마지막 결말은 항상 "사랑해 달라"는 부탁이었습니다. 꿈을 물어보고, 미래의 결혼 상대를 물어보고, 학창시절의 추억을 물어보아도 결론은 항상 똑같았습니다. "사랑해 달라", "잘 봐 달라" 그리고 "예쁘게 기억해 달라"는 말뿐이었습니다. 약간 비굴해 보이기도 했지만, 성공에만 집중하는 그녀의 모습이 대단히 매력적이었고, 나중에는 거룩해 보이기까지 했습니다. 우리 신앙인들의 글과 말이 이렇다면 사회에 얼마나 큰 영향력을 미칠 수 있겠습니까? 우선 제 자신부터도 말을 할 때 항상 '기승전 예수'로 해야겠다는 생각을 해보았습니다.

정말 환장하겠네

골프를 너무너무 사랑하는 목사님이 있었습니다. 바쁜 목회 일정 속에서도 거의 '싱글'을 쳤습니다. 주일에 설교하는 시간과 사람들을 만나는 시간을 제외하고는 거의 대부분의 시간을 '푸른 풀밭과 쉴 만한 물가'가 있는 그린 필드green field에서 마음껏 골프채를 휘두르며 주님을 묵상했습니다. 하나님이 지으신 아름다운 대자연 속에서 나이스샷Nice Shot을 하면서 날마다 영성이 자라나는 듯했습니다. 목회가 골프처럼 재미있으면 얼마나 좋을까요?

한번은 골프를 치다가 문득 이런 생각이 들었답니다. "천국에도 골프장이 있을까?" 만약 천국에 골프장이 없다면 무슨 재미로 천국을 갈 것인가? 천국에서는 항상 천군 천사가 나팔을 불고 천국 백성들이 나와서 온종일 찬양과 영광을 돌린다는데, 생각해보니까 목사인 자신에게도 천국이 그렇게 매력적으로 와닿지 않았습니다. 그래서 목사님은 근심스러운 표정으로 하나님께 기도를 드렸습니다.

눈을 두 번
깜았다
떠세요

"하나님, 저는 천국에 골프장이 있었으면 좋겠습니다. 골프장도 없는 곳이 어떻게 천국일 수 있겠어요? 하나님, 천국에 골프장이 있나요?" 하나님께서 이 목사님에게 부드럽게 말씀해 주셨습니다. "나의 사랑하는 아들아, 걱정하지 말아라. 천국에는 이 땅에 있는 것들과는 비교도 할 수 없는 아주 멋진 골프장들이 한둘이 아니란다. 분명히 네가 만족할 만한 골프장들이 지천으로 깔려 있단다." 하나님은 이 목사님에게 감동을 주신 후에 한마디 더 귀띔해 주셨습니다. "아! 그리고 다음 주에 너하고 베드로하고 토너먼트로 시합을 벌일 예정이란다. 잘 준비하기 바란다."

땅덩어리가 넓은 미국이라서 그런지 골프에 대한 이야기가 무궁무진합니다. 저는 골프를 치는 사람이 아니라서 골프를 즐기는 분들의 마음을 잘 모릅니다. 하지만 함께 사는 배우자보다도 좋다는 농담은 많이 들었습니다. '사람의 마음과 내장까지 다 뒤집어지는 것'을 '환장換腸'이라고 하는데, 많은 분들이 골프를 '미치고 환장할 정도'로 좋아합니다. 그래서 그런지 미국에서는 주일에만 교회에 출석하는 '골프 교인'들이 많이 있습니다. 특히, 주일 중에서도 비 오는 날에만 교회에 강림하시는 분들이 적지 않습니다. 그런 분들을 볼 때면 저도 환장할 때가 많이 있습니다.

로스앤젤레스에서 목회를 할 때 한번은 어떤 성도님 한 분이 골프클럽 풀세트를 사가지고 오셨습니다. 저에게 선물로 주시려고 아주 비싸게 구입을 하셨다고 합니다. 그분의 꿈은 저하고 초원을 거닐면서 골프를 치는 것이었다고 합니다. 골프를 칠 줄 모르는 목사님들 치고 목회를 제대로 하시는 분을 본 적이 없다고 열변을 토하시면서 왜 제가 골프를 쳐야만 하는지를 역설하셨습니다. 끝으로 자기는 철저하게 비밀을 유지하는 사람이기 때문에 아무 걱정하지 말고 당신과 골프를 치자고 말씀하셨습니다.

웬만하면 그 어른의 간곡한 권유를 받아들여서 골프를 배우고 싶었는데, 그전에 있던 교회에서 설교 시간에 "현역 목회자로 있을 때는 절대로 골프를 치지 않겠다"라고 방정맞은 입질을 했던 기억이 났습니다. 모르면 모를까 한번 한 서약은 지켜야 할 것 같아서 궁색한 변명을 하면서 "하나님의 은혜로 무사히 목회를 마치고 은퇴를 하게 되면, 그때 가르쳐 달라"고 부탁을 했습니다. 그런데 그분이 막무가내였습니다. 우선 채부터 잡아보면 마음이 달라질 것이라고 반강제적으로 골프채를 쥐도록 하셨습니다. 저도 더 이상 사양하는 것이 도리가 아닌 것 같아 채를 쥐기는 했는데 역시 마음이 편치 않았습니다.

그래서 사양할 수 있는 좋은 구실을 찾았는데 기발한 발상이 떠올랐습니다. 바보가 되는 것입니다. 세상에 바보를 데리고 놀고 싶은 사람은 하나도 없을 것입니다. 골프 백 속에 잔뜩 들어 있는 골프채를 보면서 그 권사님께 드렸습니다. "아니, 이 미국처럼 발전한 나라에서도 규격품을 제대로 못 만들어서 골프채들이 죄다 크기가 다르네요. 생긴 것도 죄다 자기 마음대로 생겼네요.

미국이 왜 이럴까요?" 그 권사님이 조용히 혼잣말을 하셨습니다.
"아, 정말, 환장하겠네!"

　소문이 퍼졌는지, 그 이후로 다시는 저에게 골프를 권하시는 분이 한 분도 없었습니다. 이제 한고비밖에 남지 않은 목회, 그냥 예수에게만 환장하면서 살았으면 좋겠습니다.

내가 아는 것이
절대적인 것은 아닙니다

사람은 항상 두 개의 현실 틈바구니에서 살아갑니다. '실제로 존재하는 객관적인 현실Actual Reality' 그리고 '자신이 주관적으로 느끼는 심리적인 현실Psychological Reality'이 바로 그것입니다. '실제의 현실'도 중요하지만, 사람에게 더 큰 영향을 주는 것은 '심리적인 현실'입니다. 아무리 많은 사람들이 공감하는 객관적인 현실일지라도, 본인 스스로가 그 현실을 수긍하고 받아들일 수 없다면 그것은 결코 진실이 될 수 없을 것입니다. 예를 들어, 많은 사람들이 아무리 날씬하다고 말을 해줘도 정작 본인 스스로가 자신을 뚱뚱하다고 생각한다면, 그 사람은 항상 자신의 몸매에 자신감을 잃어버리거나 심하면 열등의식에 사로잡혀 살아갈 것입니다.

예전에, 저희 큰아들 놈과 이야기를 나누다가 "대학에 가면 잘 먹고 운동을 해서 살이 좀 쪄야 할 것 같다"라고 조언을 해주었습니다. 키가 180센티가 넘는데 몸무게는 형편없이 적어서 초라해 보였기 때문입니다. 하지만 정작 아들놈 자신은 살이 많이 쪘다

눈을 두 번
감았다
떠세요

고 생각을 했나 봅니다. 제 말에 정색하며, 불쾌한 듯 한마디 던집니다. "지금도 뚱뚱해서 속상한데, 아빠라는 사람이 아들에게 돼지가 되라고 하면 어떻게 하냐?"라고 불평을 합니다. 삐쩍 마른 놈이 비만을 운운하니까 황당하기도 했지만, 본인이 그렇게 확신을 하고 있으니 무슨 말을 해도 소용이 없었습니다.

저러다가 행여 강제로 밥을 굶든지, 아니면 무리해서 살을 빼려고 각성제 같은 약물을 먹는 것은 아닌지 많이 걱정이 되었습니다. 아내도 염려가 되었는지 옆에서 제 역성을 들어주며 "아빠 말이 옳다"라고 강력하게 열변을 토했지만, 이미 스스로를 향해 '뚱뚱하'고 선언을 해버린 아들놈은 귓구멍에 말뚝을 박고, 다른 말을 철저하게 거부해버렸습니다. 객관적인 현실보다는 심리적인 현실이 훨씬 더 중요하다는 것을 알게 되었습니다. 옛말에 "생긴 대로 논다"라는 속담이 있습니다. 아무리 옆에서 이야기해도 귀를 닫고, 자기 고집대로만 움직이는 고지식한 사람을 나무라는 소리입니다. 대부분의 사람들은 내가 좋으면 그뿐이라고 생각합니다. 남의 눈이나 생각은 아랑곳하지 않습니다.

주관적인 자기 이해가 점점 더 강조되는 시대입니다. 사람들은 종종 자신의 판단만을 절대시하다가 스스로의 함정에 빠지곤 합니다. 성경에 보면, 초대 예루살렘 교회도 자가당착에 빠진 적이 있었습니다. 그들은 복음 증거의 대상을 철저하게 '유대인'으로만 규정했습니다. 이방인들은 복음의 수혜자가 될 수 없다고 분명하게 선을 그었습니다. 그들은 예수님을 '유대인들만의 메시아'로 감금시켜 버렸습니다. 그러나 사도 베드로가 로마 군대의 백부장이었던 '고넬료'의 집에서 복음을 전하게 되었을 때, 이런 생각은 산산이 깨어지고 말았습니다.

이방인들에게도 유대인들처럼 똑같은 성령이 임하고, 구원받은 하나님의 자녀로 거듭나는 것을 보게 된 것입니다. 비로소 초대교회는 자신들의 잘못된 편견과 오류를 바로잡게 되었습니다. 마음과 생각을 열어 세상을 달리 보는 연습을 해야 합니다. 내가 보고 경험하는 현실이 절대적인 것이 아니라는 것을 깨달아야 합니다. 다른 사람들이 나보다 현실을 더 잘 볼 수도 있다는 것을 인정해야 합니다. 그리고 무엇보다도, 하나님이 개입하시면 언제든지 내 현실이 바뀔 수 있다는 사실도 받아들여야 합니다. 성경은 이것을 '믿음'이라고 말하고 '지혜'라고 가르칩니다.

내가 얼마나 작은지!

하나님을 닮아서 그럴까요? 사람의 능력이 실로 대단합니다. 도대체 과학이 어디까지 발전하고 성장하게 될지 아무도 예측할 수가 없습니다. 옛날에는 큰 창고 두세 개에 쌓아 두어야 할 엄청난 양의 자료들을 이제는 우리의 책상 컴퓨터 하드 드라이브 안에 빼곡히 저장해둘 수 있습니다. 큰 창고 두 개가 나의 조그만 책상 위에 고스란히 올라앉아 있는 것입니다. 놀라움 그 자체입니다. 저는 개인적으로 '스마트폰'의 발명을 아인슈타인이나 뉴턴의 업적 못지않은 것으로 생각하고 있습니다. 작은 휴대폰 안에 여러 가지 작업을 동시에 할 수 있는 엄청난 프로그램들이 들어 있습니다. 이제 스마트폰은 단순한 전화기가 아닙니다. 다양하고 엄청난 일들을 서로 연결시켜주는 스테이션의 역할을 감당합니다. 이런 날이 올 것이라고 그 누가 생각을 했겠습니까?

이제는 스마트폰 하나만 있으면 웬만한 일들을 다 처리할 수 있습니다. 카메라, 시계, 라디오, 텔레비전, 내비게이션, 인터넷,

음악, 동영상, 게임, 독서 그리고 은행 업무에 이르기까지 수십만 가지의 엄청난 일들을 스마트폰 하나로 쉽게 처리할 수 있습니다. 앞으로 새롭게 추가될 것까지 생각한다면 스마트폰의 미래는 예측을 거의 불가능하게 만듭니다. 스마트폰 덕분에 스마트하지 않은 사람들이 스마트하게 살 수 있게 되었습니다. 참 스마트한 세상입니다! 의학의 발달도 상상을 뛰어넘습니다. 유전공학의 발달로 이제는 절단된 팔과 다리를 다시 합성해낼 수 있다고 합니다. 조금만 더 있으면 복제 인간도 만들어낼 수 있다고 합니다. 이미 옥수수나 콩과 같은 작물들은 유전자 조작을 통해서 엄청난 양을 무더기로 생산해내고 있습니다. 아직은 불안한 단계이지만 머지않아 안전하게 정착될 것입니다.

항공술의 발달도 괄목상대합니다. 지금은 이곳 애틀랜타에서 로스앤젤레스까지 가는 데 5시간이 넘게 걸리지만, 조금만 있으면 30분 정도면 쉽게 오갈 수 있는 시대가 열린다고 합니다. 운전사가 없는 '무인카driverless car'도 곧 출시될 예정입니다. 프로그램으로 미리 목적지를 자동입력해 놓으면 차가 알아서 자동으로 운전을 해줍니다. 주차도 자기가 다 알아서 한다고 합니다. 운전을 못한다고 푸념할 필요도 없습니다. 밤눈이 어둡다고 저녁에는 외출을 포기하는데 더 이상 그렇게 하지 않아도 됩니다. 아침을 먹고 달나라로 출근을 했다가, 업무를 마치고 저녁에 다시 지구로 퇴근해서 가족들과 함께 저녁을 먹는 동화 같은 이야기도 곧 이루어진다고 합니다. 화성으로 여름휴가를 다녀오고, 명왕성으로 신

눈을 두 번 감았다 뜨세요

혼여행을 떠나는 일들이 언제고 현실로 일어날 것이라고 합니다. 원자력 연료의 발달도 대단해서 자동차를 한 번 사게 되면 적어도 100년 동안은 연료를 넣지 않아도 자동차가 잘 굴러다닌다고 합니다. 말만 들어도 가슴 뛰는 일들의 연속입니다.

사람의 수명도 함부로 단정할 수 없는 날이 올 것이라고 합니다. 평균 연령이 120살이 되는 날이 올 것이라고 하는데, 실제로는 그 이상을 뛰어넘는다고 합니다. 끊임없는 세포 증식과 장기 재생 그리고 교체 수술을 통해서 수백 년 이상을 사는 날이 곧 올 것이라고 많은 과학자들이 호언장담을 합니다. 치기어린 몇몇 과학자들은 "이제 종교의 시대는 끝이 났다"라고 목에 힘을 주어 말합니다. 교회에 돈을 뜯기거나 큰 피해를 본 것도 아닌데 참으로 냉소적입니다. 자신들이 마치 하나님의 사촌정도 되는 줄로 생각합니다. 그런데 며칠 전 99년 만에 한 번 돌아온다는 '개기일식solar eclipse'이 일어났습니다. 전 세계가 난리가 났습니다. 머지않아 달나라로 출퇴근을 하고 화성으로 휴가를 떠나야 할 '죽지 않을 사람들'이 두꺼운 셀로판지 안경을 얻어 쓰고 태양 한번 들여다보겠다고 월마트Walmart Store 앞에 길게 줄을 서서 순서를 기다리고 있었습니다. 달이 태양을 가리게 되자 심오한 표정으로 "Oh, My God, Wonderful"만 쉬지 않고 외쳤습니다. 과연 그런 궁색한 모습으로 화성을 가게 될지 의문이 들었습니다.

일반인이 그러면 '그러려니' 하겠는데, 기라성 같은 세계의 천문

과학자들 그리고 최첨단 과학 기술자들도 입을 크게 벌리고 감탄사만 연발했습니다. 금방 전지전능한 사람처럼 난리를 부리던 사람들이 우주의 조화에 넋을 잃었습니다. 작은 사건에 불과했지만, 사람이 어떤 존재인지를 적나라하게 보여주었습니다. 그것이 정확하게 사람의 크기입니다.

예전에 서부에 있는 '세코이아 파크Sequoia National Park'로 여행을 간 적이 있습니다. 하늘로 쭉쭉 뻗은 나무의 높이가 120미터입니다. 어렸을 때 100미터 달리기하던 그 긴 거리보다 더 깁니다. 저같이 큰 성인 남자 20명이 두 팔을 벌려 나무를 감싸야 한 바퀴 감을 수 있는 두께입니다. 어마어마한 나무들입니다. 처음에 그 공원에 가기 전에는 "그곳이 얼마나 큰지?" 확인해보겠다는 마음으로 갔습니다. 그런데 그곳에 발을 들여놓고 알았습니다. "내가 얼마나 작은지!" 위대한 하나님의 작품들 앞에 서는 것만으로도 보잘것없는 나의 크기를 확인할 수 있었습니다. 항상 겸손하게 살아야 합니다. 잔잔한 가을바람 앞에서도 가슴이 떱니다.

흘려보내는 사랑

옛말에 "머리 검은 짐승은 거두지 말라"는 속담이 있습니다. 왜 이런 말이 나왔을까 곰곰이 생각해봅니다. 이 속담의 배후에는 '배반'이라는 이름의 쓴 잔이 있기 때문일 것입니다. 자신은 특별한 은혜를 베풀었다고 믿었는데, 그것에 해당하는 보상 대신에 원망이나 등 돌림을 당했기에 나온 말일 것입니다.

뉴욕에 살고 계시는 권사님 한 분으로부터 원통한 하소연의 전화를 받은 적이 있었습니다. 당신이 이민 초창기부터 잘 돌보아주었던 후배에게서 배반을 당했다는 것입니다. 밥맛도 없고, 잠도 안 오고, 분하고 억울해서 견딜 수가 없답니다. 그러면서 "머리 검은 짐승은 거두지 말라"는 옛말이 정말 옳더라고 말해 주셨습니다. 다시는 사람들을 가까이하지 않겠다고 거듭 다짐하시면서 당신의 아픈 마음을 위로해줄 수 있는 간절하면서도 부드러운 기도를 부탁하셨습니다.

"내가 '존 덴버John Denver'도 아니고 어떻게 간절하면서도 감미로운 요상한 기도를 할 수 있을까?" 잠시 동안 망설였지만, 그 권사님을 위해서 정말 간절하게 기도를 드렸습니다. 그 내용은 대충 이런 것입니다.

사람 때문에 생긴 권사님의 아픈 마음을 주님께서 대신 위로해주실 것과 이 시련을 이길 수 있는 용기와 결단력을 달라는 것이었습니다. 솔직히, 덧붙이고 싶은 기도가 하나 있기는 했습니다. "권사님이 머리 검은 사람 때문에 상처를 많이 받았다고 하니 이제 앞으로는 검은 머리 말고, 노랑 머리, 흰 머리, 붉은 머리의 사람들을 거두면서 살게 해주시옵소서" 하는 기도였습니다. 그러나 권사님과 원수가 될 것 같아서 기도하지는 않았습니다.

아무리 상처를 받았어도, 주님은 우리가 협력해서 선을 이루며 함께 '더불어' 살아가기를 원하십니다.

은혜의 뒷면에는 항상 '보상심리compensation psychology'가 자리 잡고 있습니다. 그래서 사람들은 항상 남에게 은혜를 베풀면서 알게 모르게 기대하는 것이 있습니다. 이 '기대' 때문에 보람을 느끼기도 하지만, 반대로 상처와 아픔을 경험하게 됩니다. 만약 처음부터 이 기대를 접을 수만 있다면, 배반의 아픔 때문에 몸서리치게 하는 일도 없을 것입니다. 그냥 '은혜를 은혜로' 흐르게 할 수 있는 방법을 연마하고 익힐 수만 있다면, '검은 머리, 빠마 머리' 운운하는 일도 없게 될 것입니다. 바다가 강물을 삼키고, 큰 사람이 작은 사람을 품습니다. 주님께 받은 바다 같은 은혜를 늘 기억

할 수 있다면, 우리가 남에게 베푼 개울이나 시냇물 같은 작은 은혜는 쉽게 흐르게 할 수 있을 것입니다.

예수님은 참으로 위대하십니다. 사랑과 은혜를 베푸신 사람들에게 무엇을 기대하시거나 원했던 적이 한 번도 없습니다. 단지 흐르는 강물처럼 당신의 충분한 사랑을 나누어주기만 하셨을 뿐입니다. 수제자라는 베드로가 당신을 세 번이나 부인할 때도, 삼년 동안 한솥밥을 먹은 제자들이 구차한 목숨 연명하려고 자신들의 스승을 향해 차가운 등을 돌릴 때도 그리고 스승을 팔려고 매몰차게 대문을 박차고 나서는 유다의 뒷모습을 바라보시면서도 주님은 원망이나 한탄을 쏟아내신 것이 아니라, 내어줄 수 있는 사랑으로 인해 감사하셨을 뿐입니다. 어떻게 하면 주님처럼, 사랑으로만 점철된 아름다운 삶을 살 수 있을까요? '주고받는' 보상적인 사랑이 아닌, 나누는 그 자체로 기뻐하고 감사할 수 있는 은혜의 삶을 살 수 있을까요? 간절한 마음으로 가을의 문턱에 발을 내딛습니다.

주인을 바꾸십시오!

예전에 자주 가던 작은 식당이 있었습니다. '스윗 베이즐Sweet Basil'이라는 작은 이탈리안 레스토랑이었는데 음식 맛이 아주 좋았습니다. 저는 이탈리안 음식을 별로 좋아하지 않지만, 이 식당만은 항상 예외였습니다. 특히, 점심에는 작은 뷔페 형식으로 음식이 제공되었는데 다섯 가지를 넘지 않는 음식이 모두 감칠맛 나고 담백했습니다. 매일 가도 물리지 않을 만큼 환상적인 맛이었습니다. 후식dessert으로 제공되는 과일들도 싱싱하고 달콤했습니다. 유일하게 불만족스러웠던 것이 있었다면 식당의 공간이었습니다. 이렇게 좋은 식당이 자리가 부족해서 언제나 가면 반시간 이상을 기다려야만 했습니다. 그러나 어느 누구도 기다리는 것에 대해 불쾌감을 표현하지는 않았습니다. 그만큼 음식 맛이 특출하였기 때문입니다.

먹는 문제가 사람에게 큰 기쁨과 감동을 줄 수 있다는 것을 그 식당을 통해서 배웠습니다. 안타깝게도 몇 년 후 다른 지역으로

눈을 두 번 감았다 뜨세요

이사를 하는 바람에 더 이상 그 식당에 가는 기쁨을 만끽할 수 없었습니다. 그 식당이 아련한 추억으로 잊혀질 무렵 우연히 연회 문제 때문에 그 지역을 방문했다가 점심에 그 식당을 다시 가게 되었습니다. 먹는 것을 즐기지는 않았지만, 묘한 가슴 설렘이 있었습니다. 참으로 감사하게도 그 식당은 경제불황의 위기 속에서도 의연하게 자리를 지키고 있었습니다. 하지만 모든 것이 예전과는 확연하게 달라져 있었습니다. 식당의 인테리어에서부터 테이블의 배치 그리고 음식의 종류에 이르기까지 모든 것이 다 변해 있었습니다. 특히 음식 맛이 예전의 그 맛이 아니었습니다. 처음에는 제 입맛을 의심해야 했습니다. '혹시, 내 입맛이 바뀌었나?' 생각도 해보았지만, 여전히 변두리 수준이었습니다.

음식 맛에 놀라서 그랬을까요? 고개를 들어 사방을 둘러보니 그 좁은 식당 공간의 절반이 빈자리였습니다. 놀라웠습니다. 이런 적이 없었습니다. 지금 이 시간대면 기다리는 사람들로 바글거려야 하는데 쥐죽은 듯 조용했습니다. 음식이 정말 맛이 없었습니다. 좋았던 추억까지 다 사라지는 것 같아서 그날 그 식당을 간 것을 후회했습니다. 밖으로 나가면서 카운터에서 일하고 있던 백인 청년에게 여러 가지 궁금한 것들을 물어 보았습니다. "예전에는 이 시간이면 사람들이 미어터졌는데 왜 이렇게 사람들이 없는지?", "음식 맛이 왜 이렇게 많이 달라졌는지?" 그리고 "전에 있던 종업원들이 다 어디로 갔는지"를 물어보았습니다. 여러 가지 많은 질문에 청년이 딱 한마디로 답을 해주었습니다. "주인이 바꿰었습니다The owner has changed." 그 대답에 모든 의문이 풀렸습니다. 주인이 바뀐 것입니다. 주인이 바뀌니 당연히 모든 것이 바뀐 것입니다.

주인이 바뀌면 식당의 모든 것들이 다 바뀝니다. 잘 생각해보면, 식당만 그런 것이 아니라, 신앙도 마찬가지입니다. 결국 신앙은 주인을 바꾸는 행위입니다. 나의 주인이 내가 아니라, 주님이 되는 것입니다. 주님이 나의 주인이 되면 내가 통째로 바뀌게 됩니다. 내가 좋아하는 것을 하는 것이 아니라, 주님이 원하시는 것을 하게 됩니다. 인격이나 개성, 취미, 가치관 그리고 인생 목표에 이르기까지 인간 전체가 송두리째 바뀌게 됩니다. 주인이 바뀌면 이전에 최고로 생각했던 것들도 배설물로 버릴 수 있게 됩니다. 그러므로 신앙에서 '회심'이라는 말은 '주인을 바꾸었다는 뜻'입니다. 주인이 바뀌기 전까지는 진정한 변화란 존재하지 않습니다. 여태까지와는 다른 인생을 살기를 원하십니까? 그렇다면, 여러분의 인생의 주인을 바꾸십시오. 노력하지 않아도 모든 것들이 바뀌는 놀라운 경험을 하게 될 것입니다.

눈을 두 번 감았다 뜨세요

하루아침에 된 것이 아닙니다

전하는 말에 의하면 아브라함의 아버지는 신상神像을 만들어 파는 조각가였다고 합니다. 크고 작은 우상 조각품들을 만들어서 시장에 내다 팔아먹고 살았습니다. 아브라함은 존재하지도 않는 죽은 신들을 만들어서 얍삽하게 남들을 속이는 아버지가 싫었습니다. 아버지의 행동이 살아 있는 신을 모독하고 사람들을 기만하는 짓이라고 믿었습니다.

어느 날, 아브라함은 아버지가 시장으로 조각품들을 팔러 간 사이 망치로 집 안에 있는 모든 조각품들을 부숴버렸습니다. 그리고 가장 큰 신상의 손에 망치를 쥐여 주었습니다. 집으로 돌아온 아버지 '데라'가 아수라장이 된 바닥의 우상들을 보면서 노발대발했습니다. "누가 이 짓을 했느냐?" 아브라함이 말했습니다. "저기 있는 저 큰 신상이 갑자기 망치를 들고 미친 듯이 다른 우상을 다 부숴버렸습니다." 아버지 '데라'는 "어떻게 죽은 돌덩이가 그런 짓을 할 수 있겠느냐?" 하고 반문하면서 아브라함을 꾸짖었습니다. 그러자 아브라함이 단호하게 말했습니다. "그러면 아버지는 왜 그런 죽은 돌덩어리를 만들어서 마치 대단한 신통력이 있는 것처럼 사람들에게 속여 파십니까?" 데라는 입을 굳게 다물고 한마디도 하지 못했다고 합니다.

이 사건으로 인해 아브라함은 '신상 파괴죄'로 바벨론의 왕 '니므롯Nimrod'의 진노를 사 훨훨 타오르는 용광로 속으로 던져졌다고 합니다. 흥미로운 것은 아브라함의 고향이었던 '갈대아인의 우르Chaldean Ur'에서 '우르'는 '불'이라는 뜻입니다. 하나님은 뜨거운 불 속에 던져지면서까지 바르게 살려고 했던 아브라함을 보시고 흡족하게 여기셔서 천사들을 통해 그를 구원하셨다고 합니다.

'신상 파괴자'라는 별명을 얻은 아브라함은 훗날 '한 민족의 큰 아비'가 되게 해주시겠다는 하나님의 약속을 믿고 정든 고향을 떠나 미지의 세계로 길을 떠나게 됩니다. 그의 나이 75세 때였습니다. 언뜻 생각하면, 아브라함의 여정은 믿음과 패기로 점철된 '실크 로드Silk Road' 같지만 착각입니다. 아브라함의 순례는 시작부터 배배 꼬이고 뒤틀린 고난의 행군이었습니다. 그 놈의 정情이 뭔지! 피붙이 조카라는 이유 때문에 함께 데리고 떠난 '롯'에게 된통 뒤통수를 얻어맞습니다. 기근을 피해 내려갔던 애굽 땅에서는 왕이었던 '바로'에게 자신의 아내 '사라'를 빼앗길 뻔하기도 합니다. 한 번이면 족할 일을 그랄 왕 '아비멜렉'에게도 똑같이 당합니다. 남자란 동물들, 예쁜 것만 보면 사족을 못 쓰나 봅니다. 임자가 뻔히 있는 것을 알면서도 모르는 척하고 욕심을 채우려고 합니다.

가는 곳마다 원주민들의 텃세와 따돌림 때문에 말 그대로 보따리 한 번 제대로 풀 겨를이 없습니다. 급기야는, '한 민족의 아비'는 둘째 치고, 자신의 대代에서 절손絶孫할지도 모르는 위기에 빠지게 됩니다. 궁여지책으로 애굽 출신의 '하갈'이라는 여성을 '씨받이'로 들입니다. 그리고 그녀를 통해 대를 이으려고 합니다. 기대했던 대로 하갈은 떡두꺼비 같은 멋진 아들을 낳습니다. 하지만 믿음의 조상이 되겠다는 아브라함이 다른 여인을 이용해서 대를 잇는 것을 하나님이 용납하실 리가 없습니다. 이 일로 인해 아브라함의 가족은 훗날 인생 최대의 갈등과 분쟁을 경험하게 됩니다. 모든 것을 다 정리할 나이가 되었을 때쯤, 아브라함은 비로소 하나님의 약속의 증표인 또 다른 아들 '이삭'을 얻은 것입니다. 너무도 소중한 아들 이삭은 말 그대로 아브라함의 사랑을 독식합니다.

그런데 하나님이 무슨 정치를 그따위로 하시는지! 어느 날 아브라함에게 나타나셔서 다짜고짜 그 귀한 아들 이삭을 모리아의 산에서 번제물로 바치라고 하십니다. 말도 안 되는 요구입니다. 그런데 놀라운 것은 아브라함의 태도입니다. 수많은 우여곡절로 이어진 인생 여정 속에서 아브라함은 이미 '믿음의 사람'으로 변해 있었던 것입니다. 그는 한 치의 주저함도 없이 아들 이삭을 살해하려고 합니다. 아브라함의 이 엽기적인 행동에 하나님마저 깜짝 놀라셔서 소리칩니다. "그 아들의 털끝 하나라도 손대지 말아라." 하나님은 비로소 아브라함에게 '열국의 아비'라는 칭호를 부여하십니다. 그가 믿음의 조상되는 데 25년이 걸렸습니다. 아브라함은 하루아침에 만들어지지 않았습니다. 고난의 긴 '불ur' 속을 묵묵히 걸어가면서도 변치 않는 믿음으로 큰 아비가 되었던 아브라함을 우리 시대에 다시 한번 보고 싶습니다.

여호와는 나의 목자시니

어떤 목사님이 부흥회를 인도하려고 하는 교회의 사무원 아가씨에게 전화해서 부흥회의 설교 제목과 본문 말씀을 불러주게 되었습니다. 본문 말씀은 시편 23편이었고, 설교의 제목은 '여호와는 나의 목자시니'이었습니다. 그런데, 사무원 아가씨가 설교 제목을 받아 적는데, 강사 목사님께서 "여호와는 나의 목자시니…"라고 말하고 가만히 있자, 그 뒤에 "내게 부족함이 없으리로다" 같은 말이 있을 줄 알고 잠시 동안 기다리고 있었습니다. 하지만 아무런 말이 없자, 사무원 아가씨는 "그리고요 목사님?" 하고 질문을 했습니다.

그러자 강사 목사님은 다시 한번 사무원 아가씨에게 "여호와는 나의 목자시니…"라고 말을 해주었습니다. 똑같은 일이 반복되자 사무원 아가씨가 조금 언성을 높여 "그래서요 목사님, 더 없나요?" 하고 재차 질문을 했습니다. 목사님은 말귀를 못 알아듣는 이 사무원 아가씨에게 퉁명스럽게 말씀을 던지셨습니다. "아니,

여호와가 나의 목자시라는데 뭐가 더 필요해?"

우리는 여호와가 목자가 되셔도 필요한 것들이 아주 많이 있습니다. 입술로는 "주님만으로 만족하겠다"라고 고백을 하면서도 실제로는 '주님만으로' 결코 만족할 수 없는 것이 우리들의 모습입니다. 주님이 우리를 인정해주시고, 보장해주셔도, 그것만으로는 언제나 1%가 부족합니다. 그것 외에 뭔가가 덧붙여져야 합니다. 어떤 때는 사람들의 '찬사'도 필요하고, 어떤 '대가'와 '이득'이 주어지기를 바랍니다.

주님께서 "내가 너의 기업이 되어주마", "내가 너를 존귀하게 만들어주겠다"라고 약속하셔도 그것만으로는 아직 부족합니다. 주님이 우리의 목자가 되어 주신다면, 어떠한 위기와 시련이 닥쳐와도 능히 이길 수 있다는 것을 믿습니다. 또, 결국에는 푸른 풀밭, 맑은 시냇가가 우리를 기다리고 있을 것도 잘 압니다. 그럼에도 불구하고 우리는 그 '언약'보다는 당장 눈앞에 보이고, 만져지고, 느껴질 수 있는 그 무엇인가를 소유하려고 합니다.

어떤 때는 우리의 신앙이 하나님을 상대로 한 밑천 얻어내려는 '도박gambling' 같다는 생각도 들고, 자아 선용을 위한 수단으로 전락하는 것 같은 느낌도 듭니다. 어느 노래의 가사처럼, "비가 새는 초가삼간에서 새우잠을 잔대도 고운 님 함께라면 즐거웁지 않더냐!" 고백하다가도, 막상 그 꿈이 현실로 이루어져 결혼을 하고 나면, "도대체, 당신이 나를 위해 해준 것이 무엇이냐?", "이렇게

살 바에는 차라리 헤어지는 편이 낫다"라고 고래고래 악을 쓰며
사는 부부들이 주변에 적지 않습니다.

그토록 간절하게 그리워하고, 서로를 원하던 그 바람이 계속
지속할 수만 있다면 얼마나 좋을까요? 모든 것을 잃어도 주님만
은 결코 잃지 않겠다던 믿음의 감동과 열정이 계속 지속될 수 있
다면 얼마나 감사할까요? 주님만 나의 목자가 되어 주신다면, 더
이상 바랄 것이 없겠다고 고백했던 이민 생활 초기의 소망이 변
함없이 유지된다면 얼마나 기쁠까요?

이번 가을에는 "주님이 나의 목자가 되신다"라는 말의 의미를
다시 한번 깊이 묵상할 수 있었으면 좋겠습니다.

알맞은 것이 축복입니다

넉넉한 것이 무조건 좋은 것은 아닙니다. 넉넉하게 되면 대부분 게을러지고 간절한 마음이 없어지게 됩니다. 자연히 자기가 소유하고 있는 것의 가치도 잃어버리게 됩니다. 나라 전체가 석유에 떠 있다는 중동의 산유국産油國들 중에서 잘사는 나라는 거의 없습니다. 절박하게 일해야 할 이유가 없기 때문입니다. 사회주의 국가나 공산 국가들도 국가가 모든 것을 다 책임져 준다고 믿기 때문에 국민들이 절대로 무리해서 일하지 않습니다. 결국 넉넉한 조건을 다 갖추고 있음에도 불구하고 가난과 후진성을 면치 못하게 됩니다. 예쁜 여자나 멋진 남자들은 주변에 이성異性들이 항상 대기하고 있기 때문에 '연인戀人'의 소중함을 알지 못할 때가 많습니다. 굳이 이 사람이 아니더라도 좋다고 달려드는 사람들이 많이 있기 때문에 한 사람과 목숨을 걸고 사랑하지는 않습니다. 언제든지 다른 사람과 다시 시작하면 된다는 생각이 의식의 밑바닥에 깔려 있습니다. 그래서 그들에게는 언제나 이별과 스캔들이

눈을 두 번
감았다
뜨세요

끊임없이 일어납니다. 주변에 선남선녀들이 그렇게도 많이 포진되어 있음에도 불구하고 항상 외로움과 쓸쓸함을 벗어나지 못합니다. 그러고 보면, 못생긴 사람이나 잘생긴 사람이나 외롭기는 매한가지인 것 같습니다.

며칠 전, 교회의 장로님 한 분이 저에게 "목사님, 약을 너무 많이 드시지 마십시오" 하고 조언해주셨습니다. 몸에 좋은 약이라고 해서 단번에 많이 먹거나, 약의 효과를 극대화시키려는 의도로 정량을 뛰어넘게 되면, 몸body이 더 이상 일하지 않는다는 것입니다. 우리의 몸에는 살아가기에 알맞은 양분과 효소 그리고 호르몬 같은 것들이 적당히 담겨 있습니다. 하나님께서 이미 우리의 몸속에 그런 것들을 만드는 공장을 설립해 놓으셨습니다. 그런데 사람이 인위적으로 더 많은 보조식품들을 먹게 되면 몸이 '아, 외부에서 알아서 넣어주는데, 내가 괜히 고생하면서 만들 필요가 없겠구나' 생각하고 공장을 폐쇄해버린다고 합니다. 화장품도 적당히 사용해야 합니다. 피부에 좋다고 해서 영양 크림을 덕지덕지 바르게 되면, 피부가 더 이상 고생하면서 양분을 만들어내지 않는다고 합니다. 외부에서 다 알아서 채워 주는데 뭣 하러 죽으라고 고생하면서 수고하겠습니까? 그래서 뭐든지 적당하면 약이 되지만, 도를 넘게 되면 언제든지 독으로 바뀌게 됩니다. 어떤 것이 되었든지 사용 설명서에 맞게 사용해야 무리가 없고, 최상의 컨디션을 유지할 수 있게 됩니다.

라면을 가장 맛있게 조리하는 법이 무엇일까요? 사람들은 최고의 국물로 끓이면 된다고 말합니다. 싱싱하고 맛있는 재료들과 조미료를 첨가하면 더 맛있는 라면을 요리할 수 있다고 생각합니다. 그러나 그렇지 않습니다. 최고의 맛을 내려면 라면 봉지 뒷면에 기록된 조리법을 잘 읽고 그대로 해야만 합니다. 550ml의 물을 넣으라고 했으면, 그 양만 넣어야 합니다. 계란이나 파 같은 다른 식재료들을 집어넣을 생각을 하고 물의 양을 임의로 늘리거나 반대로 형편없이 줄이게 되면, 그 라면의 창시자가 원래 의도했던 맛을 만들어낼 수가 없게 됩니다. 과유불급過猶不及이라는 말이 있는 것처럼, "무엇이든지 도에 지나치게 되면 그것은 없는 것과 마찬가지"입니다. 건강도 그렇습니다. 몸이 약한 것도 문제이지만, 반대로 지나치게 건강하면 그만큼 해야 할 일들도 늘어나게 됩니다. '피로'해서 힘든 것도 문제이고, '과로'해서 혹사당하는 것도 문제입니다. 하루의 시간도 30시간 이상으로 늘어나면 뭔가 대단한 일을 할 수 있을 것 같지만 꼭 그런 것은 아닙니다. 시간이 넉넉해지면 꾸물꾸물 게을러지고 낭비하는 시간이 늘어나게 됩니다. "게으른 자는 석양에 바쁘다"라는 말처럼, 아무리 시간이 주어져도 늑장 부리다가 뒤늦게 분주하게 됩니다. 하나님이 알아서 하루를 24시간으로 묶으신 것입니다.

중고등학교 시절에 가장 좋았던 시간은 '방학'입니다. 당시 우리나라는 너무 가난해서 그랬는지, 유독 방학이 길었습니다. 방학을 하게 되면 제일 먼저 하는 것이 '계획표'를 세우는 일이었습니다. 하루 일과를 정하고, 방학 기간 동안에 부족한 과목을 집중적으로 공부해서 기초를 다지고, "다음 학기 공부를 미리 한다"라는 지키지도 못할 계획을 습관적으로 세우곤 했습니다. 그리고 언제나 게으름 부리면서 시간을 다 쓰고 개학을 코앞에 두고 난 후에야 비로소 정신이 들어, 미친 사람처럼 숙제를 몰아서 하고, 일기 작문(?)을 하느라고 호들갑을 떨었습니다. 개학 후에 선생님이 충분히 준비할 수 있도록 시험 날짜를 미리 알려주셔도, 또다시 "아직 여유가 있다"라는 생각으로 주야장천 놀다가 시험 날을 하루 앞두고서야 밤을 새우며 따라잡기 신공을 펼치기 시작했습니다. 그 결과 '몰아치기', '벼락치기' 그리고 '초치기'의 달인이 되었습니다. 시간이 지나고 철이 들면서 뒤늦게 "넉넉하다"는 말이 '재앙'이 될 수 있다는 것을 알게 되었습니다. 주어진 환경이 열악하고, 시간도 없고, 가진 것이 없다고 낙심하기보다는, "알맞게 남았다"는 생각을 가지고 부족한 가운데에서도 최상의 결과를 일구어내야 할 것입니다.

사람이 축복입니다

복중의 복은 사람입니다. 자신 있게 말할 수 있습니다. 한국의 문제인 대통령에 대한 선호도와 관계없이, 그가 항상 "사람이 우선이다"라고 말하는 것에 대해서는 절대적으로 동의합니다. 저항 시인 박노해의 글 중에도 "다시 사람만이 희망이다"라는 구절이 나오는데, 행동하는 양심을 가진 깨어있는 사람이 있다면, 언제나 희망이 있고, 그로 인해 역사는 반드시 바뀌게 되어 있습니다. 그러므로 사람이 중요합니다. 기업을 경영하는 사람들은 자주 말합니다. "한 개인의 능력이나 영향에 좌우되지 않는 조직system이 있어야 한다." 그래서 운영 지침manual을 만들고, 누구나 그 속에서 행동할 것을 강조합니다. 그러나 아무리 훌륭한 매뉴얼을 만들어도 그것을 조작하고 움직이는 것은 여전히 사람입니다. 아무리 똑같은 매뉴얼이라고 해도 그것을 '누가 운영하느냐?'에 따라서 결과는 천양지판으로 다르게 나타납니다. 아무리 과학이 발달해서 테크노피아의 시대가 도래한다고 할지라도 그 사회

눈을 두 번
감았다
뜨세요

를 움직이는 핵심에는 반드시 사람이 있습니다. 언제든지 사람이 답입니다.

사람이 전부입니다. 사람에게서 재능, 돈, 열정, 꿈, 미래가 다 나옵니다. 현재는 부족하고 모자란 것이 많아도 사람들을 귀하게 여기고 잘 양육하면 결국에는 그 사람들을 많이 가지고 있는 공동체가 미래를 거머쥐게 됩니다. 그러므로 백년지대계百年之大計를 내다보며 교육을 통해 사람을 키우는 것은 참으로 현명한 일입니다. 자기 주변에 유능하고 열정이 있는 사람들이 많이 있다면 그는 참으로 축복받은 사람입니다. 개인의 사사로운 욕심에 치우치지 않고, 함께 삶을 나누며, 언제든지 직언直言을 해줄 수 있는 사람들이 주변에 가득하다면, 그런 사람들을 가진 사람은 그 자체로 이미 성공한 사람입니다. 이스라엘 역사상 최고의 왕을 한 사람 뽑으라면, 두말할 것 없이 '다윗David'입니다. 훗날 '메시아'의 모델이 될 만큼 존경받는 인물입니다.

다윗 왕의 아들 '솔로몬'은 어찌 보면 시작부터 다윗을 훨씬 뛰어넘는 최고의 역량을 가진 사람입니다. 아버지의 강력한 후광과 지원을 힘입어 솔로몬은 어쩌면 그 누구도 따라올 수 없는 막강한 권력을 이미 소유한 사람입니다. 게다가 그의 지혜는 동서고금을 통해 최고의 것으로 알려져 왔습니다. 그럼에도 불구하고, 솔로몬은 맨발로 부리나케 뛰어도 절대로 아버지 다윗을 따라잡을 수 없습니다. 여러 가지 이유가 있겠지만, 가장 뛰어난 차이는

'사람'입니다. 솔로몬은 개인적인 능력 면에서는 아버지 다윗을 월등하게 압도하지만, 그에게는 주목해볼 사람이 없었습니다. 목숨을 걸고 바른 조언을 해주거나, 왕을 기쁘게 하기 위해서 자신의 모든 것을 버릴 수 있는 신하나 동료가 없습니다. 반면에 다윗에게는 막강한 인맥 군단이 형성되어 있습니다. 왕을 위해서라면 언제든지 자신의 목숨도 초개처럼 버릴 수 있는 사람들이 즐비합니다.

한번은 다윗이 우수에 젖어 "고향의 우물에서 길어 올린 물을 마시고 싶다"라고 푸념을 합니다. 그 말을 듣고 그날 밤으로 몇몇 심복들이 적진을 뚫고 말을 몰아 다윗의 고향 베들레헴에서 우물 물을 길어 옵니다. 다윗도 충격을 받고 "이 물은 단순한 물이 아니라, 나의 사랑하는 사람들의 피이다"라고 선언한 후, 그 물을 마시지 않고 하나님의 제단에 부어드립니다. 다윗과 주변 사람들의 끈끈한 애정을 단적으로 보여주는 이야기입니다. 다윗이 사람을 소중하게 여겨서 그랬을까요? 그의 주변에는 전설적인 인물들이 가득합니다. 물론 다윗이 하나님을 사랑하는 마음이 누구보다도 강했다는 것을 간과할 수는 없지만, 그가 온 세상을 호령할 수 있었던 가장 큰 이유 중의 하나는 다윗을 위해서라면 모든 것을 희생할 준비가 되어 있는 사람들이 가득했기 때문입니다. 복 중의 복은 사람입니다. 자신의 마음을 줄 수 있는 사람이 없다면 희망도 없습니다. 비록 가진 것이 터무니없이 부족해도 사랑하는 사람들이 가득하다면 실제로는 모든 것을 다 가진 것입니다. 그들

눈을 두 번 감았다 뜨세요

과 힘을 합치면 어떠한 고난과 역경도 능히 이겨낼 수 있는 길을 낼 수 있기 때문입니다.

해마다 추수감사절이 되면 하박국서를 읽습니다. 그중에서도 마지막으로 선지자 하박국이 고백한 말을 주로 나누게 됩니다. '무서운 전쟁의 위협'이 있고, 무화과나무, 포도나무, 감람나무에 소출이 없고, 외양간 안에 소와 양이 없다 할지라도 자신은 하나님으로 인하여 감사할 것이라는 하박국의 고백이 담겨 있습니다. 그런데 이 구절을 잘 읽어보면 우리가 놓치기 쉬운 것이 있습니다. 전쟁의 위협에 휘둘리고 아무것도 가진 것이 없어도 자신과 함께하시는 하나님 때문에 감사하겠다는 고백은 있지만, "가족이나, 친구들 그리고 이웃이 없어도" 하나님 때문에 감사하겠다는 말은 언급되어 있지 않습니다. 사람은 어떤 이유로든 없어서는 안 될 존재라는 것입니다. 사람이 없으면 감사도 없습니다. 감사는 혼자 누리는 것이 아니라 주변의 사람들과 함께 나누는 것이기 때문입니다. 그러고 보면, 결국 감사의 최고 이유는 나와 함께 삶을 나누는 소중한 사람들입니다. 사랑하는 가족들, 친구들, 이웃들 그리고 교우들, 이들 모두가 하나님의 축복이고, 내 인생의 보물 중의 보물입니다.

진리는 성경 속에
있지 않습니다

우리는 하나님의 말씀으로 넘쳐나는 시대를 살고 있습니다. 수많은 교회들과 목회자들을 통해서 하나님의 말씀이 쏟아져 나옵니다. 매주일 예배와 각종 공중파 방송을 통해서 유명한 목사님들의 말씀을 쉽게 접할 수 있습니다. 하루가 멀다 하고 새롭게 다크호스로 떠오르는 신선한 젊은 목회자들의 독특하고 신선한 말씀들을 듣게 됩니다. "어쩌면 저렇게 말씀을 잘 전할 수 있을까?" 부럽기 그지없습니다. 이제는 마음만 먹으면 온라인을 통해서 언제든지 컴퓨터를 통해 설교 말씀을 골라 들을 수가 있습니다. 자신들만의 웹사이트를 가지고 있지 않은 교회가 별로 없습니다. 시간을 거슬러 올라가서 이미 지난 설교들도 다시 불러내서 보고 들을 수 있습니다. 참으로 대단한 시대를 살아가고 있습니다. 게다가 수많은 전자기기들과 스마트폰을 통해서 설교 동영상들을 주고받으며 말씀을 나누기도 합니다. 우리 같은 이민 사회에서는 한인 마켓에 가면 정문 입구에 어김없이 수북하게 쌓인 목사님들의 설교 CD를 쉽게 발견할 수 있습니다. 말씀 천지입니다. 사도행전 8장에 보면, 답답한 마음으로 탄식하던 에디오피아 여왕 '간다게'의 재정 관리인의 푸념을 들을 수 있습니다. "전하여 주는 사람이 없는데, 우리가 어찌 알겠는가!" 이제는 세상이 바뀌었습니다. "전하여 주는 사람들이 너무 많아서 오히려 헷갈리는 시대"를 살고 있습니다.

교회의 많은 성도들이 성경을 거의 암기하다시피 합니다. 말을 할 때 성경들을 쉬지 않고 꿰어 연결시키면서 유창하게 말을 합니다. 어떤 분은 자신이 직접 기록한 '필사 성경'이라고 하면서 여덟 권정도 되는 두꺼운 성경책을 자랑스럽게 내어 보입니다. 깨알 같은 작은 글씨로 깔끔하게 써내려간 자필 성경책을 바라보노라면 존경스러움을 뛰어넘어 경이롭기까지 합니다. 마치, 고려 시대의 팔만대장경 같습니다. 손수 집필한 필사 성경을 쓰다듬으며 뿌듯한 미소를 짓습니다. "누가 많이 맞추나?" 성경 퀴즈 대회를 하고, "누가 먼저 성경을 찾나?" 성경 검색대회를 해보면, 성경에 득도한 수많은 사람들을 찾게 됩니다. 목사들을 능가합니다. 말씀에 친숙한 것으로 기독교인이 되는 것이라면, 이 세상은 이미 성자聖者들로 가득 차 있어야 할 것입니다. 구한말, 수많은 선교사들은 사람들이 하나님의 말씀을 알게 되면 큰 변화를 체험할 것이라고 믿었습니다. 그래서 정성을 다해 '쪽 복음 성경'들을 자필로 직접 써서 가능하면 많은 조선 사람들에게 전하려고 애를 썼습니다. 그들은 좀 더 많은 사람들이 복음을 접하지 못하는 것을 아쉬워하며 눈을 감았습니다.

그런데 이제는 인쇄술의 찬란한 발달과 보급이 이루어졌습니다. 종이책뿐만 아니라 전자 서적에 이르기까지 엄청난 분량의 성경이 보급되었습니다.

한번은 텔레비전에 스님 한 분이 나오셔서 강연하는 것을 본 적이 있는데, 스님은 강연 중에 엄청난 분량의 성경 말씀을 시원스럽게 암기하면서 설법을 하셨습니다. 혀를 내두를 만큼 대단한 암기력입니다. 가발만 쓰고, 목사 가운을 입으면 영락없는 목사입니다. 타종교의 사람들까지 성경 말씀에 정통할 만큼 우리가 살고 있는 이 시대는 분명히 말씀의 홍수 시대입니다. 그런데 참 신기한 것은 홍수가 나면 가장 귀한 것이 마실 물인 것처럼, 하나님의 말씀이 이렇게 많아졌는데 사람들은 여전히 말씀에 목말라 하고 갈급해 합니다. 여전히 말씀을 찾아다닙니다. 하나님의 말씀이 대단한 능력이 있다고 하는데, 왜 세상은 전해진 말씀으로 인해 좋아지지 않는 것일까요? 온 세상 거의 모든 곳에 하나님의 말씀이 전해졌는데, 왜 사람들은 여전히 방황하고, 기독교인들은 세상에서 욕을 먹고, 정죄를 당하는 것일까요?

거대한 교회들과 벌떼 같은 많은 교인들, 여기저기에 난립하는 수많은 신학교들 그리고 넘쳐나는 목사들에 이르기까지 교회는 역사적으로 가장 큰 호황기를 누리고 있는데 왜 교회의 영향력은 점점 더 줄어들고 있는 것일까요? 금권, 폭력, 성 추문, 세습, 세금 포탈에 이르기까지 이루 헤아릴 수 없이 많은 교회의 타락상이 여과 없이 드러나면서 급기야 사람들은 "교회에는 희망이 없다"라고 선언하게 되었습니다. 과연 이런 작금의 사태는 하나님의 말씀이 없어서 일어난 것일까요? 말씀을 잘 증거할 수 있는 목사가 없어서 이렇게 됐을까요? 아니면, 성경을 바로 해석해줄 수 있는 신학자들이나 정확한 주석서가 없어서 이렇게 되었을까요? 왜, 하나님의 말씀이 흘러넘치는 풍년의 시대에 우리는 흉년을 경험하고 있는 것일까요?

많은 자숙과 반성의 시대를 거쳐 교회는 비로소 깨닫습니다. "진리는 성경에 있지 않다. 진리는 삶 속에 있다." 진리는 삶을 통해 표현되지 않는다면 더 이상 진리일 수 없습니다. 최선을 다해 그 진리를 살아내는 사람들이 있을 때 비로소 진리는 빛을 발하게 됩니다.

왜 사도 바울이 생명의 새 언약은 돌비에 새긴 것이 아니라 마음에 새긴 것이라고 했는지를 깨닫게 됩니다. 진리이신 말씀은 성도들이 삶을 통해 살아낼 때만 진리로 확인될 수 있습니다. 그런 면에서 성경은 우리를 '그리스도의 편지'라고 말합니다. 진리이신 말씀이 우리들의 생각과 삶을 통해 진리로 표현되어야 하기 때문입니다. 주님의 말씀을 듣고 깨달은 사람들은 반드시 기억해야 합니다. "하나님의 말씀을 진리로 만들든지 아니면 죽은 문장으로 만드는 열쇠는 바로 나의 삶이로구나!" 한 해 동안 우리는 많은 말씀을 듣고 배웠습니다. 모두가 다 하나님의 말씀이지만, 개중에 내가 삶을 통해서 살아낸 것만이 사람들에게 감동을 줄 수 있는 살아있는 진리의 말씀입니다. 세상의 사람들은 우리의 지식이나 말을 통해서 진리를 찾는 것이 아니라, 우리의 삶을 통해서 진리를 목도하게 됩니다. "당신을 보니 하나님이 살아계신 것을 알겠습니다." 진리는 언제나 우리의 삶 속에 있습니다.

눈을 두 번 감았다 뜨세요

분별력 있는 섬김

가난한 작은 동네에서 목회를 한 적이 있었습니다. 물자가 흔하지 않았던 지역이었기에 '달걀' 하나도 소중했습니다. 그래서 해마다 부활절이 되면 교회에서 전례적으로 달걀을 삶아서 셀로판지에 싸서 예수님의 부활소식과 함께 사랑으로 나누곤 하였습니다. 보통 한 사람당 2개씩 가져가게 했는데, 달걀에 욕심이 난 가난한 분들이 "부활의 기쁨을 다른 사람들과 나누겠다"라는 마음에 없는 소리를 하면서 무더기로 가지고 가셨습니다.

교인들의 형편을 너무도 잘 알기에 대부분 모르는 척하거나, 오히려 다른 사람들과 나누라는 구실을 붙여 더 많이 가져갈 수 있도록 도와주었습니다. 그러다보니 어느덧 부활절이 교회에서 달걀 가지고 가는 날로 자리 잡고 말았습니다. 그러다가 한번은 공교롭게도 부활절이 '대심방 기간' 중에 끼어 있었던 해가 있었습니다. 많은 사람들이 부활절 달걀을 닥치는 대로 가지고 갔는데, 미처 처리하지 못한 것들을 월요일부터 심방예배가 끝나면 목사인 저에게 대접하려고 전부 내놓은 것입니다.

그냥 찐 달걀 그대로 껍질 채 내놓으신 분들도 있었고, 오리 알과 함께 주시는 분들도 있었습니다. 어떤 사람들은 그것으로 요리를 만들어서 내놓기도 했습니다. 변변하게 대접할 것도 없는 촌사람들이 당신들 딴에는 사랑의 마음으로 그렇게 한 것입니다. 넉넉한 분들의 대접은 거절을 해도, 가난한 분들이 주시는 것은 자존심의 문제와 연결되어 있기 때문에 거절하지 않고 먹겠다는 강력한 '먹사철학'을 가지고 있던 저는 이틀 동안 총 50개가 넘는 달걀을 먹고 병원 응급실로 직행해야 했습니다.

일주일 내내 목구멍에서 피어오르는 역한 '닭똥 냄새'와 '헛구역질' 때문에 그 이후로 부활절이 되면 저절로 닭똥 냄새를 떠올리게 되었습니다. 당시 병원에 문병을 온 친구들이 황당한 저를 보고 멋진 별명들을 지어주었습니다. '분별력 없는 돼지', '식별력 딸리는 돼지', '닭똥 돼지' 그리고 '달걀 먹사' 같은 아름다운 예명들을 붙여 주었습니다. 정말 분별력 딸리는 저에게 아주 적절한 별명이었습니다. 다른 사람의 편에서 남을 먼저 생각해주고 배려하는 것이 피차에 얼마나 어려운지 다시 한번 생각해보는 귀한 시간이었습니다.

예수님은 분별력을 가지고 각각의 사람들을 효과적으로 섬기셨습니다. 항상 똑같은 방법을 고수하지 않으셨습니다. 예수님은 부활하신 후, '똑같은 몸'인데 마리아에게는 자신을 만지지 못하게 하셨고, 의심 많은 도마에게는 못 자국 난 자신의 손과 발 그리고 창 자국 난 옆구리를 직접 만져보도록 하셨습니다. 그리고 도마의 손가락을 자신의 상처 속에 직접 넣어 보도록 하셨습니다. 자신을 세 번이나 모른다고 부인했던 베드로에게는 "베드로가 당신을 사랑하는지" 집요하게 세 번이나 같은 질문을 던지셨고, 율법사들과는 별로 말을 섞지 않으셨습니다.

사람들의 병을 고치실 때에도 어떤 사람과는 깊은 대화를 나누신 후에 병을 고쳐 주셨고, 또 다른 사람의 경우에는 보지도 않으시고 치료해주셨습니다. 복잡한 과정 없이 말씀만으로 사람을 고치시기도 하셨고, 반대로 흙에 침을 뱉어 진흙을 만드시고, 그것을 소경의 눈에 바른 후에 실로암 연못에 가서 자신이 직접 씻어내는 번거로운 과정을 거치기도 하셨습니다. 어떤 때는 감동하셔서 병을 고쳐 주신 때도 있었고, 어떤 때는 상대편을 심하게 모욕하는 고초를 주신 후에 병을 고쳐 주시기도 하셨습니다.

예수님은 사람의 중심을 보시고, 그들의 영혼까지 꿰뚫어 보시는 통찰력을 가지고 계셨기에 각각의 사람들에게 가장 적합한 방법으로 도움을 주셨던 것입니다. 그러므로 사랑은 '눈높이 사랑'이어야 합니다. 자신의 입장에서 사랑하는 것은 '동정'이고 '적선'이며 '교만'의 다른 면이기도 합니다. 사랑은 반드시 그 수혜자의 높이에서 행해져야만 합니다. 그것이 바른 섬김이며, 가식이나 위선이 없는 자세입니다.

성탄절은 주님이 당신의 눈을 우리의 높이에 맞추신 가장 대표적인 이야기입니다. 상대방과 같은 자리에 내려서는 것이 바른 섬김의 시작이며, 그런 나눔 속에서 반드시 주님의 깊은 은총을 경험하게 될 것입니다.

신비하고 놀라운 이름

사람은 태어나면 이름을 부여받습니다. 이름은 그 사람의 정체성을 드러내는 인식 명입니다. 이름 속에는 많은 사실들이 담겨 있습니다. 그 사람의 개성, 생김새, 뜻, 부모의 소원, 작명자의 기대 그리고 가문이나 공동체의 정신 같은 많은 사연들이 들어 있습니다. 평생을 가난 속에서 살아온 사람은 자기 아들의 이름을 '최갑부'라고 짓기도 하고, 딸만 많이 있어서 고민인 집은 막내딸의 이름을 '김 딸그만'이라고 짓기도 합니다. 아이가 태어나면서부터 몸에 털이 많아서 '박털'이라고 이름을 붙이기도 하고, 공부를 잘해서 큰 인물이 되라고 '이박사'라고 이름을 짓기도 합니다. 갓 태어난 딸 아이가 너무 예뻐서 예쁜 모습으로 오래오래 살라고 아이의 이름을 '박 하늘 별님 구름 햇님보다 사랑스러우리'라고 지은 아버지도 있습니다. 세상에서 가장 긴 이름을 가진 사람은 독일의 함부르크 지방 사람 '허버트 블레인 볼페슐레겔 슈타인하우젠베르거 도르프 시니어'인데 그의 정식 이름은 무려 746

자라고 합니다. 이 이름들 속에는 당사자의 삶을 가늠케 하는 많은 정보들이 담겨 있습니다.

이름을 들여다보면 어떤 때는 그 사람이 살던 시대상을 볼 수도 있습니다. 일제 강점기의 영향으로 여자 이름의 마지막 자가 '자子' 자로 끝나던 시절이 있었습니다. '경자, 영자, 숙자, 화자' 같은 이름들을 통해 당시의 시대상을 유추해볼 수 있습니다. 요즘에는 한국 남자들의 이름이 옛날처럼, '춘삼, 삼득, 덕배'같은 듬직하고 야성적인 이름이 아니라, 하늘하늘하고 여성들의 감성을 자극하는 이름들이 대부분입니다. '현빈, 우빈, 수현' 등등 시대가 많이 여성화되어가고 있다는 것을 알 수 있습니다. 한 때, 옛날에는 아기들이 태어나면 사망률이 높았기 때문에 아기들에게 함부로 이름을 주지 않았습니다. 전쟁, 전염병, 호환이나 천재지변 같은 재난 때문에 아기들이 죽는 경우가 다반사였는데, 그렇게 되면 슬픔이나 공허함을 이기는 것이 쉽지 않았기 때문에 태어난 생명에게 처음부터 많은 정情을 주지 않았습니다. 그러다가 아기가 백일 동안 생존하게 되면 그제야 백일 떡을 만들어 돌리고, 정식으로 이름을 지어주면서 가족의 구성원으로 받아들였습니다. 이름이 주어질 때에야 비로소 가족의 구성원이 되는 것입니다. 이름이 곧 그 사람의 존재이기 때문입니다.

우리는 살아가면서 많은 실수와 오류를 범하게 됩니다. 그러면 자연히 욕을 먹게 되는데, 그중에 가장 수치스러운 욕 들은 대부분 이름과 연관되어 있습니다. "호적에서 네 이름을 파내겠다", "너는 가문의 이름을 더럽히고 먹칠한 놈이다" 그리고 "내 이름의 명예를 걸고 말하건대, 너는 처음부터 싹수가 틀려 처먹었다." 항상 이름을 문제시했습니다. 사회에서도 어떤 문제가 생기면, 제일 먼저 묻는 것이 이름입니다. "당신 이름이 뭡니까?" 정당할 경우에는 당당하게 이름을 밝히지만, 뭔가 켕기고 구린 것이 있으면 똑바로 이름을 말하지 못하고 얼버무리는 경우가 대부분입니다. 옛 어른들은 사람이 사는 이유를 "이름을 남기기 위해서"라고 정의할 정도로 이름은 곧 존재의 이유였습니다. 그래서 사람들은 가능한 한 이름을 멋지게 지으려고 노력을 했습니다. 게 중에는 멋진 이름을 가졌는데 형편없이 사는 사람들이 있고, 반대로 이름은 촌스럽기 그지없는데 훌륭한 삶을 사는 사람들도 있습니다. 사람을 기억하거나 평가할 때 이름만큼 확실하고 분명한 인식표는 없을 것입니다.

이 세상에는 수많은 이름들이 존재합니다. 그중에서 가장 위대하고 신비한 이름을 하나만 꼽으라고 한다면 저는 '예수Jesus'를 뽑을 것입니다. 그 이름이 수많은 사람들에게 구원과 소망을 주었기 때문입니다. 절망의 시대를 사는 사람들에게 왜 구차한 목숨 줄을 부지해야 하는지 알려준 이름입니다. 절망의 수렁에서 새롭게 미래를 조망하고 기대할 수 있는 힘을 준 이름입니다. 많은 사람들이 이 이름을 붙잡고 죽음의 질병에서 일어났습니다. 절망적인 실패와 좌절을 극복할 수 있었습니다. 나라 잃은 슬픔과 아픔을 이겨내고 해방의 기쁨과 감격을 맛볼 수 있었습니다. 다 '예수'라는 이름 때문이었습니다.

지금도 기억에 선명한 사건이 있습니다. 미국에서 2001년에 일어난 세계무역센터WTC 테러는 미국 국민들에게 큰 충격을 주었습니다. 당시, 부시 대통령은 대국민 연설을 통해 미국 국민들에게 "동요하지 말고 가까운 교회로 가서 이 미국의 미래를 위해 기도해 달라"고 부탁을 했습니다. 그날 미 전역의 교회에서는 수많은 사람들이 이 '예수'라는 이름을 붙들고 밤새워 기도했습니다. 당시 캔사스 시골에 살던 저도 주변의 모든 교회들이 불을 밝혀 놓고 밤새 간절히 기도하는 것을 보았습니다. 큰 감동을 받았습니다. 많은 사람들이 이 '예수'라는 이름의 능력을 경험하고 활용하기도 했으며, 또 어떤 사람들은 이 이름을 지키기 위해서 자신들의 생명을 초개와 같이 버리고 순교자가 되기도 했습니다. 단언컨대, 우리의 고국인 '한국'도 이 '예수'라는 이름 위에 세워진 나라입니다. 수많은 선교사들이 이 이름을 위해 은둔의 나라인 한국에 가서 젊은 피를 뿌리고, 목숨을 던졌습니다. 그들을 통해 시작된 병원, 교육, 사회개혁 운동 그리고 '복음의 출발'이 오늘의 한국을 낳았다고 해도 결코 과언이 아닐 것입니다. '예수'라는 이름이 그 역사를 가능케 한 것입니다. '예수'라는 이름, 언제 들어도 신비하고 놀라운 이름입니다.